演
CHANGE
变

包刚升 ——

著

中信出版集团｜北京

图书在版编目（CIP）数据

演变 / 包刚升著 . -- 北京：中信出版社，2024.2
ISBN 978-7-5217-6257-0

Ⅰ.①演⋯ Ⅱ.①包⋯ Ⅲ.①政治学－研究－西方国家 Ⅳ.①D0

中国国家版本馆 CIP 数据核字（2023）第 242168 号

演变
著者：　　包刚升
出版发行：中信出版集团股份有限公司
　　　　　（北京市朝阳区东三环北路 27 号嘉铭中心　邮编　100020）
承印者：　河北鹏润印刷有限公司

开本：660mm×970mm　1/16　　印张：23.25　　字数：245 千字
版次：2024 年 2 月第 1 版　　　印次：2024 年 2 月第 1 次印刷
书号：ISBN 978-7-5217-6257-0
定价：88.00 元

版权所有·侵权必究
如有印刷、装订问题，本公司负责调换。
服务热线：400-600-8099
投稿邮箱：author@citicpub.com

目录

序言
如何理解不断变化的西方政治？—— I

上篇 全球化、移民政治与西方民主

第一章
西方"硬政治"的回归与现实主义的复兴 —— 003

第二章
族群宗教多元主义与西方自由民主政体的挑战 —— 047

第三章
西方国家移民的政治效应 —— 081

第四章
政治危机何以形成？基于自由政体学说的理论 —— 123

第五章
社会冲击与欧美政党体制的分化 —— 163

第六章
三重政治经济失衡与全球化的挑战 —— 197

下篇 大转型、现代化与民主多样性

第七章
反思卡尔·波兰尼的九个理论命题 —— 225

第八章
从保守主义民主理论到宪法工程学 —— 255

第九章
"福山的菜单"与政治现代化的逻辑 —— 283

第十章
共识民主理论有"共识"吗？ —— 303

第十一章
难道种族清洗是民主的阴暗面？ —— 325

第十二章
从德谟咯葛看民主的危机 —— 341

后记 —— 355

序 言
如何理解不断变化的西方政治？

没有一个国家的良性发展，能够离开对外部世界的正确理解。对中国来说，西方还是整个外部世界的领先者与主导者。所以，如何正确理解西方与西方政治，是一个非常重要的问题。但进入21世纪以来，特别是最近10来年，西方政治出现了许多重要的新变化，有的变化远远超出许多人的预期。用流行的说法就是，"黑天鹅事件"在西方世界频频上演。这就使正确理解西方政治变得更加困难了。

在刚刚过去不久的21世纪10年代，西方国家一系列接踵而至的重大事件仿佛已经搅乱了原先的政治秩序，使整个世界不再安宁。这些重大事件包括：2016年特朗普出乎意料地当选美国总统，2016年英国在公投中竟然选择启动"脱欧"，2017年法国极右翼代表人物玛丽娜·勒庞首次进入总统选举的第二轮角逐，2017年德国成立仅5年的极右翼政党德国选择党一跃成为议会第三大党，等等。所有这些都让西方甚至整个世界的稳健派、温和派、中间力量产生了极大的焦虑和担忧。他们纷纷开始这样问：西方世界究竟怎么了？

到了最近两三年，如果暂且不论处于西方世界边缘地带的乌克兰危机，那么西方国家本身的国内政治表面上已经从"动荡周期"回归到了"平稳周期"，但这种相对平稳无法掩盖的是，西方内部许多深层的结构性因素已经悄然改变。拜登刚就任美国总统时喜欢说"美国回来了"，但目前他的民调支持率并不高，究竟是民主党还是共和党以及哪位政治家能在下届大选中入主白宫，尚未可知。英国固然在保守党领导下已经完成了"脱欧"，一个政治相对平稳的英国似乎又回来了，但这些年保守党内阁并不稳定，短短几年内首相已数易其人。在法国，代表中间派稳健力量的马克龙再次当选总统，但勒庞在总统大选的第二轮赢得了创纪录的选票，比例高达四成以上。在德国，温和的中左政党德国社会民主党依靠自由民主党与联盟90/绿党的支持而居于执政地位，但德国政党体制碎片化程度还在提高，德国选择党依然是议会五大主要政党之一。这些都意味着，目前的西方世界看似平稳，实则仍然处于暗流涌动的局面。

特别值得一提的是，在2023年11月举行的荷兰大选中，主张"脱欧"和反对少数宗教的极右翼政党自由党赢得大选，成为议会最大规模政党。英国广播公司（BBC）等国际主流媒体认为，这又将给欧洲政坛带来新的不确定性。

所有上述政治现象综合起来，就构成了"西方政治的新现实"。这部作品主要关注的是：这种政治新现实究竟意味着什么？到底是何种因素驱动了这种政治新现实？政治新现实又会给西方与整个世界带来怎样的政治影响？

我是一名政治学者，或者沿用西方学界听起来更"高大上"的说法，我是一名"政治科学家"（political scientist）。无论是政治科学，还是一般意义上的社会科学，其基本任务就是描述事实和解释事实，前者要解决"是什么"的问题，后者要解决"为什么"的问题。具体到这一研究主题，政治学的任务是既要描述何谓西方政治新现实，又要解释何种因素引发了西方政治新现实。新现实常常需要新理论，因为旧理论有时不足以解释新现实。本书的主要目标就是用新的理论视角来描述和解释西方政治的新现实。

本书对西方政治新现实的理解有三个基本特征。首先是引入了新范式。过去，学术界分析西方政治往往强调阶级分析范式。英国保守党与工党、美国共和党与民主党的政治竞争被较多地从上层阶级与下层阶级的政治分歧来解读。此外，这些年学术界习惯于从民粹主义视角来理解西方的诸多政治新现象——从特朗普崛起到英国"脱欧"、从法国国民阵线（2018年6月1日更名为国民联盟）高歌猛进到德国选择党异军突起，甚至从土耳其埃尔多安现象到印度莫迪的政治纲领，都被许多学者与媒体解读为"民粹主义的兴起"。本书认为，这已经是分析政治新现象的旧范式。阶级分析范式固然还很重要，但阶级分裂仅是复杂社会分裂结构的一个维度。就目前的西方政治而言，族裔维度（或许还可以叠加宗教维度、语言维度）的政治分裂变得更加凸显。因此，单一的阶级分析范式应该被社会分裂结构的多元范式取代。借助这一多元分裂结构范式，我们才能更准确地理解西方世界正在发生的一切。同样，对西方政治的民粹主义解读也有很大的问题。它把许多差异很大、反对现状的政治现象统统视为民粹主义的兴起。但要知道，当一个概念无所不包时，这本身就是一个问题，至少是学术上很不严谨的现象。在本书的框架中，西方主要国家这些年的许多政治新现象，固然有民粹主义的因素，但更实质的方面乃是"现实主义的复兴"。用现实主义而非民粹主义来理解特朗普当选、英国"脱欧"、勒庞兴起、德国选择党的成功，或许是一种更有效的理论视角。

其次是引入了新方法。在方法上，学术界对西方政治现象的分析常常有着强烈的"稳定偏好"。这种稳定偏好的背后，是更强调静态分析和均衡分析的方法。稳定偏好更倾向于认可现状，认同既有政党体制、政策议题、力量结构的稳定性，同时对可能挑战现状的因素、可能急剧变动的局面持一种较为审慎的或偏于负面的立场。这种稳定偏好，其实是可以理解的。它存在于基本的人性之中，因为人都倾向于自己熟悉的结构与格局，这会给人们带来更多的确定性与安全感。但这种过分强调静态分析和均衡分析的方法，往往影响了人们对真实政治世界的客观认知。正如观察世界的另一种视角所揭示的，变化才是无处不在的，唯一不变的就是变化本身。随着时间的推移，在西方世界的内部与外部，各种可能的不稳定因素总是在随时涌现。这既需要学术界在心态上做出调整，更乐意接受新事物和新现象，又需要在方法上更多考虑采用动态分析与非均衡分析的方法。本书的基本倾向就是，把西方世界近期的重大变化视为一种常态，而非视为一种需要加以拒斥的事物。所以，考察问题的关键，不是变化该不该发生，而是承认变化既然已经发生，那么到底该如何解释这种变化。这也应该是我们在理解西方世界政治现象时方法上的一种自觉革新。

最后是引入了新变量。新变量是跟分析问题的新范式和新方法高度相关的一个方面。毋庸置疑，西方世界的政治新现象往往都是由许多变量的共同作用引发的。国内层面的个人理性、阶级利益、政党利益、权力竞争、制度结构等变量，国际层面的大国权力竞争、民族国家利益等变量，都是用来解释西方世界政治现象的常见变量。但本书强调的是，促成西方政治新现实的，主要并不是旧变量，而是新变量。在所有新变量中，全球化和人口结构又扮演着重要角色。在过去数十年时间里，这两个变量都发生着较缓慢的变化，直到最近一二十年，这种缓慢变化的累积才终于促成了许多重要的政治后果。序言开头提到的西方世界近期发生的许多重大事件，有的是全球化引发的政治反弹，有的则是人口结构巨变的产物。美国管理学者彼得·德鲁克常常以富有前瞻性著称，他在思维方式上的一个重要特点就是重视变化，特别是重视关键的变化。用社会科学的话语来说，变化可能意味着新变量的出现与兴起，关键的变化则可能意味着关键的新变量的出现与兴起。在本书的分析框架中，全球化与人口结构往往被视为理解西方政治新现实的两个最重要的新变量。

这里强调的新范式、新方法与新变量，是本书上篇内容的基本特征。本书并不是要给西方政治的新现实提供一个单一的系统理论解释，而是试图从不同侧面来论述与解释西方世界的诸种政治新现象，进而帮助同行与读者在整体上增进对西方政治的理解。在笔者的论述中，另一条若隐若现的线索则是当今西方民主政体的运作及其面临的挑战。所以，本书也试图从比较政治视角论述西方民主的现状及其趋势。

无论是关于西方与世界的政治变迁，还是关于民主的运作及其挑战，欧美学界的许多重量级学者都已经有过系统的论述。这些论述构成了我们理解许多重大问题的理论基础。本书下篇就着重于跟这些在重大问题上卓有贡献的学者与思想家进行对话。本书选择的对话对象主要是来自英美两国的几位重量级学者，他们是《大转型》作者卡尔·波兰尼、《民主新论》作者乔万尼·萨托利、《政治秩序与政治衰败》作者弗朗西斯·福山、《民主的模式》作者阿伦·利普哈特、《民主的阴暗面》作者迈克尔·曼，以及《民主是如何死的》作者史蒂文·列维茨基与丹尼尔·齐布拉特。这些学者与思想家关注的议题包括西方社会的大转型、保守主义民主理论、政治现代化的要素、共识民主模式与多数民主模式的差异、民主与种族清洗的关系、特朗普当选与民主的危机等。在时间维度上，这些学者的论述存在着显著的差异，有的主要关注长时段的议题，有的主要关注眼前的现实政治。但在空间维度上，这些学者普遍关注的是不同国家的比较研究，他们往往从西方世界出发，考察不同国家在转型、民主、政治现代化、政治暴力等诸多方面的相似性和差异性，以此为后人理解这些现象提供新的知识与洞见。

可以想见，任何研究都需要站在前人的肩膀上。这也是一项好的研究的基本特点。但是，前人有许多原创性的重要思想，并不意味着后人就应该奉为圭臬而不能突破和超越。相反，任何思想与理论都是在不断的突破和超越中实现进步的。所以，本书下篇的内容，不仅在于总结这些欧美学界代表性学者的思想观点，更在于跟他们进行高质量的学术对话，甚至包括指出他们的作品中可能存在的理论与逻辑问题。笔者希望通过这种高质量的学术对话，既能增进同行和读者对关乎西方世界现实政治与民主理论的诸多复杂问题的理解，又能为同行和读者提供一系列政治学思维模式与研究方法上的启示。

总的来说，无论是西方还是整个人类社会，真实世界中的政治总是不断变化的。所以，历史不会终结，政治也不会终结。既然人类政治是不断变化的，那么变化就始终是西方政治与人类政治的一部分。正是因为这种经久不息的变化，当其不断累积时，总会时常涌现出一系列出乎意料的新事件、新现象与新趋势，总会有政治新现实的兴起。固然，稳定给人以确定性与安全感，但变化才是永恒的法则。政治理论与比较政治学的使命，不应该是无视变化与抗拒变化，而应该是理解变化与解释变化，并且为新的可能的变化的到来提供思想与理论资源。这也是我们面向充满不确定性的未来时应有的态度。

上篇

全球化、移民政治与西方民主

第一章

西方"硬政治"的回归与现实主义的复兴

西方政治领域近些年出现的许多新现象,常常被视为"民粹主义的兴起",但这显然是一种误读。这些现象的背后固然有民粹主义的因素,但民粹主义并非问题的主要方面。民粹主义的表象之下,其实是政治现实主义与大众政治的联姻。笔者在本章中将从政治现实主义视角出发,聚焦于当代西方世界在政治上面临的新问题与新挑战,提出一些新观点,并首创"硬政治"与"软政治"的概念,为读者朋友们理解西方与世界的政治变迁提供一种新的理解与认知。总的来说,面对西方政治的新现实,我们急需新的思想与新的理论。[①]

[①] 西方开始出现相关的研究,参见阿莉·拉塞尔·霍赫希尔德:《故土的陌生人:美国保守派的愤怒与哀痛》,夏凡译;北京:社会科学文献出版社,2020。

从特朗普到勒庞：西方政治的新现实？

2021 年，拜登就任美国总统之后，他在演讲中时常强调"美国回来了"。为什么要强调"美国回来了"？无非是自 21 世纪 10 年代以来，美国政治领域涌现了一些出人意料的重大事件。共和党人特朗普 2016 年当选美国总统就是其中之一。特朗普的许多施政纲领，既迥异于此前的总统民主党人奥巴马，又不同于再上一任总统共和党人小布什。在 2017 年 2 月 28 日的首次国情咨文演讲中，特朗普这样说："我们保卫其他国家的边境，却让我们的边境敞开着，随意让人、让毒品以前所未有的速度涌入。"[①]边境的英文是 border，过去美国总统的演讲很少会专门讲这个词，更不用说强调所谓保卫边境的问题了。难道美国作为一个如此强大的国家竟然会面临边境危机？这似乎是一件令人难以想象的事情。

而特朗普就任总统后的许多重要讲话都提到如何保卫美国边境的问题。他呼吁美国不应该让坏人、毒品贩子、恐怖分子等进入美国，他的基本主张包括修建美墨边境墙、颁布部分伊斯兰国家公民的入境禁令以及限制移民等。自 20 世纪 90 年代以来，在前总统克林顿、小布什、奥巴马等人的演讲中，美国选民很少会听到 border 这个词，很少会听到要保卫美国边境的概念。那么，为什么特朗普当时要反复强调美国必须保卫自己的边境呢？难道美国边境面临着被别国入侵的危险？当然不是。特朗普强调美国

[①] "Remarks by President Trump in Joint Address to Congress," The White House, February 28, 2017, https://trumpwhitehouse.archives.gov/briefings-statements/remarks-president-trump-joint-address-congress.

要保卫自己的边境，无非是在讨论美国的移民问题和移民政策。

2017年5月21日，在沙特阿拉伯举办的阿拉伯国家–伊斯兰国家–美国峰会上，特朗普发表演讲提出，美国外交奉行"有原则的现实主义"（principled realism）。这一篇演讲的主旨，恰好印证了美国外交的某种现实主义转向。特朗普这样说："中东国家必须自己做决定，要给自己、给自己的国家、给自己的后代选择何种未来。这是一个关乎两种未来的选择——这也是美国人无法替你们做出的选择。只有你们国家把恐怖分子和极端主义者驱逐出去，一个更美好的未来才有可能。……对美国而言，我们将致力于调整战略以应对不断变化的威胁和新的事实。我们将会抛弃那些无效的战略——根据经验和判断力来采纳新的方法。我们将基于共同的价值观和利益，采取一种'有原则的现实主义'。朋友们绝不要质疑我们的帮助，敌人们也绝不要怀疑我们的决心。……我们将会基于现实世界的后果——而非僵化的意识形态——做出决定。我们将遵循经验的指导，而非受制于僵化的思维。"[①]

从这些言语可以看出，特朗普就任总统后的首次中东演讲，在基调上是比较强硬的。他还明确表示，要基于现实主义原则来处理美国反恐的重大问题，强调要抛弃过去美国反恐的惯常做法或僵化的意识形态，采取更加灵活与务实的策略。这也是美国政治的新现象之一。

类似的，欧洲政治最近10年中出乎意料的重大事件也是层

---

① "President Trump's Speech to the Arab Islamic American Summit," The White House, May 21, 2017, https://trumpwhitehouse.archives.gov/briefings-statements/president-trumps-speech-arab-islamic-american-summit.

出不穷。从英国人在2016年公投中选择"脱欧"，到玛丽娜·勒庞两次闯入法国总统大选第二轮角逐，再到德国选择党的快速崛起，都凸显了欧洲政治的某种新现象。这些政治新现象的背后，其实都有着相似的政治诉求。笔者将这种政治诉求简单总结为20个字：本国优先，反全球化，限制外国移民，抵制伊斯兰化。当然，这里的反全球化只是部分地反全球化，主要是反对人口的自由流动。对欧盟国家来说，反全球化还意味在欧盟问题上持疑欧主义的立场。

2017年4—5月，法国总统大选正在进行之中。尽管年轻的中间派政治家马克龙依靠2/3的多数选票赢得大选，但进入第二轮总统选举的玛丽娜·勒庞也得到了1/3的选票。许多媒体与知识分子将勒庞视为一个不受欢迎的政治家，因为勒庞是当时被视为极右翼政党的法国国民阵线的领导人，但她竟然最终赢得了1/3的选票。这一现象的政治意义不容低估。到2022年的法国总统大选，尽管马克龙稳稳地坐上了总统宝座，但勒庞不仅依然闯入第二轮角逐，而且还拿下了超过四成的选票。假如法国中间派的政治纲领无法解决如今法国面临的政治问题，那么勒庞的支持率在未来可能还会创下新高。

在英国广播公司摄制的一部纪录片中，勒庞说："我们既不是左派，也不是右派；我们是爱国者。……（现在法国的）左派与右派都已经忘记了国家的概念。"她这里讲的"国家"，对应的法语词是 nation，也有"民族""国民"的意思，其实就是指法兰西国家、法兰西民族与法兰西国民。她的政党名称，过去长期沿用 Front National（通译"国民阵线"）的概念，直到2018

年更名为 Rassemblement National（通译"国民联盟"）。实际上，如何从政治上保卫法兰西国家、法兰西民族与法兰西国民，是勒庞及其支持者的政纲主线。在英国广播公司的这部纪录片中，一名勒庞的支持者对记者说，勒庞给出的信息很清晰，她说法国应该提高警惕，防止整个国家和民族的伊斯兰化，因为这是一件危险的事情。这也为我们理解勒庞和国民阵线在法国的崛起提供了关键信息。

实际上，欧洲主要国家最近十几年的故事尽管各不相同，但其背后的政治逻辑是相似的。在英国、法国、德国、奥地利以及意大利等国，部分右翼政治家和选民都指向了类似的政治诉求，即欧洲国家应该坚持本国优先、部分地反全球化、严格限制外国移民以及警惕本国人口的伊斯兰化。这些政治问题都在不同程度上绷紧了整个欧洲的神经。

如果回到30年前，即20世纪90年代初，当时整个欧洲政治完全是另外一幅景象。在东欧剧变和苏联解体之后，冷战体系随之终结，欧盟和北约开始不断东扩，欧元区也随之推出，整个欧洲洋溢在一种普遍乐观的气氛之中。那么，到了21世纪10年代，为什么欧洲的政治境况竟然变得如此艰难？欧洲政治究竟面临着何种新现实？我们又该如何解读这种新现实？

两种政治传统：理想主义与现实主义

要想理解西方政治的诸种新现象，首先需要了解政治学研究的两种传统：理想主义与现实主义。政治理想主义（political idealism）传统，后来有人把它称为自由道德主义（liberal moralism）传统，这个传统一直可以追溯到古希腊时代的雅典城邦。从近代开始，德国哲学家康德通常被视为这一传统的重要人物。① 从康德到美国《宪法》，从《世界人权宣言》这样的文本到如今我们习惯于把西方民主视为多头政体，都可以被视为政治理想主义传统的一部分。比如，康德就突出了对于道德原则的强调，他认为行善本身就是目的，而道德原则和政治原则应该是统一的。对于国际关系，他认为，如果一个个国家内部都存在着自由的政治秩序，推而广之，那么这个世界也将能拥有一个自由、开放与和平的国际秩序，这样人类最终将会抵达所谓的"永久和平"状态。这些观点是理想主义传统的呈现。

二战以后，基于《联合国宪章》所形成的《世界人权宣言》② 也是一个重要文本，是理想主义政治传统的延续。比如，该宣言的第一条是："人人生而自由，在尊严和权利上一律平等。他们赋有理性和良心，并应以兄弟关系的精神相对待。"《世界人权宣言》的开篇不仅强调人人生而自由平等，而且强调他们彼此应该以兄弟关系的精神来互相对待。什么是兄弟关系？兄弟关系并不意味着没有分歧或完全一致，但兄弟关系中没有本质的分歧与冲突。即使他们有分歧，也可以通过一种和平友好的方式来协商解决。《世界人权宣言》要求以这样的一种方式来理解人和人

---

① 康德这方面的思想，参见康德：《历史理性批判文集》，何兆武译，北京：商务印书馆，1990。

② 参见 https://www.un.org/zh/about-us/universal-declaration-of-human-rights。

之间的关系,来规范一国之中公民和公民应该如何彼此相处。

该宣言的第二条开头部分是:"人人有资格享有本宣言所载的一切权利和自由,不分种族、肤色、性别、语言、宗教、政治或其他见解、国籍或社会出身、财产、出生或其他身份等任何区别。"大家会发现,这一条是很多美国总统候选人政治纲领的"标准配置"。比如,希拉里就经常讲,所有美国人——不论其肤色、族群、宗教信仰、性别、财富与社会阶层——都应该享有同等的权利,而且所有美国人都应该在这个社会中享有其应有的公平的份额。这一原则主张人作为一个政治共同体的一员应该平等相处,而不应该以种族、族群、宗教、财富等身份差异而彼此有别,更不应该因此而互相冲突。

到20世纪70年代,耶鲁大学教授罗伯特·达尔撰写了《多头政体》一书。他认为现代民主政体是持有不同利益和观点主张的公民与公民团体进行政治竞争的舞台。① 这些不同的公民与公民团体之间并不是敌对关系,大家只是利益有分歧、观念有差异而已,但仍然能够通过和平方式来进行竞争与合作,达成和解或形成共识。因此,现代民主政体下的公民与公民团体之间的政治分歧并不是根本性的,其潜在的政治冲突也可以进行合理的管控。

大家会发现,当代西方的主流观念更多具有政治理想主义的色彩。特别是二战结束以来,西方的主流教科书、经典政治文本或媒体舆论更多是以这样一个政治理想主义或自由道德主义的传统来理解欧美国家的国内政治生活的。作为中国学者,我读了很

---

① 罗伯特·达尔:《多头政体:参与和反对》,谭君久、刘惠荣译,北京:商务印书馆,2003。

多这样的西方政治文本,也是这样一种印象。

但是,其实还有另一个政治传统,即政治现实主义(political realism)传统。很多人一讲到现实主义,就容易想到国际关系的现实主义,想到美国著名学者汉斯·摩根索著的《国家间政治》——这是一部国际关系理论中的现实主义经典著作。但现实主义不仅是国际关系中的现实主义,还有国内政治中的现实主义。那么,如何用现实主义视角来理解西方世界的国内政治生活呢?要理解这一传统,离不开几位重量级思想家,特别是意大利的马基雅维里、英国的霍布斯以及德国的马克斯·韦伯和卡尔·施米特等。但这样一个重要的政治传统在21世纪10年代之前的西方主流观念体系中常常被忽视。当然,这种忽视可能是今日欧美政治高度文明化的结果,但这种忽视产生了某些始料未及的政治后果。

马基雅维里强调的是政治的非道德性。政治的非道德性,并不等于政治的反道德性。但在马基雅维里看来,政治与道德是互相剥离的,政治就是政治,政治不是道德,不是伦理。如果君主确定了一个目标,无论他是为自己还是为国家确定了一个目标,那么在达成目标的过程中他又应该怎样做呢?马基雅维里说:"(君主)应当同时效法狐狸与狮子。……君主必须是一头狐狸以便认识陷阱,同时必须是一头狮子,以便使豺狼惊骇。"[1]这就是从现实主义的角度来理解政治权力或国家问题的。

英国近代哲学家霍布斯考虑的是如何应付自然状态。在他看

---

[1] 尼科洛·马基雅维里:《君主论》,潘汉典译,北京:商务印书馆,1985,第83—84页。

来，自然状态就难以避免人与人的战争关系，所以，一个首要的政治问题是要建立"利维坦"或建立国家形态的政治权威，以政治权威和强制力来避免人与人的战争状态。①霍布斯的政治关切及其分析视角，也是政治现实主义传统的一部分。

马克斯·韦伯也是一位偏向于政治现实主义的思想家。在1895年发表的经典演讲《民族国家与经济政策》中，韦伯从分析德国边境所面临的潜在危机入手，剖析了德国政治面临的很多挑战。他认为，德意志民族面临的首要问题是如何在当时欧洲的政治环境中生存，而这种生存本质上取决于一个国家或民族的实力。在分析德国内政时，他有些失望地认为，当时的德国缺少一个成熟的政治阶层，因为德国的政治精英阶层只理解经济问题而不理解政治问题。②

同为德国思想家的卡尔·施米特在政治现实主义立场上走得更远。他干脆把政治视为"划分敌友"的问题，他这样说："任何宗教、道德、经济、种族或其他领域的对立，当其尖锐到足以有效地把人类按照敌友划分成阵营时，便转化成了政治对立。"③因此，在施米特来看，政治的核心是处理敌我关系的问题。有人认为，循着施米特的理论路径，政治始终具有某种类战争的性质。当然，在乔万尼·萨托利等政治学者看来，政治既可能是类战争

---

① 霍布斯：《利维坦》，黎思复、黎廷弼译，北京：商务印书馆，1985，第131—132页。
② 马克斯·韦伯：《民族国家与经济政策》，甘阳选编，甘阳等译，北京：生活·读书·新知三联书店，1997，第75—108页。
③ 卡尔·施米特：《政治的概念》，刘宗坤等译，上海：上海人民出版社，2004，第117页。

的政治，又可能是和平的政治。① 但即便如此，萨托利也承认施米特的政治观对他理解政治概念有着重要的启发。尽管我并不赞同施米特包括政治决断论在内的很多观点，但施米特也为我们理解政治提供了一种可能的借鉴，即我们应该更重视冲突在政治生活中的角色。实际上，现代民主政治不完全是共识政治，而很可能是分歧政治和冲突政治，甚至是容易导致暴力和战争的某种政治类型——这些都是人类政治生活的一部分。

通过解读政治理想主义与政治现实主义两大传统，我们就更能理解当代西方政治。实际上，二战结束以后的70年间，即1945—2015年，西方世界的主流政治家和思想家更多地被政治理想主义传统支配——这里主要是指在国内政治议题上，他们似乎已经忘记了政治现实主义传统的重要性。

因此，20世纪中叶以降，欧美国家政治理论界在内政问题而非国际关系问题上秉承政治现实主义传统的著述并不是很多。最近二三十年，比较有代表性的现实主义政治哲学家是伯纳德·威廉斯，他曾经先后担任剑桥大学、加利福尼亚大学伯克利分校、牛津大学的道德哲学教授。他认为，20世纪下半叶以来，西方世界对政治的理解已经走向了过分的道德主义。主流政治理论所强调的是道德对政治的优先性，甚至可以说，政治理论就是道德原则在政治领域中的运用。但威廉斯认为，用这样一种方式和角度来理解政治，其实有着重大的偏差。他说："我用霍布斯式的术语把对秩序、保护、安全、信任和合作条件的保证作

---

① 乔万尼·萨托利：《民主新论（上卷）：当代论争》，冯克利、阎克文译，上海：上海人民出版社，2015，第75—78页。

为'基本的'政治问题。"①这意味着，任何一个社会首先要解决这个基本的问题，要有秩序，要对生活在其中的公民提供基本的保护，要保障安全。

"对秩序、保护、安全、信任和合作条件的保证"被威廉斯视为基本的政治问题，而解决这个基本的政治问题是解决其他问题的前提。但大家想想，对二战以后的欧洲主要国家来说，这个基本的政治问题是不是已经解决了？是的，尤其是对英国、法国、德国这样的西欧国家和瑞典、芬兰、挪威这样的北欧国家来说，它们在 20 世纪中叶之后已经很好地解决了这个基本的政治问题。然而，这种解决似乎并非一劳永逸，如今在新的政治情境下，秩序、保护和安全的问题对欧洲国家来说似乎重新浮现。

国内有学者总结了威廉斯政治现实主义的四个关键词，分别是权力、分歧、冲突和对手。②政治首先是关乎权力的，而不是关乎道德或伦理的；政治是需要处理分歧的，而只要有分歧，政治生活中就会有冲突，有冲突就意味着可能有对手。而这里所谓的对手，若大家熟悉施米特的作品，就会发现这是一个弱化了的敌人的概念。威廉斯总体上主张，理解政治需要放下过分的理想主义或道德主义的政治观，需要回归政治现实主义的原则。有人认为，威廉斯现实主义政治观并非对传统政治现实主义的重大创新，而只是一种传承与重新诠释。

---

① Bernard Williams, *In the Beginning Was the Deed: Realism and Moralism in Political Argument* (Princeton: Princeton University Press, 2005), p. 3.
② 陈德中：《政治现实主义的逻辑："自主性"与"封闭性"缘与由》，北京：中国社会科学出版社，2015，第 234 页。

总之，西方世界不仅有政治理想主义、自由道德主义的传统，而且还有现实主义的传统——而后者正是理解当代西方政治新现象的关键视角。

"软政治"与"硬政治"的分野

基于现实主义与理想主义两种传统的分化，笔者要引入一个关键的新概念，即"硬政治"(hard politics)，其对应的概念是"软政治"(soft politics)。从语义上讲，前者也可以被视为"艰难的政治"，与之相对，后者则是"容易的政治"。

那么，什么叫"软政治"，什么叫"硬政治"呢？两者的区分首先是社会基础的不同。所谓"软政治"，其社会基础是一个国家中的不同个体、不同社会群体的政治分歧程度比较低。如果一个社会中的不同个体与群体在基本的政治经济问题上都有共识，分歧仅仅产生在比较细微的议题上，彼此之间的分歧很小，那么这对应的就是"软政治"。相反，"硬政治"的社会基础是不同个体、不同社会群体的政治分歧程度比较高。大家发生争端的是那些基本的政治经济问题，或者说不同个体与群体在很多重大问题上存在着严重的分歧。进一步说，因为政治分歧程度高低的不同，大家容易理解的是，"软政治"往往对应着政治冲突程度比较低，"硬政治"往往对应着政治冲突程度比较高。

由于政治分歧程度高低的不同，"软政治"与"硬政治"条件下的政治博弈规则也有很大差异。简言之，在"软政治"条件下，政治家与普通民众更有可能尊重宪法、尊重基本的政治规则，或者说存在着较为明确的规则共识。但是，在"硬政治"条件下，政治家与普通民众一旦认为，政治分歧是根本性的，政治冲突是不可避免的，自身与政治对手是无法和解或无法妥协的，他们就更有可能选择利用一切可能的机会去击败对手，甚至是彻底摧毁对手。如果是这样，政治博弈更有可能走向无规则的状态，尊重宪法和规则共识就会成为一句空话。

"软政治"与"硬政治"的不同还在于人们对于政治关系认知的差异。"软政治"条件下不存在什么敌友关系。或者正如有学者所说的，共和国之内只有违法者，只有罪犯，但并没有政治意义上的敌人。"硬政治"条件下就可能会存在敌对关系，一部分人可能把另一部分人视为政治上的潜在敌人。当然，这里的敌友关系，未必就是0和1的关系，而是一个程度的问题。

基于上述分析，大家能够理解，在不同的理论传统中，"软政治"对应着政治理想主义的视角，而"硬政治"对应着政治现实主义的视角。当政治现实与主流的理论认知相一致时，理论就更具说服力。比如，拿20世纪90年代初的欧洲政治来说，其真实政治的实际状况更接近于"软政治"，同时政治家和思想家的认知更多地出于政治理想主义的视角，两者之间是一致的，就不存在紧张关系。但是，如果政治家和思想家秉承政治理想主义的视角，而真实政治的状况是"硬政治"正在回归，那么理论与现实之间就会产生紧张关系。

笔者的基本观点是，21世纪10年代的欧美政治可能正处在从"软政治"向"硬政治"的过渡阶段，或者说西方世界的"硬政治"正在回归，而传统的政治家和思想家仍然秉承政治理想主义为主的观念，此时两者就会产生很大的张力。

"承平日久70年"与"硬政治"的退场

为什么很多欧美学者会站在过分理想主义的立场来判断今日西方政治的现实问题呢？我将其称为"承平日久70年"带来的负面后果。在1945—2015年的70年间，从国际格局上看，美国和美国保护下的欧洲总体上处在没有重大威胁、安全无虞的情境之下。大家知道，欧美政治的这70年并不是没有冲突、没有危险，比如冷战格局、古巴导弹危机等都会带来现实的政治压力，美国在朝鲜半岛、越南、伊拉克、阿富汗等地还打了几场战争。但是，所有这些危机与战争在规模或等级上都不足以动摇美国和欧洲政治的根本。美国位于北美大陆，对过去冲突频仍的欧亚非大陆来说，是如同一个岛屿一般的国家。相对来说，美国本土是非常安全的。加入北约的欧洲国家则处在美国的军事庇护之下。尽管欧洲在冷战时期面临着某种程度的安全威胁，但这种威胁不足以影响欧洲主要国家的整体安全与和平。这样，1945—2015年，欧美政治就处在了70年超长时间的和平政治之下。如果跟19世纪以来的西方政治与战争经历相比，这"承平日久70年"从根本上塑造了欧洲人和美国人——特别是没有一战和二战记忆的新一代欧洲人和美国人——对现实政治完全不同于以往的政治认知。这是欧美国家"硬政治"退场的主要原因之一。

从西方国家的政治经济生活来看，这一时期总体上是自由民主政体和市场经济相结合的模式。政治上，欧美主要国家的民主政体总体上是稳定而有效能的，公民自由与权利也得到了有效保障。经济上，西方国家在20世纪50—70年代经历了快速的经济复苏和增长，尽管随后的七八十年代出现了滞胀，但90年代又由于信息革命迎来了"新经济"的浪潮。这一经济增长过程基本上是美国主导的，但欧洲国家也从中受益。欧美国家的国内政治基本上呈现出一种经济繁荣条件下的共识政治。这样，在美国和欧洲主要国家，政治家和民众对关键的政治经济问题并没有重大分歧，共识政治成为这一时期欧美政治的重要特征。

在这样的政治经济条件下，20世纪50年代以后，欧美主要国家的政治文化和意识形态也经历了重要的转型。按照美国政治学家罗纳德·英格尔哈特的看法，欧美主要国家的政治文化经历了从物质主义向后物质主义的转变。那么，物质主义价值观与后物质主义价值观有什么区别呢？英格尔哈特认为，物质主义更关注维持秩序、打击犯罪、稳定经济、促进经济增长、保持强大国防力量、防止严重通货膨胀等。[①] 大家发现，这些议题都跟基本稳定的社会经济生活有关。如果你想过一种基本有保障的、有质量的生活，你大概离不开这些议题。今天如果在中国做民意调查，更多人应该会更关心这些基本问题，说明我们更多还是处在物质主义阶段。而后物质主义更关注更有人情味的社会、工作中的更多话语权、普通人在政府决策系统中的更多话语权、理念的价值、

[①] 罗纳德·英格尔哈特：《现代化与后现代化：43个国家的文化、经济与政治变迁》，严挺译，北京：社会科学文献出版社，2013。

言论自由等。在我看来，这些问题大多是"软政治"的议题。

在欧美主要国家的选举政治中，很多新议题是20世纪七八十年代以后逐步进入政治领域的，比如环保议题或绿色政治议题、性别政治议题或女性权利问题、同性恋议题、堕胎问题等。如果是一个处在朝不保夕状态的国家、政治上陷于冲突的国家、经济上极不稳定的国家或社会秩序混乱的国家，刚才讨论的这些选举议题在多数人看来可能是无关紧要的。用比较通俗的话来说，他们关心这些议题是不是"吃饱了撑的"？实际上，讨论这些议题的前提就是"吃饱"。一个社会只有解决了这些基本的经济问题、国防问题和秩序问题，大家才会有闲心来讨论要不要允许女性堕胎，要不要允许同性恋享有同等权利，要不要更多地保护女性与少数族群，要不要在环保方面投入更多资源，等等。总之，北美与欧洲发达国家在20世纪50—90年代的政治文化经历了从物质主义向后物质主义的转型，这也是"硬政治"退场的一个认知条件。

除此之外，我们可以再进一步考察美国主流政治学界对西方政治的认知。这里介绍两位重要人物，一位是美国20世纪下半叶代表性的政治哲学家约翰·罗尔斯，另一位是美国20世纪下半叶代表性的民主理论家罗伯特·达尔。罗尔斯的代表作是《正义论》和《政治自由主义》，这两部作品大致反映了美国社会20世纪70年代以来对主流政治生活的认知。按照罗尔斯的观点，现代民主政治有赖于公民的重叠共识。政治的核心问题是正义问题，而正义问题在政策上表现为再分配问题。这样，罗尔斯意义上的政治问题，实际上已经降格为涉及再分配的具体政策选择问题。①

说白了,我们考察过去北美和欧洲主要国家的大选,最重要的议题无非是税收和福利。更高税率还是更低税率?更多福利还是更少福利?这是选举政治的核心议题。而在这个过程中,政治实际上已经被消解了,政治已经转换为关于再分配问题的政策争论。但是,对今天的伊拉克或埃及来说,这些问题根本就不构成政治生活中的最重要议题。对它们来说,税收和福利充其量是一个比较次要的议题。而在欧美主要国家的政治生活中,这就是最重要的议题,这也说明这些国家的政治生活已经充分软化了。

前面曾经提到,按照罗伯特·达尔的看法,现代民主是多头政体,是持有不同利益与观点主张的公民和公民团体进行政治竞争的舞台;自由、平等、民主是现代民主政体的基本价值观;自由协商和多数规则是解决政治分歧的主要机制。尽管罗伯特·达尔在《多头政体》一书中也提到,对那些国内社会政治分歧过大、基于族群和宗教的亚文化多元主义过强的国家来说,民主政体更难维系,但当他转而分析北美与欧洲主要国家的民主政治时,他觉得这些并不是什么问题。在达尔晚年撰写的《论政治平等》一书中,他认为,西方社会的基本政治问题已经解决了,而需要进一步思考的是,如何让以美国为代表的西方社会在更大程度上实

---

① 约翰·罗尔斯:《正义论》(修订版),何怀宏、何包钢、廖申白译,北京:中国社会科学出版社,2009;约翰·罗尔斯:《政治自由主义》(增订版),万俊人译,南京:译林出版社,2011。

现实质性平等的问题。①

简单回顾这些主要的政治理论，我们发现，政治冲突这一关键概念在他们的著述中几乎被忽视或被遗忘了。其实，从19世纪到20世纪上半叶，政治冲突一直是西方社会的关键问题。但是，在20世纪下半叶最重要的政治研究文本中，政治冲突出乎意料地成了一个被忽视的议题。

基于这些分析，笔者的一个基本判断是：领导西方社会的这一代政治家与思想家通常都没有经历过重大政治冲突的洗礼，他们是在70年超长和平政治与共识政治的岁月中成长起来的，缺乏对严重政治冲突的体验与认知。说句不恰当的话，这一代西方政治家和思想家某种程度上变得幼稚化了，这种幼稚化很大程度上是欧美政治文明高度发达的结果，其幼稚就在于他们经历的是欧美历史上罕见的超长和平、超长繁荣和超长共识的政治周期。

试想，今天生活在美国社会的主流政治精英和知识精英，他们的人生经历是怎样的？从出生到2015年，他们见证过的历时最长的战争就是越南战争，但这场战争发生在一个遥远的地方。尽管美国所费不菲，国会和媒体也就战争进行过激烈的辩论，大学校园和部分城市还爆发了相当规模的反战游行，但绝大多数美国人对于美国在这样遥远的地方打一场战争并没有多少真实体验，美国社会其实缺少处在真正战争状态的感知。在这样一个遥远的地方发生的一场强国对弱国的战争，对美国和美国社会的安全、秩序并不构成什么实质性的威胁。总体上，这一代欧美政治家和

---

① 罗伯特·A. 达尔：《论政治平等》，谢岳译，上海：上海人民出版社，2010。

思想家很大程度上都是在长期和平、安全无虞的"政治温室"中长大的，其政治观念的形塑也跟这种时代背景有关。

欧洲：被"硬政治"包围的"软政治"

尽管欧美主要发达国家的"硬政治"一度已经退场，但世界政治舞台上的"硬政治"并未退场。实际上，在欧美国家这种政治已经软化的区域之外，却是一个暗流涌动的世界。这里主要分析四个方面的问题：一是欧盟国家实际上是被"硬政治"包围的"软政治"，这基于国际格局与地缘政治的视角；二是欧美国家内部工作机会流失的政治后果，这在很大程度上是过去三四十年全球化与自由贸易深入发展的结果；三是欧美国家内部人口趋势与族群宗教多元主义的崛起；四是恐怖主义袭击已经发展成为"城市游击战"的新模式。所有这些问题都在冷战结束之后的20多年间逐渐成为西方世界的主要挑战——这些政治新现实使欧美国家的"软政治"显得无能为力。

从地缘政治来看，欧盟或欧洲主要国家实际上是被"硬政治"包围的"软政治"。在世界地图上，欧洲只是欧亚大陆的一个半岛——尽管这里有着英国、法国、德国这样一些改变人类历史的重要国家。欧洲政治文明高度发达的地区，主要是指从伊比利亚半岛、亚平宁半岛向北，跨越西欧（包括不列颠群岛）、中欧，一直抵达北欧的区域。它跟北美同为具有高度政治文明的区域，同时也是长期由"软政治"主导的区域。

但是，欧盟国家周围的地区并非由"软政治"主导的地区，欧盟国家实际上处在"硬政治"的包围之中。欧盟的东侧是俄罗斯、乌克兰及中亚国家。俄罗斯已经遭遇转型困境与政体衰退。乌克兰21世纪10年代经历了驱逐时任总统亚努科维奇的"广场革命"，其东部地区则一度陷于局部的武装冲突。俄罗斯与乌克兰两国之间还存在着涉及克里米亚半岛归属的重大领土纠纷，2022年开始则演变为一场牵动整个欧洲的战争。2022年的这场战争是后冷战时代欧洲所遭遇的最严重的地缘政治危机，并且至今尚未有即将结束的迹象。这些信息意味着，欧洲东部的边疆地带仍然是标准的"硬政治"。

欧盟的东南方向是土耳其。2016年，土耳其遭遇未遂的"军事政变"（这是不是一场真正的军事政变仍然存有争议），总统埃尔多安紧接着进行了严厉反击。这位当时的新兴政治强人以反政变的名义，迅速逮捕了大量世俗派军官，驱逐了2 600名法官，辞退或打压了许多媒体记者、大学教授与中学校长。随之而来的是，2017年，土耳其通过改行总统制的修宪公投，这更是让人担心土耳其民主已经发生实质性衰退。如今的土耳其还面临着另一个艰难选择，究竟是要充分伊斯兰化还是要打造政教分离的世俗国家。对于土耳其来说，这些当然不是"软政治"，而是"硬政治"。

土耳其再往南则是中东北非地区的核心地带。这里有以色列和巴勒斯坦之间的冲突，或者说是以色列和阿拉伯国家之间的冲突；有正在陷于武装冲突的叙利亚；有经历了穆巴拉克政权垮台、民主转型、新一轮军事政变、新的强人统治的国家埃及。由此可见，中东北非的心脏地带仍然是当今世界"硬政治"的典型代表。隔着地中海与欧盟国家遥遥相望的是北非国家。突尼斯经历了本·阿里政权的倒台，以及初步成功的民主转型；利比亚尽管已经走出了卡扎菲时代，但如今这个国家还无法统辖全国的地方武装力量，仍然存在秩序失控的风险。实际上，北非当然也是由"硬政治"主导的地区。

如果打开地图，欧盟或欧洲主要国家固然是由"软政治"主导的地区，但它们是被东欧、中亚、中东、北非地区的"硬政治"包围的"软政治"。从地缘政治上看，这样的政治格局是否会影响到欧洲呢？当然有可能。事实上，面对政治上暗流涌动的邻近地区，欧盟国家恐怕很难独善其身。最直接的后果是，欧洲遭遇了2015年的难民与移民危机，而这又直接冲击着欧盟国家内部的政治平衡。

全球化与自由贸易的政治后果

对欧美国家来说，另一个重要事实是过去三四十年间全球化和国内工作岗位流失之间的关系，这也产生了负面的政治后果。这里提供一组关于美国制造业收入与就业岗位的数据。1947—2014年，美国制造业部门的产出（或收入）从600多亿美元增至2万多亿美元，增幅非常可观。与此同时，美国制造业部门的就业数据呈现的是先大幅上升、后大幅下降的总体趋势。1947—1978年，美国制造业部门的就业规模从1 400多万增至

1 900万以上，但1980—2014年，制造业部门的就业规模就出现了急剧下滑，从1 900万下滑至1 200多万。因此，美国在35年左右的时间里失去了大约700万个制造业就业岗位，降幅超过35%。实际上，这不只是美国的趋势，也是欧美其他发达国家的基本趋势，它们的制造业岗位都在不断地流失。在美国的底特律、英国的伯明翰和法国的巴黎郊区，到处都可以看到被关闭的制造业工厂和萧条的制造业地带。

对于局外人来说，读到这些信息，我们的头脑中不过是浮现一连串数字。但是，如果你生活在美国、英国、法国的"铁锈地带"，如果你的家人中有生活在底特律、伯明翰、巴黎的失业工人群体，那么你又是什么感受呢？实际上，全球化过程中欧美国家制造业部门就业机会的缩减，给特定的社会阶层（工薪阶层与中产阶级）带来了巨大的压力。其政治后果是，这一在全球化过程中受损的阶层会提出更现实的政治诉求，直接表现为对全球化的政治反弹。

有人将这种现象视为欧美国家民粹主义的兴起，但我认为这是一种误读。什么是民粹主义？在经济社会议题上，一国选民希望新当选的政府首脑或议会不断提供廉价食品、廉价汽油、免费住房以及各种高福利，甚至最好政府能够免费提供一切所需——这是典型的民粹主义现象。然而，对今天欧美国家的制造业部门从业者来说，他们已经失业了，或者正面临失业的威胁，他们希望自己的国家采取某种政策，能够把工作机会留在本国，这能否被视为民粹主义的兴起呢？要知道，这是一个关乎特定阶层很多人生存的现实问题。

实际上，对西方国家来说，上述现象就是全球化与自由贸易政策的社会后果。笔者是受新古典经济学影响的自由贸易论的坚定支持者，但主张某种贸易理论跟分析这种贸易理论可能会导致何种政治后果是两回事。简单地说，自由贸易理论的一个基本假设就是贸易获利，所以各国都应该采取自由贸易政策。从理论或政策上看，自由贸易学说经历了一系列发展阶段，代表性的观点包括亚当·斯密的绝对优势理论、李嘉图的比较优势理论，以及20世纪八九十年代以来形成的"华盛顿共识"。"华盛顿共识"的出现，常常意味着新自由主义的复兴。①

这里简单介绍一下比较优势理论。在一个经典的比较优势理论模型中，有两个国家和两种产品。假设两个国家分别是A国和B国，两种产品分别是卡车和轿车，B国在两种产品上的效率都比A国高，不过A国在轿车上相对劣势更小，在卡车上相对劣势更大。那么，按照经典的比较优势理论，A国应该全部生产轿车，而B国应该全部生产卡车，然后两国在专业化分工的基础上进行自由贸易，两国的福利水平都会提高。

这是很多学过经济学的朋友非常熟悉的理论，但这个理论有几个可能的问题。第一，大家会发现，这是一个两国模型。那么，如果变成三国模型呢？如果变成十国或五十国模型呢？生产率方面处于劣势的国家，在五十国模型中会怎样呢？有没有可能存在这样的国家，该国由于技术水平、劳动生产率与工资成本结构的

---

① 关于"华盛顿共识"及其后续讨论，参见 Narcís Serra and Joseph E. Stiglitz (eds.), *The Washington Consensus Reconsidered: Towards a New Global Governance* (New York: Oxford University Press, 2008)。

组合，无法在一个五十国参与的自由贸易理论模型中获得恰当的位置，从而在国际经济格局中被边缘化？这当然是有可能的。第二，这个理论模型没有考虑到规模经济、技术进步和全球产业链等因素对一个国家长期福利水平的影响。第三，这个理论要能够成立，需要满足一个条件，即要素能实现跨国自由流动。如果劳动力要素能够实现跨国自由流动，效率低的国家人口就会流动到效率高的国家，这样市场就能逐渐实现均衡。但是，在今天以民族国家为主的国际体系中，劳动力要素或人口要素还很难实现完全自由的流动——欧盟国家则是一个主要的例外。这样一来，在自由贸易条件下，全球市场机制未必能够实现多国福利同时获得改善的均衡。实际上，很多国家的资本在很大程度上也无法实现跨国自由流动。

  本书无法继续探讨自由贸易理论的学理问题，我主要关心的是全球化与自由贸易政策最终导致了什么样的政治后果。一个最容易想到的机制是，在自由贸易和外国直接投资主导的全球化条件下，全球产业在不同国家间的布局会发生调整。因为各国在不同产业、不同产品上的效率差异很大，这就需要进行全球性的资源重新配置。这样一来，资本要素和劳动力要素的关系有可能发生失衡。对发达国家来说，资本能够通过全球布局来实现资源配置效率的改善和收益的增加，但劳动力要素很难实现跨国自由流动，它们通常被固定在美国、英国或法国。上文提到，欧盟国家之间的劳动力自由流动是一个主要的例外，但如今这一政策也常常遭到质疑，甚至英国"脱欧"的主要动力就在于英国本身无法控制来自欧盟其他国家的流动人口。所以，在大部分情况下，原先在美国投资汽车轮胎业的资本,完全可能从底特律迁往中国苏州,但美国的轮胎业工人并没有办法做同样的迁移。这一过程的结果是资本要素受益而劳动力要素受损。

实际上,自由贸易和外国直接投资主导的全球化使西方世界产生了一系列利益受损的要素、部门乃至国家。部分欧洲国家甚至出现了"产业空心化"的严重问题。简单地说,有的国家在普通制造业不断流失的同时,高科技产业和高端服务业尚不能支撑起其国民经济。这一现象的政治后果是,国内社会要求政府保护的声音高涨。这种政治诉求符合卡尔·波兰尼的理论推断,即社会对市场机制的反弹。[1]这个具体问题则更多表现为部分西方国家的国内社会对全球市场机制的反弹。比如,一些西方国家濒临失业的钢铁工人在游行示威时打出了"Save Our Steel"(拯救我们的钢铁业)的口号。这一口号背后其实包括了"Save Our Jobs"(拯救我们的工作机会)这一更现实的诉求。这同样是今日欧美政治面临的现实问题。

美国是谁的美国?欧洲是谁的欧洲?

欧美国家国内社会的第二个问题是人口趋势与族群宗教亚文化多元主义的崛起。2008年,位于华盛顿的美国智库皮尤研究中心统计和预测了1960年、2005年、2050年美国人口结构与趋

---

[1] 卡尔·波兰尼:《大转型:我们时代的政治与经济起源》,冯钢、刘阳译,杭州:浙江人民出版社,2007。

势的变迁。①按照该机构的数据，美国白人族裔人口占比在1960年高达85%，2005年降至67%；西班牙语族裔人口占比在1960年仅为3.5%，2005年剧增至14%；黑人族裔人口占比在1960年为11%，2005年为13%；亚洲人族裔人口占比在1960年仅为0.6%，2005年剧增至5%。这是已有的人口统计数据。按照该中心预估，到2050年，美国人口结构还会发生重大变化，白人族裔人口占比将降至47%——这意味着美国将不再是一个欧洲白人族裔占绝对多数的国家。与此同时，西班牙语族裔人口占比将上升至29%，黑人族裔人口占比将维持13%不变，而亚洲人族裔人口占比将会增至9%。如今，在靠近墨西哥的很多美国城镇，西班牙语已经成为非常流行的语言，甚至一些地方餐馆的招牌、菜单都使用西班牙语，因为那些地方从墨西哥和拉丁美洲其他地区来的移民（无论是合法的还是非法的）非常多。这样，对美国的白人族裔来说，身份政治与认同政治问题如今已经浮出水面。正如哈佛大学教授塞缪尔·亨廷顿2004年所提醒的，美国已经面临着作为美国人的"我们是谁"的问题。②那么，美国到底是谁的美国？这是一个问题。

欧洲目前人口趋势的一个主要议题是穆斯林人口的大幅上升。按照2016年的人口统计，欧洲主要国家穆斯林人口的绝对数量与相对比重都已经比较高。比如，法国的穆斯林人口已经

---

① "U.S. Population Projections: 2005-2050," Pew Research Center, February 11, 2008, https://www.pewresearch.org/hispanic/2008/02/11/us-population-projections-2005-2050.
② 塞缪尔·亨廷顿：《我们是谁？：美国国家特性面临的挑战》，程克雄译，北京：新华出版社，2005。

高达572万,德国是495万,英国是413万,意大利是287万,荷兰、西班牙都超过了100万。从人口比重上看,这些欧洲主要国家穆斯林人口的比重为2.6%~8.8%。穆斯林人口由于移民加出生率的双重因素,其增长率要远远高于欧洲白人族裔的增长率,比重已经从2010年占欧洲人口的3.8%增至2016年的4.9%。① 如果目前欧洲的移民政策与人口趋势不变,那么欧洲的加速伊斯兰化就是相当确定的事实。

很多欧洲白人族裔对此趋势表示担忧,甚至感到恐惧。比如,德国和美国的智库在欧洲做民意调查,其中一项是询问欧洲的白人族裔,他们认为有多少穆斯林人口生活在自己的国家。这里不是统计数据,而是询问欧洲白人族裔的主观感受。调查表明,他们倾向于大大高估本国穆斯林人口的比重。这种高估的背后反映的恰恰是某种不安情绪,甚至是某种恐惧感。在法国,被调查者平均估计法国生活着31%的穆斯林人口,但其实法国只有7.5%左右的人口是穆斯林(2010年数据)。来自德国的民意调查数据显示,白人族裔被调查者认为德国有19%的穆斯林人口,而实际数据是5.8%左右。这些民意调查数据显示,无论是法国还是德国,普通白人族裔在很大程度上认为自己国家的人口正在伊斯兰化。

民意调查还显示,很多欧洲白人认为,伊斯兰教总体上是一种跟西方文明格格不入的宗教。比如,贝塔斯曼基金会的报告显示,2013年就有57%的德国非穆斯林人口认为,伊斯兰教对德

---

① "Europ's Growing Muslim Population," Pew Research Center, November 29, 2017, https://www.pewresearch.org/religion/2017/11/29/europes-growing-muslim-population.

国来说是一个"威胁",而2012年这一数据是53%;在西班牙、法国等地,也有超过一半的非穆斯林公民认为,伊斯兰教对自己的国家是一个威胁。笔者对此问题本身不持立场,但需要披露这些必要的信息,让大家了解目前很多欧洲人在这一问题上的政治倾向。

同样重要的是,欧洲的穆斯林人口怎么看待基督教和西方文明?这也有很多相应的民意调查数据。一个基本的信息是,已经生活在欧洲的穆斯林人口有一定比例对基督教与西方文明并不友好。比如,一大型机构的民意调查显示,英国的绝大多数穆斯林人口认为,西方人是"自私、傲慢、贪婪和不道德的",一半左右的穆斯林人口认为西方人是"暴力的"。

这里再给大家提供一组关键数据。有一项民意调查的问题是:"为了捍卫伊斯兰教,针对平民目标的暴力在多大程度上是合理的?"这项调查其实评估的是被调查者对于自杀式炸弹袭击等暴力事件的态度。调查发现,法国穆斯林人口中竟然有高达16%的被调查者认为,这样做"有时"是可以理解的。[①] 这意味着,16%的法国穆斯林人口至少在某种程度上对这种自杀式炸弹袭击表示同情。在欧洲主要国家的穆斯林人口中,持同样认知的被调查者比重在西班牙为16%,英国为15%,德国较低,但也有7%。如果是500万人口,16%就是80万;如果是300万人口,16%就是48万。这意味着,在法国、英国这样的欧洲国

[①] "The Great Divide: How Westerners and Muslims View Each Other," Pew Research Center, June 22, 2006, https://www.pewresearch.org/global/2006/06/22/the-great-divide-how-westerners-and-muslims-view-each-other.

家内部，有数十万的穆斯林人口对自杀式炸弹袭击表示出某种程度的同情。尽管同情本身不代表什么，但这对欧洲肯定算不上什么好消息，而且从一个侧面反映出欧洲部分穆斯林人口对于西方文明的基本态度。

"城市游击战"的兴起：恐怖主义袭击新模式

恐怖主义袭击也是欧美国家面临的严峻挑战，而且这个问题有愈演愈烈的趋势。众所周知，2001年美国曾经发生震惊世界的"9·11"事件，这是21世纪以来最大规模的恐怖主义袭击事件。在当天凤凰卫视的新闻直播节目中，观众眼看着两架飞机往纽约世贸中心双子大厦冲撞进去，最终导致了这一标志性建筑的倒塌和数千人的死亡。

当然，这样规模的恐怖主义袭击事件非常罕见，但小规模的恐怖主义袭击事件时有发生。仅2016年一年，欧洲比较严重的恐怖主义袭击事件就包括：3月22日发生在比利时布鲁塞尔的自杀式炸弹袭击，导致32人死亡和300多人受伤；7月14日发生在法国尼斯的极端分子驾驶卡车冲撞行人事件，导致86人死亡和458人受伤；7月22日发生在德国慕尼黑购物中心的枪手袭击事件，导致9人死亡和36人受伤；12月19日发生在德国柏林的卡车冲撞圣诞节集市事件，导致12人死亡和56人受伤。2017年5月22日晚间，在英国曼彻斯特的一个演唱会现场，自杀式炸弹袭击导致22人死亡和1 017人受伤。

在这里，要引入一个新概念来界定这种频发的恐怖主义袭击事件，笔者将其称为"城市游击战"。如今在欧美国家随时随地频繁发生的恐怖主义袭击，其本质就是恐怖主义力量所不断发动的城市游击战，而不是一个个互相独立的、偶然发生的恐怖主义袭击事件。笔者每次行走在欧美国家的土地上，看到规模巨大的城市、人口密集的地铁站、数万人参与其中的体育场、行人熙熙攘攘的大都市主要街道、成千上万人工作在其中的大型写字楼、气势恢宏的大型购物中心、数千乃至数万人就读的大学，时时都有一种担忧：这些场所能够抵御一次精心策划的恐怖主义袭击吗？如果这样想，西方世界面对恐怖主义袭击时确实有些防不胜防。因为他们没有办法监控所有的可疑人物，任何一个正常国家都根本不可能具备这样的人力、物力、财力和大规模的信息处理能力。而在城市游击战的发动者看来，购物中心、写字楼、校园、地铁站、体育场、主要的繁华街道都是绝佳的恐怖主义袭击场所。

西方世界 21 世纪以来所面临的恐怖主义袭击，很大一部分都跟西方基督教世界与中东北非伊斯兰世界的历史恩怨有关。笔者过去曾写下这样一段文字："从 18 世纪到今天，一方面是西方基督教文明主宰了世界，并建立了全球性的国际体系和游戏规则；另一方面是伊斯兰文明整体上处于守势，他们寻求的是与西方世界不同的价值观和宗教政治模式。特别是冷战结束以后，仇视西方世界的宗教极端分子开始把恐怖主义袭击作为主要的斗争手段。"[①]

---

① 包刚升：《极端主义的兴起与西方世界的挑战》，《文化纵横》2016 年第 3 期。

如今的世界格局，当然是以欧美为中心的西方基督教世界处于强势地位，以中东北非为核心地带的伊斯兰世界处于弱势地位。在伊斯兰世界的极端势力看来，在"敌强我弱"的情况下，他们能做什么呢？他们并没有能力跟西方世界发动一场正面战争，能做的就是发动恐怖主义袭击。这种频繁的恐怖主义袭击，实际上是极端主义恐怖势力对西方世界发动的城市游击战。

游击战本身在政治上是中性的，并没有所谓的好与坏之分。比如，二战时法国被德国占领，如果你是一个法国的爱国青年，你能够做的是什么呢？我想大概就是参与对德国驻军的游击战。所以，游击战本身作为一种策略在政治上是中性的，决定一种游击战正义与否的是其他因素，而不是游击战本身。

从结构上看，游击战的基本情境就是敌强我弱的格局。通常，游击战的作战对象都比自己更为强大，所以无法发动总体战或阵地战，而只能采取游击战策略。从具体策略来说，游击战的特点是：作战空间往往是在敌人的核心地带或控制地区，作战队伍往往是小规模的团队而非大规模的部队，作战场所往往不是阵地战意义上的战场而是能够发动有效袭击的任何场合，作战目标包括造成实际人员死伤、建筑物破坏以及达成震慑效果等。

从这个视角来看，对那些宗教极端主义组织来说，它们跟西方世界实际上处在战争状态。然而，西方世界非常被动的是，它们并不准确地知道这种战争状态的对手到底是谁，来自哪里，潜伏于何处。即便有"基地"组织或"伊斯兰国"（ISIS）声称对某些恐怖主义袭击事件负责，但它们的总部和队伍到底在哪里呢？尽管这两大组织的核心都在中东北非地区，但它们对于西方世界有着一定的渗透力量，甚至其成员就散布在欧美各地。

为什么城市游击战会兴起呢？一个简单的理由是，对宗教极端主义组织来说，这是一种行之有效的做法。从具体策略上讲，它们发动的是零星的、散点式的恐怖主义袭击，这种袭击的策划过程可以做到非常隐蔽，其操作成本也很低。由于通常选择在人口密集的欧美城市，这种袭击往往能产生实际的杀伤力。所以，这种城市游击战往往能够奏效。还有一个重要的有利条件，主要欧美国家往往是充分多元化的社会，不同族群、宗教背景的人们生活其中。按照自由民主政体的立国原则或政治正确的传统，这样的社会当然不能因为族群、宗教背景的不同排斥或限制特定人群。这就为极端主义组织的力量潜伏和渗透西方社会提供了便利条件。总之，这些条件使极端主义组织可以以较低的成本、较大的便利、较高的破坏性在西方国家发动恐怖主义袭击。

实际上，人类社会的暴力水平总的来说是在不断下降的。与20世纪中叶之前的暴力水平相比，20世纪90年代初冷战结束至今的暴力水平总体上并不高。极端主义组织发动的城市游击战尽管造成了一定规模的人员死伤与破坏力，但历史地看，如今的人类社会维系着较低的暴力水平。但由于互联网和社交媒体的普及，极端主义组织通过发动恐怖袭击导致的实际死伤只是它们的一个目标，另一目标则是造成一种紧张或恐怖的政治气氛——而互联网和社交媒体可以瞬间就把恐怖袭击的信息与细节传播到世界的每一个角落。这更使恐怖主义袭击具有了某种象征意义，使西方世界社会的恐惧与不安情绪高涨。基于上述分析，城市游击战可能是西方世界不得不面对的一个长期问题。

那么，西方世界应该如何应对城市游击战呢？大家容易想到的，主要是依靠警察和情报系统的打击能力。这一手段既是常规的，又是主要的。但是，目前这种格局下需要多大规模的警察与情报系统才能实现有效反恐呢？如果要构建更完善的反恐网络，如果要追踪更大范围的嫌疑恐怖分子，如果要建设更可靠的国内安全系统，西方国家就需要在警察和情报系统的人力、财力和物力方面继续加大投入。可以想象，这里的每一种新增投入都需要支付额外的成本，但任何国家能够用于反恐的资源都是有限的。

既然反恐的成本那么高、难度那么大，欧美国家就有人提出了一个新的思路：要不要把潜在的恐怖分子阻挡在边境或国门之外呢？历史地看，欧美国家松紧不一的入境政策、移民政策和自由多元主义原则，客观上为极端主义组织和恐怖分子提供了深入国境潜伏的机会。实际上，策划欧美大部分城市游击战的绝大多数恐怖分子都有着特定的族群与宗教背景。比如，在2017年英国曼彻斯特演唱会现场的自杀式袭击事件中，警方认定袭击者是22岁的英国籍利比亚裔移民萨勒曼·阿贝迪（Salman Abedi），他出生在曼彻斯特南部的一个穆斯林家庭，而且在从事此次恐怖袭击之前刚刚赴利比亚接受过相关训练。既然很多嫌疑人被证明跟特定族群、宗教和地区背景有关，那么西方世界是否要限制这些特定族群、宗教和地区的人员入境，或者严格限制他们的入境与移民条件呢？如果有人可能构成对公共安全的威胁，那么为什么要让这样的人入境呢？这是一个非常现实的问题，背后的逻辑似乎也很简单。实际上，特朗普就任总统后的筑墙计划和入境禁令就跟这种思路有关。

总的来说，西方国家能否真正战胜城市游击战仍然存有疑问。到目前为止，这个挑战仍然是巨大的。如果强化警察和情报系统的打击能力，加上严格制定入境与移民标准都难以奏效的话，那么西方国家接下来会怎么办呢？比如，特朗普2016年竞选时，曾经威胁要对美国的穆斯林人口建立一套专门的登记和追踪系统。实际上，按照现在的技术手段，每个人都是可以被实时定位和追踪的。但是，如果部分西方国家为了反恐而选择采用类似手段的话，是否意味着这些国家信奉的自由民主原则会大打折扣呢？这里最大的难题是，万一按照传统方式无法有效应对城市游击战，而只有牺牲二战以来西方世界所共同信奉的许多政治原则，才能更有效地应对城市游击战的新局面，那么西方世界究竟该做出何种选择呢？西方国家究竟应该如何平衡有效反恐与政治正确之间的关系呢？这又是一个非常现实的问题。

西方如何保卫西方？自由主义需要与现实主义联姻

就本书的视角来看，欧美政治如今面临着某种不同于以往的新现实，这种新现实的主要特点之一就是"硬政治"正在回归。美国学者弗朗西斯·福山的"历史终结论"，至少在短期来看是一种过分乐观的预言。实际上，基于阶级的、族群的、宗教的分歧与冲突仍然是欧美国家内部政治生活的一部分。总体而言，欧美国家的"软政治"已经面临某种困境，而"硬政治"正在回归。

在这种局面之下，西方世界究竟何去何从？我的一个基本判断是，西方国家很有可能会发生向政治现实主义的转向。考虑到欧美政治面临的诸种严峻挑战，这里实际上涉及一个"西方如何保卫西方"的问题。[①] 如果说广义的自由主义原则是今日欧美政治体制的主要特征，那么西方的这种自由主义原则只有与政治现实主义联姻，才能有效保卫西方社会。或者说，自由主义唯有跟政治现实主义联姻，才能保卫欧美政治文明已经取得的成果。如果再简单地根据过去过分理想主义、过分道德主义、政治上略显幼稚的视角来理解今日欧美政治所面临的问题，那么最后可能就会出现西方无法保卫西方的重大困境。

实际上，欧美社会如今面临的许多政治分歧与冲突，都需要用政治现实主义的原则来予以回应。这可能是唯一可行的策略。如果再以过分道德主义、过分理想主义的视角去应对西方世界的政治分歧与冲突，这种政治困境或许只会更加严重。特别需要指出的是，欧美政治文明通常被视为一种高度发达的政治文明，但这种高度文明化的政治会产生一个结果，它在应付文明程度较低的政治分歧与冲突时，可能反而会捉襟见肘。这就导致了一个悖论：一种政治文明因为高度文明化，反而在文明程度较低的"硬政治"面前失去了保卫自身的能力。

当然，主张向政治现实主义转向，并不意味着要放弃自由民

[①] 我这篇文字的早期版本刊发于 2017 年 6 月 1 日，在理论上提出了"西方如何保卫西方"的问题。几个月之后的 2017 年 10 月 7 日，欧洲较具代表性的一批著名保守派知识分子共同签署了《巴黎声明》(Paris Statement)，同样把"西方如何保卫西方"作为一个主要课题，参见"The Prasis Statement: A Europe We can Believe In," October 7, 2017, https://thetrueeurope.eu。

主政体信奉的价值观与政治原则，而是需要实现政治现实主义和更理想化的自由道德主义原则之间的平衡。2015年9月，一个名叫艾兰·库尔迪（Aylan Kurdi）的难民小男孩倒头死在土耳其沙滩上的照片震撼了整个欧洲，让欧洲富有人道主义精神的每一个高贵心灵都饱受愧疚感的折磨。在2015年欧洲难民和移民危机爆发的时刻，时任德国总理默克尔最初的表态就是高度道德主义的，它可以被视为一份欧洲人道主义的宣言。但是，如果以更审慎、更务实的态度来面对这场难民和移民危机，欧洲恐怕就无法像默克尔那样做如此高调的表态。

可是，如果从保守主义立场出发，欧洲又会遭遇人道主义的困境。如果欧洲充分考虑到难民和移民问题可能会给欧盟国家造成的实际冲击，那么这些国家有可能在难民和移民问题上采取更审慎、更务实的立场，甚至会选择控制难民入境和限制移民的政策。但欧洲国家只要这样做，就容易面对来自人道主义的谴责。问题是，如果欧盟国家更多地秉承人道主义立场，更大程度上对难民和移民开放边境，它们就会面临另外的难题：第一是如何处置已有的难民和移民，这里不仅涉及如何为解决这些问题提供必要资源，而且涉及如何让这些难民和移民真正融入欧盟国家；第二是客观上有可能鼓励更多难民和移民选择前往欧盟国家。总之，这也是一个两难。

无论怎样，西方世界既有着理想主义和自由道德主义传统，又面临着政治新现实的挑战，它们如何在因应现实挑战的同时，又兼顾道德原则及其与现实主义的平衡呢？对处在难民危机中的欧洲来说，如果更在乎人道主义精神和道德原则，那么现实挑战就是会有更多难民和移民涌入，可能会导致欧盟国家内部更严重的社会问题。如果更多地考虑现实政治的问题和困难，那么如何兼顾自由民主政体之下的价值观和政治原则呢？确实，兼顾两者并不容易。但需要提醒的是，如果仅仅凭借过分简单的道德主义、理想主义传统，欧美国家恐怕很难应付今天西方世界面临的现实问题。我认为，它们唯一的选择是在这样的格局中采取更务实的立场和更现实主义的策略。

民粹主义表象之下是现实主义的复兴

正如开头提到的，跟当今西方政治的新现实有关的一个重要议题是民粹主义。[①]欧美政治过去10年间是否出现了民粹主义思潮？这当然是很难否认的。但与此同时，我的观点非常明确，民粹主义不是欧洲近期政治趋势的主要方面。很多国内外媒体和学者将欧美政治最近的新趋势主要解读为民粹主义的兴起，这其实是一种误读。在我看来，大家认为的民粹主义很多时候只是伪装了的现实主义。在民粹主义的表象之下，其实是政治现实主义与大众政治的联姻。

我的这个观点主要基于两个逻辑。第一，普通大众相比精英更脆弱，因而对内部与外部政治经济的冲击更敏感。当某种政治经济变迁的冲击到来时，哪个阶层更脆弱呢？相比精英，当然是

---

① 关于民粹主义，参见扬-维尔纳·米勒：《什么是民粹主义？》，钱静远译，南京：译林出版社，2020。

普通大众。大家会发现，精英阶层财产更多，收入更有保障，同时更有可能生活在远离难民和移民的高档社区，他们的子女更多地跟与自己同一族群的孩子们一起上学。但是，普通大众就不一样，他们财产更少，更可能面临失业的威胁，同时更容易感知一个社会的族群多样化带来的挑战，甚至更容易感知社会冲突与暴力威胁。在西方国家，精英更是整个社会最成功、最有成就的阶层。无论是政治精英、工商精英还是在英美一流大学任教的知识精英，他们的生活圈子与个人感知跟普通大众还是差异甚大的。在某种可能不利的社会变迁面前，他们更不敏感，因为他们自身受到的冲击要小得多。相比而言，普通大众更容易感知政治经济冲击的不利影响，也就更容易从现实主义视角而不是理想主义视角来看待自身的处境以及重大政策问题。

第二，新兴政治家唯有与大众政治结合，才更有可能撬动主流政治和主流政党。原因很简单，精英阶层更没有改变现状的动力，因为精英通常属于既得利益阶层。如果一个新兴政治家想要削弱主流政治和主流政党（用另一个术语表示就是"建制派"）的力量，他只有跟这个社会中对改变现状有重大诉求的阶层相结合，才更有可能成功。那么，这是什么阶层呢？当然是普通大众。不管特朗普是多么富有的亿万富翁，他都不能依靠动员精英来打破现状，而只能首先动员普通大众。这个逻辑也是很清楚的。跟大众政治的结合，是新兴的现实主义政治家撬动主流政治和主流政党的政治支点。所以，政治现实主义有着跟所谓"民粹主义"力量合流的动力，但在我看来，问题的主要方面，还是民粹主义表象之下的政治现实主义内核。

正是基于这种逻辑，以民粹主义作为主要解释的理论，是对今日西方世界政治趋势的一种误读，这种趋势的实质是普通大众先于主流精英回归了政治现实主义的立场。当一个人没有工作机会，要求国家采取某种政策保护自己的工作机会的时候，不能说这样的诉求就是民粹主义；当一个普通公民感知到周围异族移民大量增加、处在恐怖主义袭击新闻报道的恐惧情绪之中，要求限制外来移民的时候，不能说这样的诉求是民粹主义。这些诉求不过是向政治现实主义的回归。而从选举政治视角看，有新兴的"政治企业家"率先发现了这一尚未被传统主流政党满足的选民"蓝海市场"。这样，新兴的现实主义政治家与大众政治的结合，不过是在选举政治中撬动建制派的一种有效策略。

理解新现实需要新思想

最近十多年西方政治舞台上活跃的几位重要女性政治家，包括美国的希拉里、德国的默克尔、英国的特蕾莎·梅和法国的玛丽娜·勒庞等，其实分别代表着"理想主义—现实主义"政治纲领光谱上的不同位置。尽管这四位女性政治家的政治观念彼此差异很大，但大致来说，前面两位更接近于传统的政治立场，而后面两位更接近于现实主义的政治立场。

拿希拉里来说，她代表了美国政治中比较正统的中间派立场，或者说就是美国民主党传统的中左立场。基于希拉里2016年以前的各种政治演说、政治辩论以及政治著述，在我看来，在西方政治的新现实面前，希拉里在观念与政纲上仍然是一位"旧人"。在希拉里的竞选演说中，税收、福利与再分配，女性、少数族裔乃至同性恋权利保护，气候变迁与环保议题等传统政治议题，仍然是其政治纲领的主体。但是，她对如今美国和西方政治面临的新挑战，比如全球化与工作机会流失、族群异质性程度提高、恐怖主义袭击与边境保护等议题几乎没有多少实质性的政策主张。换言之，这些问题不是希拉里政治纲领的核心内容。

其实，希拉里的政见不过是重复美国民主党的传统做法，或者说就是奥巴马政治纲领的希拉里版本。从这个意义上讲，希拉里的败选或许跟欧美"硬政治"的回归有关。她并没有感受到这种新现实背后的实质性变化，仍然坚持传统上的政治正确政纲，而没有基于政治现实主义立场做出调整与回应。

相比希拉里，勒庞在政治纲领上更多地采用一种新做法，她是如今法国主要政治家中最早转向政治现实主义立场的。尽管她没有当选法国总统，尽管很多人认为她的不少观点与政见富有争议，但是，勒庞的特点在于她抓住的是法国政治生活中现实主义的诉求。如果勒庞是一位更有魅力和领导力的政治家，那么她当选法国总统的概率还会提高——当然，是否真的当选则是另一个问题。一般而言，一个国家选总统，不只是看候选人的政治纲领，很重要的还是要看候选人的个人魅力与领导力。尽管勒庞在一些问题上表现得比较极端，但她基于现实主义立场对"硬政治"的回归这一事实做出了更有针对性的回应。勒庞常常被视为法国政治光谱中的极右翼，所以，很多人并不喜欢她，尤其是英美大学的知识分子们更不喜欢她。但值得提出来的是，勒庞可能是西方政界如何思考与应对西方政治新现实的代表人物之一。如果目前法国政治的基本结构不发生重大改变，如果中间派不向现实主义政治纲领趋近，那么未来一段时间里，法国如今面临的许多政治困境未必能得到有效解决，勒庞当选总统的概率还会进一步提高。

在西方政治的新现实面前，不仅政治家面临着政见贫困的危机，而且思想家也面临理论贫困的危机。西方学术界该如何理解与回应西方世界的政治新现实？如何能提出一套新的思想或分析框架，既能捍卫西方自由民主政体的基本价值观与原则，又能应对如今欧美政治所面临的非常实际、非常严峻的挑战呢？我认为，这是西方与全球思想界、学术界的新议题。

作为一名政治学者，我感到遗憾的一点是，今天以美国为代表的欧美政治学者群体有走向过分技术化的倾向，研究议题往往被设定在一些边界条件非常明确的狭小议题上。这样的研究风格，往往使学界没有足够的理论工具和学术视野去回应这个时代全球范围内最重要的政治议题，或者说无法回应政治新现实带来的重大挑战。从推崇塞缪尔·亨廷顿到推崇加里·金（Gary King）的转变，或许并不是一个好的方向。尽管两位都是哈佛大学政府系的教授，都是杰出的政治学家，后者还是政治科学研究方法与定量研究的全球领军者，但塞缪尔·亨廷顿把握一个时代重大议题的能力无疑是远远超过加里·金的。面对这样的政治新现实，全球政治学界更需要亨廷顿这样的学者。

无论是思考政治，还是研究政治，整个政治学科首先需要具备对一个时代中最重大政治问题的思考能力和回应能力，其次才是在其中寻找有价值的学术研究问题，进而在学术上做出比较精致的东西。在政治新现实面前，政治思想家和政治理论家究竟如何思考政治呢？这也是此时此刻需要回答的问题。

我还想进一步强调，如果说向现实主义的转向已经是某种必然，那么欧美政治如今面临的最大问题和挑战则在于，如何在政治现实主义的立场与过去的政治理想主义或自由道德主义的主流框架之间寻求某种平衡。目前，这个问题看起来并没有标准答案。比如，对不少美国大学法学院的教授来说，一位总统颁布针对特定国家人群的入境禁令或移民禁令或许是完全无法接受的。只因一个人来自中东北非地区穆斯林人口占绝大多数的国家，白宫就可以限制其入境？一个法学教授或许完全不能接受这样的做法。但从另一个方面来思考，这样的做法背后是不是也有某种现实需要呢？实际上，特朗普的相关禁令尽管遭到了联邦法院地方巡回法庭两位法官的反对，却获得了最高法院大法官们的多数票支持。但进一步说，当特朗普真的颁布针对特定国家人群的入境禁令时，又如何能避免跟美国宪法所倡导的价值观和原则发生冲突呢？这仍然是一个重大的理论问题。总的来说，今天的欧美政治已经是高度发达的政治文明，如何在已有的政治文明高度上不退却，同时能够回应"硬政治"回归带来的挑战，这确实非常棘手。这个问题不仅是向西方世界的政治家和政党提出的，而且是向全球思想界和学术界提出的。

最近十几年，国内外媒体频繁使用"黑天鹅事件"来描述那些出乎意料的重大事件，但"频繁的黑天鹅事件"本身就是一个悖论。这只能说明，全球的学术界与思想界或许过多地受到了陈旧理论和过时框架的束缚，而亟须在整体上改变对西方政治新现实的思考方式。理论的价值不在于固守陈旧的教条，而在于能够在不断变动的时空环境中解读和回应新现象、新问题与新趋势。面对西方政治的新现实，我们更需要新思想与新理论。

第二章

族群宗教多元主义与西方自由民主政体的挑战

自从21世纪10年代以来，西方国家出现了国内社会政治分歧的加深、中间政治力量的陷落、右翼或极右翼力量的崛起以及政党体制稳定性的下降。我认为，西方世界已经出现了某种政治新现实。这种政治新现实的主要驱动力量，是最近半个世纪以来西方社会人口结构的变化，特别是族群宗教多样性的大幅提高。由此导致的西方国家内部主导族群与少数族裔之间民主价值观的分化、两者政治认同的落差，以及族群宗教分化指数的增加，已经引发了政治分歧的上升并可能引发进一步的政治冲突。

历史地看，西方自由民主政体在包容不同文化、同化移民以及以制度化方式处理政治分歧方面拥有优势。但是，最近半个世纪以来，随着外来移民族群宗教结构的变化以及人口结构中族群宗教多样性的增强，西方自由民主政体面临着一种政治上的不对称结构，即国家需要恪守"政治正确"原则与移民群体声张政治权利之间的某种不对称结构。① 在自由原则与平等观念驱动的文化多元主义背景下，如果国内社会的少数族群宗教群体和移民群体不能对西方世界的民族国家、现有宪法体制与政治秩序形成政治认同，西方自由民主政体就会被削弱。所以，西方国家能否在政治上同化异质性较高的少数族群宗教群体，在很大程度上决定着西方的政治前景。如果沿袭20世纪60年代以来流行的文化多元主义政策，西方自由民主政体面临的结构性困境只会继续恶化。在我看来，为了有效应对族群宗教多元主义带来的挑战，西方国家在移民、边境、族群、宗教的内外政策上很可能会转向更加保守主义、民族主义和现实主义的立场。

总之，我希望能够借助这里的分析为理解当今西方政治的新现实，特别是为理解族群宗教多元主义与自由民主政体之间的结构性张力提供一个新的分析框架。

西方政治的新现实及其直接成因

跟此前的总统大选相比，2016年美国总统大选的新现实是

---

① 本书所说的族群宗教多样性（ethnic-religious diversity），是指一个社会中人口族群宗教多样化的结构与比例，更多的是指一项客观的人口数量指标；而族群宗教多元主义（ethnic-religious multiculturalism），是指一个社会中不同族群宗教群体之间呈现的在政治及文化上的异质性程度或政治分化程度。后者不唯独受到前者，即族群宗教多样性的影响，还受到其他重要因素的影响，比如不同族群宗教群体之间的差异性程度和少数族群宗教群体的政治同化程度。感谢刘擎教授在这一问题上的相关评论。

左翼与右翼选民政治分歧程度的提高。在左翼，跟希拉里角逐民主党总统候选人的伯尼·桑德斯已经非常接近欧洲社会民主党的立场。过去，人们认为美国没有"社会主义"，如今这一例外可能已经消失了。① 在右翼，代表共和党参选的政治新人特朗普并不同于共和党的传统立场，他在主张减少政府干预、降低税率和废除奥巴马医改方案的同时，还主张要退出区域自由贸易协定、控制移民规模、修筑美墨边境高墙以及限制部分伊斯兰国家居民入境等。这些政纲意味着，特朗普在右翼立场上比主流共和党人走得更远。特朗普现象与桑德斯现象的背后，是美国社会选民政治分歧的加大。皮尤研究中心的民意调查显示，自20世纪90年代以来，美国民主党选民和共和党选民的意识形态分歧呈现出显著的扩大趋势（参见图2-1）。②

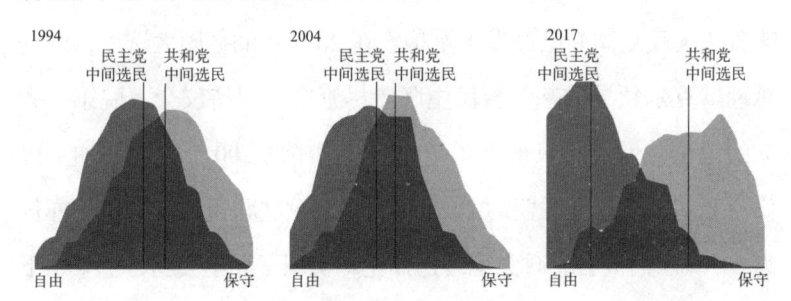

图 2-1　美国两党选民意识形态分歧的上升：1994 年、2004 年和 2017 年

与此同时，欧洲也出现了政治新现实。英国政治的新现象是，

---

① 维尔纳·桑巴特：《什么美国没有社会主义》，王明璐译，上海：上海人民出版社，2005。
② "The Partisan Divide on Political Values Grows Even Wider," Pew Research Center, October 5, 2017, http://www.people-press.org/2017/10/05/the-partisan-divide-on-political-values-grows-even-wider.

"脱欧派"在2016年6月的公投中胜出以及如今执政的保守党持坚定的"脱欧"立场。时任首相特蕾莎·梅誓言，2019年3月的欧盟议会选举将是英国"硬脱欧"的最终时间表。这意味着更多英国人走向民族主义立场，他们希望英国是"属于英国人自己的英国"，而不再是部分属于欧盟的英国。在2017年法国总统选举中，年仅39岁的政治家马克龙带领他的新政党共和国前进党（2017年5月前称"前进"运动，2022年5月5日更名为复兴党）一路攻城略地，最终夺得总统宝座。极右翼政党国民阵线（2018年6月1日更名为国民联盟）领导人玛丽娜·勒庞也异军突起，不仅在总统选举中杀入第二轮，而且最终赢得了全部选票的1/3。在国民议会选举中，法国两大传统主流政党共和党与社会党仅分别拿下577个议席中的112个和30个，各比上届减少82个和250个。这意味着法国政党体制已经发生重构。在2017年的德国大选中，时任总理默克尔领导的基督教民主联盟尽管继续保持议会下院第一大党的地位，但实际只得到了709个议席中的200个，即便加上巴伐利亚基督教社会联盟的46个议席，该政党联盟的议席比例亦仅为34.7%。而极右翼政党德国选择党却实现了异军突起，一举拿下12.6%的选票和94个议席，成为议会下院第三大政党。由于总共有7个政党进入议会下院，加上席位分布的碎片化，默克尔在此次大选后已经遭遇难以组阁的危机，甚至引起了国际社会的普遍担忧。

简而言之，如今美国与欧洲主要国家的政治呈现三个主要特点：第一，选民政治分歧程度进一步提高，左右阵营意识形态光谱拉大，政治极化趋势抬头；第二，右翼或极右翼政治力量得到强化，法国国民阵线和德国选择党这样的极右翼政党快速崛起，右翼民族主义呼声高涨；第三，以德、法为首的部分主要国家传统政党出现了相对衰落，政党体制面临稳定性下降和重构的压力。

那么，西方何以呈现这样的政治新现实呢？总体上，这里有两个主要驱动因素：一是20世纪80年代以来全球化的加速，导致了欧美社会内部资本要素与劳动要素之间的分化、经济不平等程度的提高以及阶级分歧的加剧；① 二是最近半个世纪以来西方国家人口结构的变迁，特别是族群宗教多样性的大幅提高。两者相比，人口因素更为重要，其政治影响也更为深远，给西方自由民主政体带来的结构性挑战也更大。

过去，人口因素已经成为经济增长理论、市场营销学和社会学关注的重要议题，但国内政治学界通常并不重视这一因素。实际上，不同的人口结构就是不同的选民结构、不同的政治力量结构以及不同的意识形态结构。随着人口结构的变迁，上述政治因素也随之改变。

最近半个世纪以来，西方国家的人口结构已经发生重要变化。在美国，欧洲白人族裔基督教人口比重的下降和少数族群宗教人口比重的上升，是人口结构变迁的主要趋势。按照皮尤研究中心的数据，欧洲白人族裔人口已经从1960年的85%降至2005年67%，2050年将会降至47%，届时将不足美国总人口的半数；起源于拉丁美洲的西班牙语族裔人口已经从1960年的3.5%增至2005年的14%，2050年将会增至29%，几近总人口的三成；

---

① 包刚升：《极端主义的兴起与西方世界的挑战》，《文化纵横》2016年第3期。

黑人族裔人口从1960年的11%轻微增至2005年的13%，2050年将会继续保持13%的比例；亚洲人族裔人口已经从1960年的0.6%增至2005年的5%，2050年将会增至9%。[1]另一个数据是，美国目前约有0.9%的穆斯林人口，尽管比例不高，但数量也已达到250万~300万。

众所周知，美国本来就是一个移民国家，历史上也被称为各族裔群体的"大熔炉"。尽管如此，到20世纪初为止，美国的移民主要来自欧洲，即以白人族裔基督徒移民为主。但是，从20世纪以来，特别是20世纪60年代中期以来，美国移民的来源地发生了重大变化，欧洲移民的数量与比重急剧下降，而来自拉丁美洲与亚洲的移民大幅增加。尽管美国历史上采取过或松或紧的移民政策，甚至也采取过针对特定族裔移民的限制政策或配额政策，但到20世纪60年代为止，由于受到国际政治气候（冷战体系和美国作为自由民主标杆的需要）和国内政治气氛（黑人民权运动和左翼平权思潮的兴起）的影响，要求采取更为宽松的移民政策的呼声不断高涨。美国《1965年移民与国籍法》就是在此背景下得以通过的。该法的出台标志着美国根据国家与族裔来源决定移民配额政策的废除，美国移民政策迎来了非常宽松的时期。[2]

正是因为新移民法的通过、全球化的深入以及国际移民模式

---

[1] Jeffrey S. Passel and D'Vera Cohn, "U.S. Population Projections: 2005-2050," Pew Research Center, February 11, 2008, http://www.pewresearch.org/hispanic/2008/02/11/us-population-projections-2005-2050.

[2] Erika Lee, "A Nation of Immigrants and a Gatekeeping Nation: American Immigration Law and Policy," in *A Companion to American Immigration*, ed. Reed Ueda (Malden and Oxford: Blackwell Publishing Ltd, 2006), pp.5-35.

的改变，美国移民人口的族群宗教结构发生了很大变化。1960年，所有美国移民中来自欧洲和加拿大的移民占84%，来自其他国家与地区的移民仅占16%；到2000年，来自欧洲与加拿大的移民仅占19%，而来自墨西哥、其他拉丁美洲国家以及亚洲的移民分别占到29%、22%和23%；到2015年，来自欧洲与加拿大的移民仅占13%，而来自墨西哥、其他拉丁美洲国家和南亚与东亚的移民分别占到27%、24%和27%。这就是美国人口结构中西班牙语族裔人口和亚洲人族裔人口快速攀升的主要原因。[1]尽管如今的美国跟过去历史上的美国同样都是重要的移民接收国，但从19世纪到20世纪，美国移民的族裔与宗教背景发生了巨大的变化。[2]

在欧洲，最近几十年人口结构变迁的主要趋势是，穆斯林人口比重的持续提高和伊斯兰化的加深。根据皮尤研究中心的一项研究，2016年欧洲穆斯林人口比重约为4.9%。其中，法国、德国和英国的穆斯林人口比重分别达8.8%、6.1%和6.3%，人口总量分别为572万、495万和413万。该研究还基于三种不同的情形评估了21世纪中叶欧洲穆斯林人口的数量与比重，这三种情形分别是零移民、中度移民和高度移民。结果显示，在零移民条件下，2050年欧洲穆斯林将占欧洲总人口的7.4%；在高度移民条件下，2050年欧洲穆斯林将占欧洲总人口的14.0%。而在

---

[1] Abby Budiman, Christine Tamir, Lauren Mora And Luis Noe-Bustamante, "Facts on U.S. immigrants, 2018," Key Charts, Pew Research Center, August 20, 2020, https://www.pewresearch.org/hispanic/2020/08/20/facts-on-u-s-immigrants.

[2] 关于美国移民政治的专门研究，参考James J.Connolly, "Immigration and Ethnic Politics," in *A Companion to American Immigration*, ed. Reed Ueda (Malden and Oxford: Blackwell Publishing Ltd, 2006), pp. 58-76。

后一种情形下，法国、德国和英国的穆斯林人口比重将分别达18%、19.7%和17.2%。①

还有一个重要的问题是，不同族群宗教人口的生育率是不同的。按照目前的统计，整个欧洲的非穆斯林族裔人口家庭平均生育率是1.6，即每个家庭平均生育1.6个孩子，而欧洲穆斯林族裔人口家庭平均生育率是2.1。②这样，如果穆斯林移民不断迁入的趋势不变，加上穆斯林族裔人口生育率较高的趋势不变，欧洲穆斯林人口的比重可能还会长期稳步提高。

总体而言，最近半个世纪以来欧美国家的人口结构呈现出三个主要趋势：第一，西方世界的人口正在从欧洲白人族裔基督教人口主导，转型为人口族群宗教结构的多样化，人口结构的异质性程度大幅提高；第二，移民和移民结构的变化是西方世界人口结构变化的主要驱动力量；第三，不同族群宗教人口生育率的差异，也是西方世界人口结构变化的重要驱动力量。③

族群宗教多元主义崛起的政治后果

西方国家人口族群宗教多样性的增强，引发了国内社会政治

---

① "Europ's Growing Muslim Population," Pew Research Center, November 29, 2017, https://www.pewresearch.org/religion/2017/11/29/europes-growing-muslim-population.
② "The Changing Global Religious Landscape," Pew Research Center, April 5, 2017, http://www.pewforum.org/2017/04/05/the-changing-global-religious-landscape/.
③ Andrew C. Sobel, ed., *Immigration, Social Welfare, Global Governance* (New York: Routledge, 2009); Carol M. Swain, ed., *Debating Immigration* (Cambridge: Cambridge University Press, 2007).

分歧的加剧，而这又可能会引发潜在政治冲突的增加。具体而言，这里包括三种互相关联的机制。第一，在民主价值观方面，移民群体跟西方世界的主流人群存在显著差异，这可能对民主政体运转构成压力。比如，到21世纪10年代中期，美国有超过5 000万西班牙语族裔人口起源于包括墨西哥在内的拉丁美洲国家。有理由相信，这些西班牙语族裔移民的民主价值观，跟原先生活在美国的欧洲白人族裔基督教人口存在着显著差异。从政体项目（Polity IV/V）等机构的评级来看，构成美国新移民主要来源地的上述拉丁美洲国家，只有极少数达到了完全民主政体（full democracy，民主评级为10分）和自由（free）的双重标准，而多数国家属于一般的民主政体（democracy，民主评级为6~9分）或部分自由（partly free）国家。有研究认为，该地区公民的民主价值观并不稳固，一定比例的公民仍然持有威权主义或半民主的价值观。[①] 所以，美国的西班牙语族裔移民固然会受到美国自由民主政体的制度、观念与公民教育的熏陶，但他们仍然会部分保留原先母国的意识形态与政治观念。

再如，在民主价值观方面，欧洲穆斯林移民群体也大大不同于原先白人族裔基督教群体。根据皮尤研究中心2013年对全球穆斯林的民意调查，尽管绝大多数国家的穆斯林人口有超过八成

[①] 关于拉丁美洲国家民众民主价值观与北美、西欧国家民众民主价值观之间的差异，学术界有很多研究。比如，一部专门研究拉丁美洲国家民众政治观点的作品，在其前三章讨论了拉丁美洲民众在民主概念认知、左右意识形态、信任度等方面跟北美、西欧国家的系统差异，参见Roderic Ai Camp (ed.), *Citizen Views of Democracy in Latin America* (Pittsburgh: University of Pittsburgh Press, 2001)。

乃至九成支持"宗教自由",①但关于是否支持沙里亚法(伊斯兰律法与法律)成为官方法律这一问题上,在埃及、尼日利亚、马来西亚、巴基斯坦等国均有超过七成的穆斯林表示支持,即他们希望建立伊斯兰律法对国家的统治。更有甚者,在原先的穆斯林背弃伊斯兰教是否应当被处死的问题上,埃及、约旦、巴勒斯坦、阿富汗、巴基斯坦、马来西亚等国均有超过半数穆斯林认为,应该处死这样的叛教者。②皮尤研究中心的这项民意调查,尽管不是限制在欧洲穆斯林人口上,但对我们理解穆斯林人口的政治信念与民主价值观是一个重要参考。

第二,移民群体基于族群、宗教、国家的政治认同,跟西方原先主流群体也存在着较大差异,这同样可能对西方民主政体构成压力。在美国历史上,欧洲移民对美利坚合众国的政治认同与国家认同程度普遍很高。然而,正如上文讨论的,来自拉丁美洲的西班牙语族裔移民以及来自亚洲的移民对美国的政治认同就未必如此。如今的另一个结构是,移民由于规模庞大,容易形成一个个聚居区,这样似乎就更难被同化了。美国学者塞缪尔·亨廷顿在《我们是谁?:美国国家特性面临的挑战》一书的开头就提到一个典型案例:在1998年2月于美国洛杉矶举行的美国和墨

---

① 实际上,这个问题的回答或许跟基督教在全球的强势地位有关。穆斯林受访者可能首先想到的是,与基督教相比,穆斯林群体在全球范围内包括西方国家应该获得充分的宗教信仰自由。这个问题的另一个问法是,在穆斯林人口为主的国家,其他人是否应该获得信仰非伊斯兰教的自由。这个问题可能更能准确地评估穆斯林受访者是否真的支持宗教信仰自由。

② "The World's Muslims: Religion, Politics and Society," Pew Research Center, April 30, 2013, http://www.pewforum.org/2013/04/30/the-worlds-muslims-religion-politics-society-overview.

西哥金杯足球赛上，美国的西班牙语族裔公民竟然公开为墨西哥队加油，而非为美国队加油，他们甚至发展到向打出星条旗的观众投掷"石块、水杯、啤酒杯或更坏的液体"的程度。这个案例的背后，是西班牙语族裔公民的国家认同或民族认同问题。[1] 盖洛普的一项民意调查数据显示，美国穆斯林公民的国家认同度只有69%左右，而天主教与新教背景的美国公民的国家认同度都超过88%。[2]

欧洲的情况也是类似的。特别是，欧洲主要国家穆斯林人口的国家认同度就显著低于白人基督徒人口，欧洲穆斯林人口的宗教认同甚至都高于国家认同。比如，英国、德国、法国分别有81%、66%、46%的穆斯林人口首先认为自己是穆斯林，而首先认为自己是本国公民的比例分别仅为7%、13%、42%，都低于前者。与这组数据相比，英国、德国、法国分别有59%、59%、83%的基督徒首先认为自己是本国公民，而首先认为自己是基督徒的比例分别仅为33%、24%、14%。[3] 跟美国相比，欧盟国家的特殊性还在于，随着20世纪90年代以来欧盟的扩张以及内

---

[1] 塞缪尔·亨廷顿：《我们是谁？：美国国家特性面临的挑战》，程克雄译，北京：新华出版社，2005，第5页。这部译著的2010年版书名改译为《谁是美国人？：美国国民特性面临的挑战》，旧版书名翻译更为准确。

[2] Mohamed Younis, "Muslim Americans Identify With God and Country," GALLUP, August 3, 2011, http://news.gallup.com/poll/148799/muslim-americans-identify-god-country/aspx.

[3] "Muslims in Europe: Economic Worries Top Concerns About Religious and Cultural Identity," Pew Research Center, July 6, 2006, https://www.pewresearch.org/global/2006/07/06/muslims-in-europe-economic-worries-top-concerns-about-religious-and-cultural-identity.

部整合的强化，少数族群宗教身份的公民可能还需要在对自身社会集团的族群宗教认同、对所处国家的国家认同和对欧盟的政治认同之间做出选择。换言之，族裔集团、民族国家与欧盟的政治认同有可能在一个欧洲少数族裔公民身上产生冲突。

第三，人口结构中族群宗教多样性或异质性的增强本身（无论这种异质性是否跟民主价值观或政治认同有关）同样会给自由民主政体带来压力。一种流行的观点认为，随着一个国家族群宗教多样性或异质性程度的提高，民主政体的稳定性与有效性可能会削弱。早在1861年的名著《代议制政府》中，英国思想家密尔就这样说："联盟要成为可取，须具备几个条件。第一个条件是，在居民中应有足够多的相互同情。"在密尔看来，基于种族、语言、宗教等方面的同情，"最有助于政治利益的共同感"。[①] 而当一个社会的族群宗教多样性很强，甚至不同族群宗教群体历史上存在复杂恩怨关系时，不同群体之间就会缺少密尔所说的"足够多的相互同情"。

很多当代研究同样支持这种观点。美国政治学者罗伯特·达尔认为，基于宗教、语言、种族、族裔集团的亚文化多元主义对自由民主政体存有负面影响，甚至"多元亚文化的压力相当大的国家不大可能实行竞争性政治体制……"[②] 美国政治学者杰克·斯奈德指出，在一个多族群社会的民主政治运作中，政治精英很可能选择将族群因素作为政治动员的基础，从而更有可能激发

[①] J. S. 密尔：《代议制政府》，汪瑄译，北京：商务印书馆，1997，第231页。
[②] 罗伯特·达尔：《多头政体：参与和反对》，谭君久、刘惠荣译，北京：商务印书馆，2003，第125页。

族群之间的政治暴力。① 美国政治社会学学者罗伯特·D.帕特南（Robert D. Putnam）的研究发现，族群宗教多样化程度越高，社会信任度就越低。而一个社会信任度的降低，不利于民主政体的维系、稳定与品质。② 笔者先前的一项研究也认为，如果一个民主国家的族群宗教多样化程度很高，更容易导致严重的政治分歧，而这是引发民主政体崩溃的重要诱由。③

需要说明的是，一个国家的族群宗教多样性究竟是否会导致更大的政治分歧，甚至是否会引发严重的政治冲突，还取决于三个层次的不同因素。第一个因素是少数族群人口占总人口的比重，或者是少数族群人口跟多数族群人口的比例。以英国为例，1960年该国的穆斯林人口比重很低，如今则已经显著提高，结果就表现为族群宗教多元主义的上升。第二个因素是少数族群与多数族群在发展程度、政治观念与宗教传统上的差异性。比如，在美国，最近三四十年来自欧洲大陆的移民、来自墨西哥的移民、来自东亚的移民、来自撒哈拉以南非洲的移民和来自中东北非伊斯兰国家的移民，无论在发展程度、政治观念还是宗教传统上，跟美国早期来自西欧诸国的移民相比，都有着更为显著的差异。第三个因素是少数族群人口的政治同化（assimilation）程度。在不同的西方国家，同为少数族群移民及其后裔，政治上或文化上被同化

---

① 杰克·斯奈德：《从投票到暴力：民主化和民族主义冲突》，吴强译，北京：中央编译出版社，2017。

② Robert D. Putnam, "E Pluribus Unum: Diversity and Community in the Twenty-first Century, the 2006 Johan Skytte Prize Lecture," *Scandinavian Political Studies*, Vol. 30, No. 2(Jun. 2007), pp. 137-174.

③ 包刚升：《民主崩溃的政治学》，北京：商务印书馆，2014，第226—307页。

的比例与程度是不同的。这也会影响一个国家族群宗教多元主义的真实情形。比如，从现有调查数据来看，美国穆斯林人口的政治同化比例与同化程度总体上要高于欧洲。

当然，移民或少数族群的政治同化是一个重要且充满争议的问题。美国学者米尔顿·M.戈登早在1964年就系统讨论过美国生活中的同化问题以及三种不同路径的利弊，即基于盎格鲁文化的同化、大熔炉意义上的同化以及文化多元主义。[1] 关于同化与文化多元主义的关系，下一节还会做深入讨论。实际上，西方主要国家都不同程度地制定了某种移民归化（亦即同化）入籍的政策，其理论基础就在于同化移民的考虑，其中隐含的政治假设在于，如果移民群体长期跟主导族群之间保持巨大的差异性，就不利于政治共同体的维系。

自由民主政体与族群宗教多元主义：结构性困境

面对族群宗教多样性的增强，西方自由民主政体面临着某种结构性困境。这里首先要理解威权政体与民主政体在这一问题上的不同。[2] 对一个威权政体来说，具有不同族群宗教背景的大量移民进入之后，它可能挑战的主要是威权政体的统治能力。在威

---

[1] 米尔顿·M.戈登：《美国生活中的同化》，马戎译，南京：译林出版社，2015。
[2] 关于威权政体与民主政体的主要差异，参见胡安·J.林茨、阿尔弗莱德·斯泰潘：《民主转型与巩固的问题：南欧、南美和后共产主义欧洲》，孙龙等译，杭州：浙江人民出版社，2008，第40—58页。

权政体下，移民群体无法获得正式的政治参与途径，其可能的政治表达来自政治抗争，甚至是政治叛乱。对威权政体来说，只要它的统治能力能够有效压制移民群体可能的政治抗争，这种政体就能毫无困难地维系其原有的统治方式。因此，移民群体的进入，通常不会改变威权政体的基本政治运作方式。

但是，对民主政体来说，不同族群宗教背景的大量移民进入，所导致的是完全不同的政治情境。通常来说，移民一旦获得公民身份，他们就可以进行合法的政治参与、政治动员和政治竞争，甚至可以发起大规模的政治抗争。一旦移民群体进入一个民主政体，他们就不仅仅是民主政体下需要遵守法律的公民，而且还是民主政体下主权者的一部分。随着这部分新的"主权者"的到来，他们完全有可能成为重塑民主政体下政治规则、政治观念与公共政策的新力量。从结构上看，民主政体本身的特质及其运作，取决于组成民主政体的公民团体的特质。大规模移民进入，改变了组成民主政体的公民团体本身，因而必定会影响民主政体的实际运作。所以，跟威权政体不同的是，民主政体在接收和吸纳大规模移民时，移民群体反过来会改变该国民主政体下作为主权者的公民团体的构成。

当然，从制度设计来看，自由民主政体本身是一种制度弹性很大的政体形式，在包容社会多样性方面有着一定的优势。具体而言，在集体规则方面，西方自由民主政体秉承民主原则，这既解决了合法性问题，又提供了一种有效的集体决策规则。在个人规则方面，自由民主政体秉承自由原则，从权利视角看，人人自由平等更符合权利原则；从功利视角看，自由原则更鼓励个人主动性和首创性，更容易形塑有效的激励结构，更可能创造经济增长与长期繁荣。就不同国家的合作与国际秩序而言，自由民主政体更接近于某种形式的"人类合作的扩展秩序"（extended order of human cooperation）[①]。它有着极强的扩展能力，并能塑造可扩散的意识形态与全球秩序。正是基于这些具体的机制，19—20世纪，经由工业革命、政治革命与全球化的扩展，源自西欧的这种自由民主政体模式，既在经济、科技与文化方面创造了非凡成就，又展现出相当高的包容社会多样性的能力，还逐步形塑了一整套总体上互为有利的国际规则与国际秩序。

但是，自由民主政体对多样性的包容不是无限的。当面对大规模的、政治与文化上差异性极大的移民群体涌入时，这种政体可能也会产生某种程度的无能为力。这里的关键问题在于，在族群宗教多样性大幅提高之后，西方民主政体面临着一种政治上的不对称结构。第一种不对称结构是不对称的自由原则。一方面，自由民主政体需要将政治自由、经济自由、宗教信仰自由、言论自由等诸种自由作为普遍规则，这些自由权利属于包括移民在内的每一个人。另一方面，移民一旦成为合法公民，就不仅拥有全面充分的公民权利与个人自由，而且拥有反对普遍自由规则的自由，他们甚至可以就此进行政治抗争。第二种不对称结构是不对称的民主规则。一方面，自由民主政体需要尊重所有民众（包括移民群体在内）的政治参与和政治竞争的权利，并且需要借助自由协商与多数决定规则来决定公共事务。另一方面，来自欧洲以

---

① 哈耶克：《致命的自负》，冯克利等译，北京：中国社会科学出版社，2000。

外的少数族裔移民群体更有可能缺乏民主价值观，政治认同匮乏，民主规则意识淡薄，甚至以政治抗争方式来反对既有的民主规则。第三种不对称结构是由上述两种不对称原则导致的不对称权力结构。总体上，自由民主政体下的国家需要按照政治规范来运作权力，需要遵守民主宪法与规则意识，甚至也需要守卫已然形成的"政治正确"（political correctness）原则，但拥有公民身份与自由权利的移民和移民群体（其实也包括其他一般民众），并不必然要尊重自由民主政体下的宪法与基本规则，并不必然要信奉自由民主政体的基本价值观，甚至还拥有成为自由民主政体下"不忠诚的反对派"（disloyal opposition）的权利，而即便他们成为"不忠诚的反对派"，其自由权利仍然受到法律的充分保护。这就导致了国家与移民群体之间的不对称政治结构，参见图2-2。

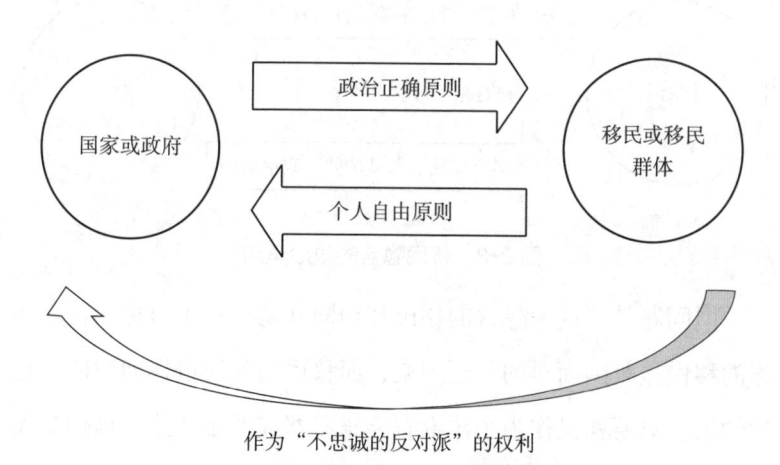

图2-2 自由民主政体下的不对称结构：国家与移民

从结构上说，这就容易导致一种显而易见的困境。在这一结构中，移民政治是一个焦点问题。按理说，移民接收国与移民之间应该存在着一种隐含的政治契约。如果不遵循这种政治契约，要么一个移民接收国不会大规模地接收移民，要么这种大规模的移民就会给移民接收国带来严重的政治问题。这个隐含的政治契约应该包括两个对等的基本条件：一方面，西方世界的接收国应该按照现有宪法之下的基本政治原则来善待每一个合法移民，包括赋予移民以公民身份，使其享有与接收国公民无差别的政治平等和自由权利——换言之，移民并非古代世界的奴隶或现代世界的二等公民；另一方面，移民亦需要承担相应的政治义务，包括遵守接收国的宪法，尊重接收国的政治秩序，服从接收国的法律，遵从接收国的惯例，以及形塑对接收国的政治认同或国家认同，参见图 2-3。

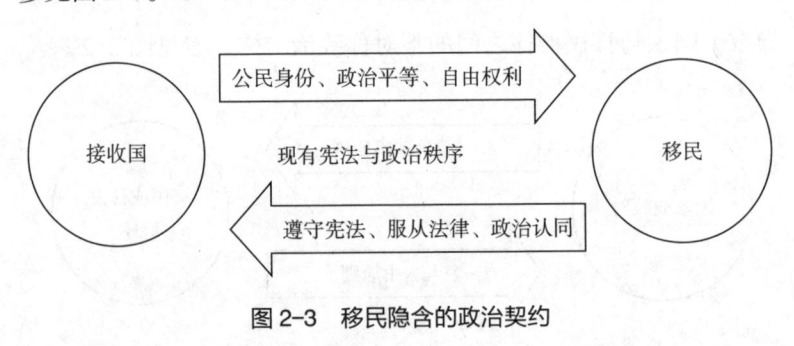

图 2-3 移民隐含的政治契约

但问题是，这一隐含的移民契约同样是一种不对称结构。西方的移民接收国面对的是硬约束，而移民与移民群体面对的却是软约束。只要移民作为个体没有涉嫌犯罪或严重违法，他们是无法被追究违反"移民契约"的法律责任的。移民政治契约中要求移民与移民群体做到的遵守宪法、服从法律和政治认同等政治义务，都是难以操作的。其实，此处提出的"移民隐含的政治契约"，在很多西方国家都是有法律依据的。拿美国来说，移民在获取美国公民身份时，需要在移民官面前做一个"效忠美国"的公开法律宣誓，该宣誓的核心内容包括放弃此前的公民资格与国家忠诚，效忠美国，捍卫宪法，以及必要时拿起武器保卫美国。那么，这个移民入籍的法律宣誓究竟如何执行呢？即便这样的移民完成入籍宣誓、获得合法公民身份后，马上开始猛烈地抨击美国宪法，否定美国政治秩序的基本原则，甚至鼓吹要对美国或美国少数族群宗教人口聚居区实行宗教律法统治，几乎也没有什么法律或公共权力能够干预这位新移民的言行；相反，这种言行只要不涉嫌犯罪，这种权利还受到美国宪法与法律的充分保护。

使这种结构性问题越发突出的，是20世纪60年代以来文化多元主义在西方世界的崛起与流行。当然，一般认为，西方自由民主政体本身就具有多元主义色彩。一方面，自由民主政体应该具有包容多样性和不同文化的能力；另一方面，多样性甚至还在一定程度上强化了自由民主政体本身的力量，增加其弹性与扩展能力。这是传统意义上自由多元主义的基本观点。[1]但这种自由多元主义没有阐明两个问题：第一，自由民主政体对各种类型多样性的包容是否存在限度问题？第二，这种自由多元主义的结果，究竟是主流文化基于自由民主原则对其他文化的同化与吸收，还是维系各种不同文化多元并存的局面？

实际上，对绝大部分西方国家来说，20世纪中叶之前的主流观点是同化论。20世纪60年代以来，文化多元主义逐渐兴起，特别是随着左翼平权运动的发展，文化多元主义甚至一度成为欧

---

[1] 威廉·A.盖尔斯敦：《自由多元主义：政治理论与实践中的价值多元主义》，佟德志、庞金友译，南京：江苏人民出版社，2005。

美社会的主要意识形态。然而，最近二三十年以来，西方国家又开始质疑和反思文化多元主义。[①] 在这一过程中，同化论者与文化多元主义者之间发生了一场激烈的争论。

这一争论的一个前提假设是：西方自由民主政体的稳定性与有效性，是否依赖具有某种特定政治传统或文化的公民团体构成？尽管自由民主思想如今已成为全球支配性的意识形态，但自由民主政体首先诞生于西欧和北美，随后再扩展至世界其他地区。历史地看，自由民主政体不过是人类政治进化的特例，而非常态。自法国思想家托克维尔以来，包括塞缪尔·亨廷顿在内的很多学者都认为，自由民主政体的稳定性与有效性，高度依赖其公民团体的民主价值观与规则意识，乃至宗教传统。[②] 实际上，欧美政治文明的演进，接续的是从古希腊到古罗马的古典文明传统，而后又经历了基督教传统的浸润滋养，并经由文艺复兴、宗教改革，再经历工业革命和现代性转型，始有后来的局面。从这个意义上讲，这种政治文明是特殊的，是在特定社会背景、政治观念及公民团体构成基础上产生的。因此，起源于西欧的西方政治经济文明不是偶然产生的，而是在特定的地理、制度、文化与观念环境中创造的，有着一定的独特性与优越性。进一步说，西方世界要

[①] 比如，克里斯汀娜·乔普克2004年提出，文化多元主义已经在西方国家撤退，参见Christian Joppke, "The Retreat of Multiculturalism in the Liberal State: Theory and Policy," *British Journal of Sociology*, Vol.55, No. 2 (Jun. 2004), pp. 237-257.
[②] 比如，托克维尔早在《论美国的民主》一书中就强调了，对维系美国民主共和政体来说，"自然环境不如法制，而法制又不如民情"（托克维尔：《论美国的民主》，董果良译，北京：商务印书馆，1988，第358页）。亦可参见塞缪尔·亨廷顿、劳伦斯·哈里森：《文化的重要作用：价值观如何影响人类进步》，程克雄译，北京：新华出版社，2010。

想维系其自身的政治经济文明，就需要守卫这种文明赖以维系的文化独特性。①

然而，这种西方世界较为保守的历史叙事在最近三四十年中快速衰落了，甚至变成了一种政治不正确的表述。按照文化多元主义的观点，即便在西方社会内部，西方政治经济文明模式也只是诸种不同模式中的一种。不同文明模式之间或不同文化之间并不存在高低之分，而只是存在差异。换言之，不同的文明、宗教传统、政治观念和价值观之间不过是平行关系，或者说是一种多元的平等关系。

这样，正是自由民主政体下自由原则和平等观念的充分发展，导致了20世纪晚期相对主义和文化多元主义的兴起，即强调所有不同的个体、所有不同的群体、所有不同的宗教传统与文化观念的平等性和多元性。这就在无形中导致了西方原先主流价值观念的削弱。其实，这是西方政治文明进化的悖论：西方政治文明越发达，自由原则和平等观念越是发展到极致，一种无限包容的多元主义成为政治正确的原则和社会主流价值之后，在一个复杂的真实世界中，这种现代化程度较高的政治文明反而削弱了对抗现代化程度较低的其他政治模式的力量。用最通俗的话语来说，西方政治文明发展到如今的高级阶段，反而走向了"自废武功"。

美国经济学家托马斯·索维尔认为，过度的文化多元主义已经削弱了西方的自由民主价值观与自由民主政体。他这样说：

---

① 塞缪尔·亨廷顿认为，如果盎格鲁-新教文化和自由民主的政治信念走向衰落的话，美国就会走向衰落，参见塞缪尔·亨廷顿：《我们是谁？：美国国家特性面临的挑战》，程克雄译，北京：新华出版社，2005，第282页。

第二章　族群宗教多元主义与西方自由民主政体的挑战

"文化多元主义的问题在于,你可以表扬世界上的任何文化,除了西方文化;你不能批评世界上的任何文化,除了西方文化。"换言之,一个人在美国可以严厉地批评美国、批评美国宪法,甚至可以公开抨击美国政府或美国总统,但不能公开批评少数族群的文化传统或宗教教义,因为后者违反了"政治正确"原则。实际上,文化多元主义甚至已经构成了一种反向歧视,即"弱势"的非主流文化反过来歧视"强势"的主流文化。

在美国学者劳伦斯·哈里森看来,尽管文化多元主义与道德相对主义大行其道,但这种观点的理论基础非常脆弱。总体上,文化相对主义主张没有哪种文化比其他文化更好或更坏——只是不同而已。由此推论出,西方社会内部的主流文化和各种少数族裔文化都只是平等多元的关系。哈里森认为,如果从人类学或文化研究视角来看,当然应该主张"各美其美、美美与共",但是,如果要评估何种文化有助于一个社会的经济繁荣、民主治理和社会公正,那么文化多元主义就成了巨大的绊脚石,因为有些文化根本无助于促进经济繁荣、民主治理与社会公正这些人类共同目标。此外,文化多元主义甚至对西方社会内部的少数族群宗教群体也未必有利,因为这会降低他们融入主流文化的速度,影响他们的社会成就。[1]

因此,一种较为保守的见解认为,对维系一个政治共同体来说,某种程度的同化是必需的。一般认为,同化是指一个群体(通常是少数族群)获得了其他群体(通常是主导族群)的"记

---

[1] Lawrence E. Harrison, *Jews, Confucians, and Protestants: Cultural Capital and the End of Multiculturalism* (Lanham: Rowman & Littlefield Publishers, 2012), pp. 1-32.

忆、情感以及态度,并且通过分享他们的经历和历史,与他们一起被整合进了一种共同的文化生活",或者是指"种族背景和文化传统不同的人群,占据共同的地域,获得一种文化一致性(cultural solidarity),这种文化一致性至少足以维持一个民族的存在"。① 更具体地说,一个多族群、多宗教社会的同化存在两种不同的类型,一种是政治-法律意义上的同化,一种是社会-文化意义上的同化。前者更强调少数族群接受原先主导族群的宪法体制、政治秩序、法律规范以及形塑基本的政治认同等,由此实现在政治-法律意义上对主流社会的融入;后者更强调少数族群接受原先主导族群的主流文化、情感记忆、心理倾向以及宗教传统等,由此实现在社会-文化意义上对主流社会的融入。②

同化如果既是指政治-法律意义上的同化,又是指社会-文化意义上的同化,那么就是主张消灭不同族群宗教群体之间的差异性,或者干脆说,就是要消除少数族群宗教群体的特质,使其与主导族群宗教群体之间接近或融合,由此来实现不同族群宗教群体从政治到文化的高度同质性。有人主张,要维系一个政治共同

---

① Robert E. Park and Ernest W. Burgess, *Introduction to the Science of Sociology* (Chicago: University of Chicago Press, 1921), p. 735, pp. 736-737. 转引自米尔顿·M. 戈登:《美国生活中的同化》,马戎译,南京:译林出版社,2015,第 56—57 页。

② 米尔顿·戈登很早就区分了"文化或行为的同化"与"结构的同化"之间的差异,笔者所指政治-法律意义上的同化对应的是结构的同化,社会-文化意义上的同化对应的是文化或行为的同化,参见米尔顿·M. 戈登:《美国生活中的同化》,马戎译,南京:译林出版社,2015,第 54—75 页。关于同化概念的讨论,参见 Michael R. Olneck, "Assimilation and American National Identity." in *A Companion to American Immigration*, ed. Reed Ueda (Malden and Oxford: Blackwell Publishing Ltd, 2006), pp. 202-224。

体强大的凝聚力和统一的政治认同,这种政治同化是必需的。但也有人认为,这种类型的同化类似于内部殖民,完全否定了少数族群的特质与多样性,没有为少数族群提供必要的保护。同化如果主要是指政治-法律意义上的同化,那么就是主张要在政治规则意义上驯化少数族群,使之接受该国原有的一般性政治规则,使之建立起对民族国家、宪法体制、政治秩序以及该国原有基本政治价值的认同,但同时少数族群可以保留文化上的差异性和多样性。这里所谓的一般性政治规则,主要是指主导族群已经在该国创设的一整套政治秩序、制度安排及其背后的基本价值观念。基于后一种同化视角,少数族群保留文化的差异性和多样性,其实有两层含义:一方面,该国少数族群可以保留其历史形成的文化特性;另一方面,这种特性不应该跟该国的基本政治制度与价值观念互相冲突。通过这些分析,笔者认为,少数族群起码需要在政治-法律意义上被同化,能够在政治规则与政治秩序意义上融入主流文化,这是维系一个共同体在政治上良性运转的基本条件。

需要提醒的是,文化多元主义的崛起及其背后的"政治正确"观念,除了自由民主政体本身演进的逻辑,还跟最近半个世纪西方社会左翼平权运动的进展有关。特别是,西方主流知识界在意识形态上基本上已经实现"向左转",对此也起到了推波助澜的作用。即便像美国这样一个具有浓郁保守氛围的"右派国家"[①],保守主义的意识形态在一流大学和主流知识界甚至都不是主流。2011年,《纽约时报》的一篇报道称,美国大学教授

---

① 约翰·米克尔思韦特、阿德里安·伍尔德里奇:《右派国家:美国为什么独一无二》,王传兴译,中信出版社,2014。

中左翼或极左翼的比重高达 60%，而右翼或极右翼的比重仅为 12%~13%。如果左翼教授们普遍支配大学讲台和思想市场，就更容易催生左翼化的公共舆论场。这也是文化多元主义崛起和"政治正确"原则流行的一个背景条件。①

西方世界的战略选择：外部政策与内部政策

那么，西方民主国家会如何应对族群宗教多样性增强带来的结构性困境呢？其实，历史上西方国家在处理类似问题上有过非常成功的经验。美国过去一直被称为"大熔炉"，意指具有不同族群宗教背景的移民在抵达美国以后，基本上都能融入美利坚合众国这个政治共同体，成为美国社会的一分子，并能形成强烈的国家认同和公民身份认同。尽管如此，这个大熔炉实际上是有条件的，那就是最初的定居者主要是来自英国的新教移民，后来则主要是来自西欧白人族裔的基督教移民，再后来才是来自东欧白人族裔的基督教移民。美国的这种移民来源结构一直维持到了 19 世纪末。

19 世纪晚期，美国移民政治的一个重要事件，是华裔劳工的增加引起了美国国内社会的反弹，最终导致 1882 年《排华法

---

① John Tierney, "The Left-Leaning Tower," *The New York Times*, July 22, 2011, http://www.nytimes.com/2011/07/24/education/edl-24notebook-t.html. 有人还关心，为什么西方大学教授具有更强的左翼倾向呢？这篇文章认为，右翼保守派更少愿意选择学术研究和大学教职作为职业，而左翼自由派更乐意选择学术研究和大学教职作为职业。当然，这只是一种可能的解释。

案》的通过。作为中国学者，我们对此当然非常不满，但《排华法案》的出现本身有着特定的政治逻辑。该项法案的提出，是有议员认为华人劳工很难被同化，而这对美国社会来说可能会是一个威胁。所以，有议员主张："门必须被关上。"跟今天相比，那个时代的美国政治家和立法者要现实主义得多，也更少讲究后来意义上的政治正确。1882年以后，尽管美国移民政策经历过或松或紧的不同时期，但直到《1965年移民与国籍法》被通过之前，他们一度长期实施族裔或国籍来源地配额制政策，即根据当时美国人口的族裔比例构成来决定相应族裔或国籍来源地的移民配额数量。① 以今天的标准来看，这一移民政策更保守主义、更现实主义和更民族主义，也更少讲究后来的"政治正确"原则。

法国政治社会学学者米歇尔·维沃尔卡在研究了近现代欧洲多族群国家进行国家构建和政治整合的经验后认为，它们主要借助三个途径进行了成功的民族整合：一是充分发展工业化和工业社会，二是建立一个平等主义的国家，三是塑造民族认同。② 这种整合主要针对的是欧洲内部不同白人族裔的基督教人口。当然，这种国家构建与民族整合不是没有产生历史遗留问题，比如英国的苏格兰问题、北爱尔兰问题，西班牙的巴斯克问题、加泰罗尼亚问题等，都是这种国家构建和民族整合不充分的产物，至今对

---

① Erika Lee, "A Nation of Immigrants and a Gatekeeping Nation: American Immigration Law and Policy," in *A Companion to American Immigration*, ed. Reed Ueda (Malden and Oxford: Blackwell Publishing Ltd, 2006), pp. 5-35.

② Michel Wieviorka, "Racism in Europe: unity and diversity," in *The Ethnicity Reader: Nationalism, Multiculturalism and Migration*, ed. Montserrat Guibernau and John Rex (Cambridge: Polity, 1997), pp. 291-302.

这些国家来说仍然是政治上的沉重包袱。

然而，今天西方世界的绝大多数移民不再是来自欧洲或西方世界的内部，他们的主体不再是白人族裔的基督教群体。面对这样的人口结构巨变，西方世界究竟应该选择何种应对战略呢？实际上，任何战略都需要考虑约束条件。西方国家面临着两种主要的约束条件：一种是结构性的，一种是制度性的。两个主要的结构性约束条件是全球化与人口趋势。对西方国家来说，20世纪80年代以来加速的全球化几乎不可逆转，全球贸易、投资与人口流动等指标是全球化的重要体现。在可预见的将来，全球化的基本趋势不仅会维持，而且可能会继续深化。从人口结构来看，西方国家目前人口结构的族群宗教异质性程度已经大幅提高。在可预见的未来，移民作为一个全球现象，其驱动力尚未衰竭，而西方社会内部白人族裔生育率的显著降低和少数族裔相对更高的生育率，也是一个基本事实。

此外，西方国家还面临着几种主要的制度性约束条件。一是西方国家是自由民主政体。这意味着合法移民不仅跟其他公民拥有同样的政治平等和自由权利，而且他们一样可以进行政治参与和政治竞争，亦可借助政治动员、政治抗争等手段发挥更大的影响力。二是欧美社会绝大部分实行福利国家政策。这既是它们吸引移民迁入的直接诱因之一，也导致移民会增加社会福利成本。三是欧美国家民主运作以选举政治和政党政治为主要平台，而移民既有可能成为重要政治议题，又有可能成为重构政治格局的重要力量。比如，美国民主党在移民议题上通常立场温和，原因在于获得投票权的移民往往是民主党的支持者。这当然会影响美国选举政治与政党政治的运作。

一般而言，今天西方国家可能的战略选择，不得不考虑上述诸种约束性条件。但不能排除一种可能性，即成功的战略选择或正确的解决方案需要突破上述诸种约束性条件的限制。这里的问题更为复杂。基于上述分析，目前西方国家在外部政策上，很可能会从人口流动的过度全球化转向更民族主义和更现实主义的立场。实际上，英国、美国等主要国家已经发生这种政策调整或转向。具体而言，可能的政策选项包括保卫边境、收紧移民政策以及强化移民归化。"保卫我们的边境"，正是特朗普的政治口号，他强调的是强化实体边境管理与法律边境管理。英国则强调，要强化边境管理问题上的国家主权。在收紧移民政策上，西方国家可能的做法包括限制移民数量，提高移民条件，控制特定国家、地区或宗教背景的移民入境，反思与检讨公民入籍政策等。此外，强化移民归化也可能是重要的政策选项，包括在移民过程中对归化入籍政策与流程的重新评估，提高归化入籍的条件，等等。

西方国家在内部政策上，很可能会从"自由的"文化多元主义转向更强调基督教传统的、更保守主义的、更民族主义的政策。实际上，这里面临着一个"西方如何保卫西方"的问题（本书第一章对这一问题已有相关论述）。上文曾提及，塞缪尔·亨廷顿于2004年就断言，如果不能捍卫盎格鲁-新教文化在美国政治中的主导地位，美国就可能衰落或瓦解。具体来说，这种政策的可能做法包括：捍卫西方文明的主流价值，捍卫古希腊-古罗马文明与基督教这两大西方主要传统，捍卫自由、民主、法治与人权的基本观念；加强政治同化政策，在制度与政策上强调对少数族裔的政治同化，反对无限制的文化多元主义和道德相对主义；抑制少数族群宗教文化的扩张，包括防止异质文化在宗教建筑、标示物展示、学校教育、语言教育、居民聚居区等领域的渗透；遏制极端主义，抑制反西方的、不宽容的极端主义思想的传播；等等。

当然，上述讨论是笔者根据理论逻辑对西方国家可能采用的战略选择或政策组合的一种猜想。在笔者看来，这些战略限制或政策组合是缓解目前结构性困境的有效做法，至少这可以为西方世界最终解决族群宗教多元主义带来的挑战赢得时间和空间。当然，这些可能的战略选择或政策组合能否成为西方国家的实际政治决策，则取决于不同国家的政治情形。在某些国家，其政党体制与国内政治力量的组合使它们更有可能采取有效的对策；在另外一些国家，其政党体制与国内政治力量的组合未必能够使它们采取有效的对策。

2017年10月7日，欧洲网络媒体上突然出现了一篇由13位重量级保守主义欧洲知识分子签署的《巴黎声明：一个我们可以信靠的欧洲》。这份声明强调，"我们正在失去家园"，"我们必须保卫真欧洲"，强调欧洲文明的古典传统与基督教传统，主张抵制过度的文化多元主义等。[1] 其实早在2016年，笔者就已经分析过西方世界面临的政治挑战及其可能的策略："面对此种难题，欧美国家有几种可能的选择。第一种选择是同化策略……第二种选择是文化多元主义策略……第三种选择是向基督教保守主

---

[1] "The Prasis Statement: A Europe We can Believe In," October 7, 2017, https://thetrueeurope.eu.

义政策转向……这一政策意味着西方主流文明更需要在文化和精神上守卫自己的土地与家园。短期来看，不少西方国家很有可能会选择保守化的政策，即限制移民和强调西方社会的主流价值。这既是民主政体下主导族群的政治要求，又是西方社会在内部和外部遭遇异质文明挑战时采取的自我防卫措施。"①

此外，笔者在2017年5月的一场演讲中已明确提到"西方如何保卫西方"的问题（即本书第一章的内容），跟几个月之后出现的《巴黎声明》中的很多关键词都是一致的。

由此，就容易理解为什么一些国家的主流中右政党会更趋向于保守化，或者为什么它们会在移民、边境、族群、宗教议题上选择"向右转"，也就容易解释为什么一些国家会出现右翼或极右翼政治力量的快速崛起。笔者的一个担忧是，对今日西方国家来说，如果温和右翼政治力量不能解决族群宗教多样性增强带来的政治困境，那么就不能排除极右翼力量会在一些国家内部继续崛起和强化。在这种快速变化的结构中，不少国家的传统主流政党面对这种政治困境似乎难以采取有效行动，主要原因是这些政党被既有的政治立场与选票阵营束缚住了。因为一旦它脱离原有的政治立场或"向右转"，就容易失去原先主流选民的支持。一个有趣的现象是，传统主流政党在移民、边境、族群、宗教政策上能够快速转向右翼政策的国家（美国和英国）有一个共同点，即它们的选举制度是简单多数决定制的，它们的政党体制是两党主导的；相反，越是带有比例代表制色彩的国家，越是多党制的

---

① 包刚升：《极端主义的兴起与西方世界的挑战》，《文化纵横》2016年第3期。

国家，其主流政党越容易受到原先选民阵营和政治立场的束缚。因此，新的右翼或极右翼政党更容易在这样的国家崛起。

实际上，自21世纪10年代以来，主要西方国家重要右翼政党的政治纲领也佐证了这种内外政策上的转向。美国前总统特朗普作为共和党人，在政治纲领上更强调美国优先、保卫边境、限制部分伊斯兰国家移民等。英国前首相特蕾莎·梅作为英国保守党人，支持继续推进"脱欧"，而"脱欧"意味着恢复英国对边界和移民政策的实质性控制权。法国国民联盟领导人玛丽娜·勒庞则明确反对移民，她富有煽动性地声明，移民不过是对法国人口的"有组织的替代"。她同样反对欧盟，主张从欧盟手中夺回法国的边境控制权。新崛起的德国选择党把移民和难民都视为入侵者，该党呼吁整个德国应该反对"外国人的入侵"。奥地利右翼政党自由党则主张，要尽快终结欧洲的伊斯兰化进程。所有这些西方主要政治家或主要右翼政党的政治主张，都跟笔者对西方国家结构性困境的分析在逻辑上是吻合的。

西方政治可能的前景

从美国到欧洲，西方国家已经出现了政治新现实。国内社会政治分歧增加、右翼或极右翼政治力量崛起以及传统政党体制遭到冲击的背后，主要原因是人口结构的巨变和族群宗教多样性的增强。对部分异质性程度很高、不认同西方主流价值观和政治秩序的移民群体而言，西方自由民主政体能否有效地包容这种多样性，是一个严峻的挑战。实际上，大规模移民进入以后，自由民主政体下西方国家与异质性程度较高的移民群体之间，存在着一种政治上的不对称结构。原本存在于移民接收国与移民之间隐含的政治契约，在现实政治中只对移民接收国有约束力，对新移民群体根本毫无约束力可言。那么，对如今的西方国家来说，在诸多约束性条件之下，它们能否以有效的内外政策来应对这种政治新现实呢？这就是一个问题。

总体上，目前西方国家更有可能采取"向右转"的战略来应对这种结构性困境。在外部政策上，西方国家的人口流动政策将更有可能从过度的全球化转向保守主义、民族主义和现实主义；在内部政策上，西方国家的族群宗教政策立场将更有可能从"自由的"文化多元主义转向基督教保守主义。当然，一个特定国家能否采用这样的战略选择或政策组合，则取决于很多实际的政治条件。

鉴于以上分析，考虑到族群宗教多元主义与西方自由民主政体之间存在的结构性困境，西方世界的政治究竟会展现一种怎样的前景呢？有人相对乐观，有人则相对悲观。从较为乐观的视角看，过去二三百年的历史进程揭示，西方民主政体的制度模式展示出了包容变化的能力和一定的制度弹性。在各种可能的冲击之下，西方世界的政治变迁往往呈现出这样的路径：它从一个已有的政治均衡开始，当实质性的内部挑战（比如阶级冲突），或外部冲击（比如战争威胁）出现时，西方政治通常会经历一个结构性的调整过程，通过结构性调整来为应对这种内部挑战或外部冲击提供解决方案，这样西方民主政体模式通过提供新的解决方案又完成了一次新的进化，并实现了某种新的政治均衡。基于这种逻辑，西方自由民主政体模式在应付新变化、新冲击、新危机方面并非束手无策。如果借鉴英国历史学家阿诺德·汤因比的视角，即用挑战与应战的关系来解读一种文明模式可能的变迁与进化，那么这就可能是一个相对乐观的过程。①

但问题在于，如今西方世界面临的结构性挑战，特别是国内社会族群宗教多样性的大幅提高，是否已经突破了西方民主政体的制度框架所能包容的限度？换句话说，如果应对族群宗教多样性带来的挑战，其政治解决方案需要突破目前西方自由民主政体的制度框架，那么这种政体模式就不得不做出某种实质性的调整，甚至不能排除这种调整会损伤自由民主政体的基本政治原则。必须承认，这种可能性是存在的。

综合来看，一方面，西方民主政体目前面临族群宗教多元主义兴起带来的结构性困境是一种严峻的现实挑战，西方世界能否成功应对这种挑战尚未可知；另一方面，西方民主政体的历史经验是，它们往往以结构调整和制度创新来为应付新挑战提供新的解决方案，并在此过程中实现政治模式本身的进化，实际上西方民主政体模式历史上已经成功解决了很多此类的重大挑战与政治难题。当然，更公允地说，面对族群宗教多元主义兴起的挑战，西方民主政体的前景究竟会怎样，我们只能拭目以待。

另一个值得注意的事实是，西方世界并非铁板一块，而是存在着丰富的多样性。就国别而言，西方政治版图上那些移民比例

---

① 阿诺德·汤因比：《历史研究》，刘北成译，上海：上海人民出版社，2005。

相对较低、移民的族群宗教背景跟原主导族群差异性较低、移民的政治同化较为成功的国家，未来应该更容易应对这方面的结构性难题，由族群宗教多元性带来的政治分歧和政治冲突更为可控，它们大致上能够更成功地应对族群宗教多元主义带来的挑战；与上述国家情况相反的国家则更不容易应对这方面的结构性难题，由族群宗教多元性带来的政治分歧和政治冲突也更难以控制，它们大致上更容易陷入族群宗教多元主义与自由民主政体之间的结构性困境。在可预见的将来，西方国家很可能会因为应付族群宗教多元主义挑战的能力不同而产生新的政治分化，有的国家会走向新生，而有的国家则面临着一个更加不确定的未来。对每一个西方主要国家来说，它们究竟会面临一种怎样的政治命运，恐怕只有时间才能给出最终的回答。

第三章

西方国家移民的政治效应

移民在最近一二十年已经成为西方发达国家重要的政治问题之一，同时也是一个充满争议的问题。自21世纪10年代以来，在选举政治中，移民问题变得尤为突出。在2019年5月下旬进行的欧洲议会选举中，移民问题就是政治焦点之一，主张限制移民的右翼政党的议席得到了进一步扩张。早在2016年6月23日举行的英国"脱欧"公投中，限制外来移民也是英国"脱欧派"的主要诉求。尽管"留欧派"列举了包括经济、金融、产业、市场、就业、英镑地位等许多"留欧"理由，但"脱欧派"仍然在公投中胜出。原因就在于，只要留在欧盟，英国就难以控制边境和移民规模。而在2017年4—5月举行的法国总统选举中，国民阵线领导人玛丽娜·勒庞击败法国两大主流政党共和党和社会党的候选人，闯入第二轮角逐，并最终赢得了第二轮1/3的选票。勒庞甚至公然宣称，移民是对法国人口的"有组织的替代"，并认定部分外来移民难以被法国同化或难以融入法国主流社会，所以，她的政治主张就是限制移民。① 2017年9月德国大选的一个重要现象是，当时成立不过5年的德国选择党快速崛起，一举成为国会第三大政党。德国选择党的主要政纲，就是限制移民和抵制异质宗教对于德国社会的"入侵"。

在美国，移民同样是选举政治的重要议题。从2016年大选到当选总统之后采取的种种政策来看，特朗普总体上是一位呼吁限制移民和主张调整美国移民政策的政治家，实际做法包括限制特定国家或宗教移民的入境、主张修建美墨边境高墙、修改美国跟移民有关的法律等。特别是，2019年2月15日，特朗普不惜以宣布紧急状态令来加快美国南部美墨边境墙的建设，目的就是控制南部边境来自拉丁美洲的非法移民规模。

过去，我们主要根据阶级分析法来理解西方发达国家的国内政治与外交政策。② 基于这种分析视角，美国的民主党与共和党、英国的工党与保守党、法国的社会党与共和党、德国的社会民主党与基督教民主联盟在政治纲领和政策主张上的分化，主要跟它们的阶级背景和"左—右"意识形态光谱的分布有关。但始料未及的是，并非属于阶级政治经典议题的移民问题却在最近十来年里快速崛起，成了西方发达国家选举政治与政策论争的焦点。

---

① "I want to free France from EU straitjacket-far-right party leader," RT News, April 27, 2011, https://www.rt.com/news/france-eu-immigrants-pen.
② 阶级分析方法是马克思主义的重要分析工具。如何从阶级分析视角来理解当代西方社会，参见姜辉：《论当代资本主义的阶级问题》，《中国社会科学》2011年第4期；西摩·马丁·李普塞特：《共识与冲突》，张华青等译，上海：上海人民出版社，2011。

那么，这是什么原因呢？其实，移民问题的出现，主要跟西方主要发达国家 20 世纪下半叶以来移民政策的重要转向有关。这些国家移民政策的转向引发的一个长期而缓慢的后果就是移民问题的兴起。问题是，西方主要发达国家在移民政策上究竟发生了何种转向？这种转向又带来了何种政治冲击与政治效应呢？时至今日，西方发达国家面对充满争议的移民问题究竟会有哪些可能的选择呢？本章试图系统深入地剖析这些问题。

总体上，本章试图基于演绎方法提出一个分析移民政治效应的模型，并根据这一分析框架来评估西方发达国家在移民问题上可能的战略选择。

移民作为一个政治问题的兴起

西方发达国家的移民问题逐渐进入政治场域，源头可以追溯到这些国家 20 世纪下半叶以来在移民政策上的重大转向。总的来说，它们从二战之前更保守的移民政策，转向了更自由、更开放、更具包容性的移民政策。但这一转向带来的长期后果是始料未及的。

这里先讨论美国移民政策的变迁及其后果。在 2016 年特朗普当选美国总统这一标志性事件之前，美国在移民问题上的做法可以统称为开放移民政策与文化多元主义模式。^①尽管历史教科书经常把美国称为各国移民的"大熔炉",但这其实是一个不那么准确的说法。实际上,20世纪60年代之前,尽管美国是一个移民国家,但其移民政策并不能算作高度自由开放的。

严格来说,美国20世纪60年代之前的移民政策有三个特点:第一,美国主要欢迎的是来自西欧国家的移民,特别欢迎有新教传统的欧洲国家的白人移民——美国的早期移民主要来自英国、爱尔兰、德国等西欧国家;第二,美国限制或者严格控制西欧国家以外的移民,甚至包括严格控制来自南欧、东欧国家的移民,更不用说非欧洲国家的移民了;第三,美国对所有移民实行同化政策,即鼓励所有移民积极融入美国社会与美国文化,使其成为美国化的美国公民。[②]

为了说明20世纪60年代之前美国移民政策的关键特征,这里通过几个案例来对美国的移民政策进行一个简要的历史考察。第一个案例是,早在1818年,纽约和费城的爱尔兰人社团就向美国国会请愿,希望在西部获得一块土地来安置需要救济的爱尔

---

① 这里涉及一组重要概念,即文化多元主义(cultural pluralism)与多元文化主义(multiculturalism)。文化多元主义,通常是指在存在主导文化的基础上,强调对少数族群文化的尊重以及不同文化的共存。而没有主导文化的文化多元主义,被称为多元文化主义,后者更不认同所谓主导文化,以及强调不同文化的多元平等地位。参见 Jane Barnes Mack, "Cultural Pluralism and Multiculturalism: E Pluribus Unum or Ex Uno Plura?" *Hitotsubashi Journal of Social Studies*, Vol. 26, No. 2, 1994。尽管这两个概念不同,但笔者倾向于认为,两者只是程度上的差异,即文化多元主义是程度较低的多元主义,而多元文化主义是程度较高的多元主义。对于其中的精细差异,这里不再做更深入的研究。

② 米尔顿·M.戈登:《美国生活中的同化》,马戎译,南京:译林出版社,2015,第76—104页。

兰人。这听起来是一项很人道主义的政治请求，但是美国国会无情地拒绝了这一请求。理由是，如果不同族裔的移民群体都要建立自己的聚居地，就有可能导致美国社会的碎片化。可见，当年的美国国会就意识到，应该塑造具有同质性的美利坚民族，而不是鼓励不同移民群体保持各自的族裔特色。[①]

第二个案例是，美国国会1882年通过的《排华法案》。这固然是一部对华人劳工与华人具有严重歧视性的法案，但问题的关键在于，《排华法案》本身的出台有着很强的政治逻辑。事情的背景是，19世纪晚期华人劳工开始大量涌入美国，引起了美国社会的担忧。有议员认为，最主要的问题是华人劳工很难被同化，他们很难像爱尔兰移民、德国移民那样快速实现美国化，无法融入美国社会的主流。正是出于这个原因，有议员公开呼吁，对于华人劳工，美国的大门"必须被关上"。这就是《排华法案》得以通过的主要原因。[②]

第三个案例是，随着1880年以后南欧与东欧移民的增加，美国国会先后通过了《1921年移民法》和《1924年移民法》，其核心就是实行新的移民配额制。面对当时从南欧和东欧大量涌入的意大利人、犹太人与斯拉夫人，美国议员阿尔伯特·约翰逊（Albert Johnson）认为，西欧以外的移民会对"美利坚民族

[①] Marcus Lee Hansen, *The Immigrant in American History* (Cambridge: Harvard University Press, 1940), p. 132.

[②] 曹雨：《美国〈1882年排华法案〉的立法过程分析》，《华侨华人历史研究》2015年第2期；Erika Lee, *At America's Gates: Chinese Immigration during the Exclusion Era, 1882-1943* (Chapel Hill and London: The University of North Carolina Press, 2003), pp. 19-74。

的同一性"构成挑战,所以应该实行移民配额制。[①] 新移民法规定,要以1890年美国人口普查为基础,根据当时已有人口的来源地比例来分配今后每年来自各国的新移民的数量,也就是移民配额。而根据这些法律的规定,中国、日本、印度、土耳其等国1924—1925年度的移民配额都只有区区百人,同年德国、英国、爱尔兰的移民配额却分别超过51 000人、34 000人和28 000人。这一立法的初衷,就是希望美国能保持当时既有人口的族裔、宗教和来源地的比重。

一直到了20世纪60年代,美国的移民政策才开始出现新的松动,最终发生了基本政策的重要转向,其标志性事件就是《1965年移民与国籍法》的通过。该法不仅废除了移民配额制,而且不再根据族裔、肤色、语言、国家来源地区分移民。这样,美国移民政策才迎来了历史上最为宽松的时期。

美国移民政策的转向有两个主要的政治动力。一个是国际政治因素。当时的美国处在冷战体系之下,美国自己设定的国家形象是"自由民主的标杆"。而根据来源国与族裔严格控制移民数量的做法,已经跟美国设定的国家形象不符。一个有趣的细节是,1965年10月3日,当时的总统林登·约翰逊是在纽约自由女神像底下签署新法的,代表的就是美国作为"自由民主的标杆"欢迎来自全球的移民。另一个是国内政治因素。自20世纪50年代以来,黑人民权运动在美国兴起,更加注重平等的左翼平权思潮逐渐成了美国社会的支配性观念。这样一来,旧的移民法就被视

[①] 丁则民:《美国移民史中的排外主义》,《世界历史》2001年第1期。

为一部主张种族不平等或族群歧视的法律，政治上已经变得不再正确了。

正是因为移民政策的调整，美国的移民结构开始发生重大变化。1960年，所有美国移民中来自欧洲和加拿大的移民占比高达84.8%；而到了2000年，来自欧洲和加拿大以外地区的移民占比高达82.2%，其中来自墨西哥等拉丁美洲国家的移民占比为51%。[1]简而言之，美国移民政策转向的长期结果就是美国人口结构中族裔构成的重大变化。根据美国著名智库皮尤研究中心的估算，美国来自欧洲的白人族裔人口占比1960年还高达85%，2005年降至67%，2050年将会降至47%；西班牙语族裔人口占比1960年仅为3.5%，2005年已经剧增至14%，2050年将会继续攀升至29%；黑人族裔人口占比1960年为11%，2005年为13%，2050年将保持13%，相对稳定；亚洲人族裔人口占比1960年仅为0.6%，2005年已经增至5%，2050年将会上升至9%。[2]这意味着，到21世纪中叶，来自欧洲的白人族裔人口将丧失在美国人口中的绝对多数地位。

除了美国，英、法、德等欧洲主要发达国家在二战以后也经历了移民政策的重大变迁。尽管不同国家在不同时期的移民政策时松时紧，但就整体趋势而言，移民政策还是朝着更宽松

---

[1] "Profile of the Foreign-Born Population in the United States: 2000," U.S. Census Bureau, Issued December, 2001, https://www.census.gov/content/dam/Census/library/publications/2001/demo/p23-206.pdf.

[2] Jeffrey S. Passel and D'Vera Cohn, "U.S. Population Projections: 2005-2050," Pew Research Center, February 11, 2008, http://www.pewresearch.org/hispanic/2008/02/11/us-population-projections-2005-2050.

化的方向发展。在20世纪90年代欧盟实行高度一体化的政策之前，左右英、法、德这些欧洲国家移民政策的关键因素有两点：一是二战后这些国家的劳动力紧缺，而外来劳工与移民可以成为促进经济增长和降低成本的有利因素，这是鼓励移民的动力因素；二是国内保守力量担心外来移民可能带来的诸种政治社会问题，所以他们并不支持移民政策，这是抵制移民的阻力因素。

拿英国来说，该国从1948年到20世纪60年代初实行的是相对自由的移民政策。这一政策既跟当时大英帝国和英联邦国家的政治架构有关，又跟英国国内社会二战后的劳动力短缺有关。总体上，英国这一时期的移民主要来自二战前大英帝国的领地或殖民地以及英联邦国家，比如印度、巴基斯坦和加勒比海地区，还有部分移民和难民来自政治上遭受剧变的国家，比如波兰、乌干达等。但是，随着大规模移民的到来，英国社会内部就出现了反弹，保守派人士更倾向于反对移民的大规模涌入。所以，从20世纪60年代初到80年代，英国先后通过多部立法，实行了相对收紧的移民政策。[1] 而到了20世纪90年代后期，一方面是由于执政的工党政府实行更为自由的而非保守的治国策略，更注重全球化条件下移民对经济的推动因素，另一方面是由于欧盟政治经济一体化的加速，英国实际上又迎来了移民政策上较为自由开放的时期。结果是，规模庞大的来自欧盟国家和非欧盟国家的移民都开始在英国工作、生活、结婚和繁衍后代。

---

[1] Ian R. G. Spencer, *British Immigration Policy since 1939: The Making of Multi-racial Britain* (London and New York: Routledge, 1997).

根据皮尤研究中心 2016 年的估算，在 1990—2015 年，英国接收的移民总量高达 850 万。到 2015 年为止，英国有 13% 的人口是国外出生的。其中，印度人、波兰人和巴基斯坦人构成了英国移民的三大族裔。①

尽管法、德两国二战后移民政策变迁的具体情形跟英国有着一定的差异，但基本逻辑是相似的。两国的移民政策也摇摆于两者之间，即更多基于经济考虑的鼓励移民政策和更多基于政治社会考虑的限制移民政策。但是，由于后来全球化的进展和欧盟政治经济一体化的推动，特别是从 20 世纪 90 年代开始，法、德两国实际上也走向了更自由开放的移民政策。两国移民政策变迁的细节问题，本章不再讨论。

由于在英国"脱欧"之前，英、法、德都属于欧盟最发达的大国，所以，在欧盟要求各成员国开始实行"四大自由"政策，即商品、服务、资本和人口的自由流动政策之后，它们自然成了欧盟内部最受欢迎的移民目的地。由此，欧盟内部出现了人口从经济文化较不发达的南欧、东欧国家向更发达的西欧国家的大规模流动。这样一来，20 世纪 90 年代以后，以英、法、德为代表的欧洲发达国家面对的移民大潮，既包括欧盟外部的移民——这类移民相对受到较多的欧洲国家或欧盟政策的限制，又包括欧盟内部的移民——这类移民可以更自由地出入他们自己想要出入的

---

① "5 facts about migration and the United Kingdom," Pew Research Center, June 21, 2016, https://www.pewresearch.org/fact-tank/2016/06/21/5-facts-about-migration-and-the-united-kingdom.

国家。①

正是在这样的背景下，西欧主要发达国家的人口结构发生了缓慢而重大的变化。一个基本的趋势是欧洲本土的白人族裔人口比重的持续下降和人口族裔结构多样化程度的持续提高。到21世纪初，英、法、德三国白人族裔的人口占比已经降至87%、84%和80%左右。这意味着三国非欧洲白人族裔的人口占比已经攀升至13%、16%和20%左右。据相关机构的预测，到2050年，这几个主要国家的欧洲白人族裔人口占比还将继续下跌，非欧洲白人族裔的人口占比还将大幅上升。除了族裔因素，人口的宗教结构也是一个重要方面。20世纪下半叶以来，欧洲主要发达国家人口结构的基本趋势是，穆斯林人口的数量和比重持续攀升。皮尤研究中心根据三种不同模型（收紧移民政策、适度移民政策和开放移民政策）估算了欧盟国家穆斯林人口的变动趋势。该机构认为，2016年欧洲穆斯林人口比重已经达到约4.9%，而法国、德国和英国的穆斯林人口比重已经达8.8%、6.1%和6.3%，数量分别为572万、495万和413万。如果欧盟继续维持高度开放的移民政策，那么，到2050年，穆斯林人口占欧洲总人口的比例将达14%，法国、德国和英国的穆斯林人口比重将达18%、19.7%和17.2%。这意味着，如果欧洲主要国家不改变目前的移民政策，那么欧洲人口将呈现加速的穆斯林化或伊斯兰化。②

---

① Craig A. Parsons and Timothy M. Smeeding, ed., *Immigration and the Transformation of Europe* (Cambridge: Cambridge University Press, 2006).
② "Europ's Growing Muslim Population," Pew Research Center, November 29, 2017, https://www.pewresearch.org/religion/2017/11/29/europes-growing-muslim-population.

总之，20世纪下半叶以来，尽管欧美主要发达国家移民政策的开放程度和变迁周期各不相同，而且每个国家实行不同政策的具体原因及其政治动力并不完全一致，但跟二战之前相比，这些国家后来实际上都逐渐实行了更自由开放的移民政策。[1] 特别是20世纪90年代以来，这一政策变得越发确定和明显。

为何移民政策会引发出乎意料的结果？

西方发达国家20世纪下半叶以来移民政策出现重大转向，尽管不同的国家原因各异，但从宏观上看，这跟同一时期的全球化大趋势是分不开的。19世纪以来，人类社会的大趋势是全球化的深入。全球化研究者罗伯特·罗伯特森（Robert Robertson）认为，19世纪以来，全球化经历了三波浪潮与一次回潮。第一波全球化发生在1870—1914年，然后是1914—1945年发生的全球化的第一次严重衰退，1945—1980年则是第二波全球化浪潮，1980年到20世纪末是第三波全球化浪潮。第二波全球化主要是发达国家之间的全球化，第三波全球化则把大量发展中国家卷入其中。具体来说，罗伯特森用三个指标来评估全球化浪潮的进与退，分别是跨国资本流动、跨国商品流动和跨国人口流动。[2] 这

---

[1] Martin A. Schain, *The Politics of Immigration in France, Britain, and the United States: A Comparative Study* (New York: Palgrave Macmillan, 2008).

[2] Robert Thomas Robertson, *The Three Waves of Globalization: a History of a Developing Global Consciousness* (London: Zed Books, 2002).

里的跨国人口流动，就是移民。所以，移民现象其实是全球化的一个直接后果。

从第二波全球化到第三波全球化，既是因为交通、通信与经济因素的推动，又是因为二战以后西方发达国家在全球性制度建设上的努力。尽管二战以后存在着美苏争霸和冷战格局，但西方主要发达国家试图在西方世界内部和它们能影响的国际空间内构建一个基于自由主义原则的全球秩序。在国际层面，它们鼓励不同主权国家之间基于互相尊重主权的和平关系，鼓励商品、服务、资本以及最终包括人口要素的较大程度的跨国自由流动。从制度建设上看，从联合国到国际货币领域的布雷顿森林体系，到国际贸易领域的《关税及贸易总协定》（即后来的世界贸易组织），再到欧盟和区域的自由贸易组织，西方主要发达国家牵头发起的各种国际制度和国际机构成了这种自由主义全球秩序的制度基础。在国内层面，它们倡导自由民主政体的基本制度安排，主张每个人都应该获得自由平等的公民权，都拥有包括选举投票权在内的政治参与机会。由于20世纪以来西方发达国家的福利化趋势，这种公民身份甚至还意味着每个人（无论是一个国家的原住民，还是合法的外来移民）都应该享受至少最低限度的社会保障与社会福利。① 这样一来，对移民来说，这种自由主义的全球秩序，意味着人口在国家间的流动不仅受到一定程度的鼓励，而且

---

① 用全球制度建设的政治经济学视角来理解全球化和移民问题，参见 Susan K. Brown and Frank D. Bean, "International Migration," in *Handbook of Population*, ed. Dudley L. Poston and Michael Micklin (New York: Kluwer Academic/Plenum Publishers, 2005), pp. 347-382。

他们一旦合法地移入新的国家，他们就应该在该国成为享受同等政治权利和社会福利的公民。

这套自由主义全球秩序的背后，其实是西方国家一整套关于国际社会的理论认知。这种认知可以追溯到18世纪德国哲学家康德对于世界秩序的经典思考。早在1795年，康德就在《永久和平论》一文中提出了关于未来世界秩序的基本构想。简而言之，康德所设想的模型是一种"内有自由、外有和平"的全球秩序，亦即每个主权国家都是尊重个人自由、立足自由秩序的共和国，而国与国之间则能实现走向"永久和平"的世界秩序。[1]当然，康德设想的世界秩序在很长时间里都没有成为现实。直到20世纪，随着民主国家数量的增加，自由市场经济逐渐成为全球性的经济制度安排，加上上文提到的二战以后包括联合国、国际货币体系、国际自由贸易体系在内的一系列全球性制度安排的出现，西方发达经济体之间才在某种程度上实现了康德当年所设想的全球秩序模型。

这种全球秩序的结果之一，就是移民逐渐成为一个全球性的新现象。问题是，西方发达国家的主流认知及其政策推动了全球移民现象的兴起，但大规模国际移民导致的政治社会后果是西方世界的思想家和政策设计者起初并未预见到的。简而言之，这种政策转向不仅直接引发了西方发达国家人口族群与宗教结构的重大变化——这一点上文已经有所分析，而且引发了很多始料未及的政治社会后果——可能的后果包括这些国家文化异质性程度的

---

[1] 康德:《历史理性批判文集》，何兆武译，北京：商务印书馆，1990，第97—144页。

提高、社会信任与社会资本的流失、社会分歧与政治分裂程度的加剧、政治暴力与政治冲突风险的加大以及政治共同体意识与国家认同的弱化等，而所有这些都有可能给一国的政治生活带来较大冲击。[1]那么，为什么移民政策的转向会带来很多出乎意料的政治社会后果呢？这主要是因为自由主义全球秩序观的主流认知在移民问题上产生了三方面的偏差。

第一，移民在国际贸易模型中被视为简单的劳动力要素。经典的国际贸易理论在分析两国贸易时，经常把经济活动简化为资本要素（C）和劳动力要素（L）的流动关系，基本结论是资源优化配置要求资本要素从发达国家流向发展中国家，同时要求劳动力要素从发展中国家流向发达国家。但问题是，这种理论分析只是把移民视为一个抽象的劳动力，并没有赋予别的身份。比如，移民只是一个厨师、一个电脑装配工或者一个软件工程师，总之是一个抽象的劳动力。但实际上，移民在真实生活中还是一个社会人，是一个处在复杂社会网络中的人；移民还是一个生物人，通常需要恋爱结婚、建立家庭和繁衍后代；移民甚至还是一个有着政治诉求的政治人，特别是在获得公民权和投票权之后，还会通过政治参与甚至政治抗争来表达自己的诉求。

---

[1] 这方面的研究很多，参见罗伯特·达尔：《多头政体：参与和反对》，谭君久、刘惠荣译，北京：商务印书馆，2003，第118—137页；Robert D. Putnam, "E Pluribus Unum: Diversity and Community in the Twenty-first Century, the 2006 Johan Skytte Prize Lecture," *Scandinavian Political Studies*, Vol. 30, No. 2 (Jun. 2007), pp. 137-174；Rafaela M. Dancygier, *Immigration and Conflict in Europe* (Cambridge: Cambridge University Press, 2010)；塞缪尔·亨廷顿：《我们是谁？：美国国家特性面临的挑战》，程克雄译，北京：新华出版社，2005。

第二，移民在自由主义全球秩序观中被认为能经由同化而完全融入主流社会，但实际上，只有部分移民能够实现较好的同化和融入，还有部分移民难以实现有效的同化和融入。自由主义全球秩序观预设的是，一个人只要来了美国，就会逐渐成为美国人——不管他原来是墨西哥人、波兰人、尼日利亚人、巴基斯坦人还是韩国人。著名政治学家塞缪尔·亨廷顿在1981年的书中还认为，只要一个人信仰美利坚合众国的宪法，信奉自由、民主与法治的观念，恪守美国社会的基本规则，他就是美国人，就是美国化的美国公民。[1]但是，实际情况可能并非如此。到2004年，塞缪尔·亨廷顿也改变了看法。他开始认为，美国社会有一部分移民是难以被同化的，他们难以完全融入美国社会的主流或者成为真正意义上的美国公民。比如，不少来自拉丁美洲的移民，尽管已经成为美国公民，但他们的政治认同或国家认同仍然指向自己的母国，而非美国。[2]

第三，移民的大规模进入是否会影响一个社会原先的同质性程度呢？自由主义全球秩序观显然低估了这种可能性。自由主义全球秩序观的主流认知还倾向于认为，移民甚至能够强化一个社会的政治共同体。但问题是，移民的大规模进入可能会削弱一个社会原先的同质性程度，进而会削弱一个社会原先的政治共同体。这就会导致主流认知与政治实践之间的巨大落差。以美国为例，美国过去一直被视为移民的"大熔炉"，但实际上，20世纪

---

[1] 塞缪尔·亨廷顿：《失衡的承诺》，周端译，北京：东方出版社，2005。

[2] 塞缪尔·亨廷顿：《我们是谁？：美国国家特性面临的挑战》，程克雄译，北京：新华出版社，2005。

之前，进入美国的移民主要来自欧洲。这些欧洲移民经由同化和融入，大体上能成为美国主流社会的一分子，成为美国化的美国公民。但20世纪下半叶以来，随着欧洲以外地区移民的大规模涌入，美国还能维系过去的社会同质性程度吗？实际情况是，伴随着移民来源地的多样化，美国社会的异质性程度出现了显著上升。这样，美国社会原先的政治共同体甚至都有可能遭到削弱。

实际上，西方发达国家的主流认知对20世纪下半叶以来移民政策转向所导致的后果出现了误判，而这种误判又源于这种主流认知评估移民问题的三个前提假设出现了问题。这一点从逻辑上说其实不难理解，因为所有决策都源于某种认知，而当一种认知的前提假设跟政治现实出现较大偏差时，这种认知主导下的决策就可能引发很多出乎意料的后果。而在移民问题上，西方国家过去半个世纪的主流认知有着以下三个理论前提。

第一，个人主义方法论。作为一种社会科学研究视角，个人主义方法论本身无可厚非。但在移民问题上，个人主义方法论倾向于把人看成一个完全抽象的个体，就会导致认知上的偏差。实际上，人并不是一个完全抽象的个体，而是带有复杂身份特质的社会人、生物人（就婚姻繁衍意义而言）、政治人与宗教人。单纯的个人主义方法论在分析入一个进入某个社会的移民个体时，比较容易忽略这个移民本身的特质，比如，这个移民是意大利人、叙利亚人还是墨西哥人，说法语、波兰语还是非洲的某种部族语言，是基督徒、穆斯林还是锡克教教徒，是未受教育者、大学毕业生还是博士学位获得者，是低技能者、专业电工还是高级软件工程师。进一步说，单纯的个人主义方法论通常也不会重视移民个体的特质与移入社会的特质之间的匹配性。显然，这一理论前提脱离了移民问题的真实情境。

第二，西方文明同化论。这一理论前提预设移民进入西方社会之后能够实现快速的同化与融入，但这种预设可能过度乐观了。以美国为例，20世纪之前，美国在移民同化与融入方面做得比较成功，但这是有条件的：一方面，当时大多数移民来自英国、爱尔兰、德国这样的西欧国家；另一方面，即便有异质性程度较高的移民进入美国，但跟美国总人口或欧洲移民人口相比，这部分异质性程度较高的移民在数量和比重上都是相对较低的。然而，到20世纪末，来自欧洲以外的移民不仅超过了欧洲移民，其比重已攀升到80%以上，而且这类移民跟美国总人口相比，在规模与比重上都是相当大的。这样一来，面对规模庞大的非欧洲移民，美国能否在短时间内对其进行有效的同化，使其融入美国主流社会，就成了一个问题。西欧主要国家也面临类似的问题，那就是它们难以有效同化规模庞大的穆斯林移民群体。甚至还有研究发现，欧洲穆斯林的第二代移民不见得会比第一代移民对欧洲国家和欧洲文明产生更高的政治认同感，原因是第二代穆斯林移民对生活的期望值更高，但出于宗教信仰、语言、教育因素、家庭背景、社会网络等原因，他们并不总能实现自己的"欧洲梦"，结果是更容易产生怨恨心理，进而削弱他们对自己所在国家的政治认同。[1]

---

[1] Robert S. Leiken, *Europe's Angry's Muslims: The Revolt of the Second Generation* (Oxford: Oxford University Press, 2012).

第三，政治秩序制度论。这一理论前提预设宪法、政治制度与基本规则是一种政治秩序最重要的决定性因素，甚至是唯一重要的决定性因素。只要宪法、政治制度和基本规则在那里，一个社会的政治秩序就会如常运作。但实际上，一个社会的政治秩序不仅取决于宪法与基本规则，而且取决于该社会公民共同体的构成。换言之，在自由民主政体框架下，一个社会的政治秩序究竟如何运作，关键取决于谁参与、谁决策。比如，同样一部宪法，由原先的 1 000 万本土公民来操作这部宪法，跟大规模移民涌入之后，由人口结构已经发生重大变化的 1 000 万或 1 200 万公民来操作这部宪法，政治运作的结果可能完全不同。比如，英国在 2016 年 6 月 23 日以全民公决方式决定"脱欧"，"脱欧"与"留欧"的支持率分别是 52% 与 48%。实际上，这一投票结果在很大程度上取决于当时英国公民共同体的构成。换言之，如果换一批选民来投票，不排除会在"脱欧"与"留欧"问题上得到不同的结果。进一步说，对于一个 52% 对 48% 的决定"脱欧"的公投结果，要逆转成为一个 48% 对 52% 的决定"留欧"的公投结果，并不是什么太难的事情。但如果是后一种结果，如今英国政治的实际运作将会大相径庭。因此，从这个简单的个案可以看出，正是谁参与、谁决策决定了一个国家实际的政治秩序和实际的政治运作。就此而言，公民共同体的构成，才是决定一个国家政治生活的关键变量，而移民的大规模进入会显著改变一个国家的公民共同体构成。

移民的政治效应：一个演绎模型

根据上文的讨论，移民问题会兴起并成为西方国家政治生活中的热点，原因乃在于移民或多或少都会给一个国家带来政治冲击。如果移民没有给一个国家带来一定的政治冲击，或者不会给一个国家带来任何重大的改变，那么移民就不会成为一个重大的政治议题。那么，到底该如何评估这种政治冲击的严重程度呢？究竟是哪些因素决定了这种政治冲击的严重程度呢？这就是本章接下来要回答的问题，即从理论上评估移民会给一个国家带来怎样的政治冲击或政治效应。这里先从一个假想的国家案例切入，然后基于演绎方法提出一个理解移民政治效应的函数模型。

这里假设有这样一个国家：某年，该国有主导族裔 A 族 N 万人口，信仰宗教 C，该族裔出生率为 X%，同时有少数族裔 B 族 M 万人口，信仰宗教 I，该族裔的新移民以每年 m 万的速度从境外继续移入该国，该族裔移民有 K% 能被该国同化并融入该国的主流社会，其他（100–K）% 的比例难以被同化或难以融入该国的主流社会，该族裔出生率为 Y%，参见图 3-1。根据这些条件，能否评估移民对该国人口结构和文化异质性程度的长期影响？

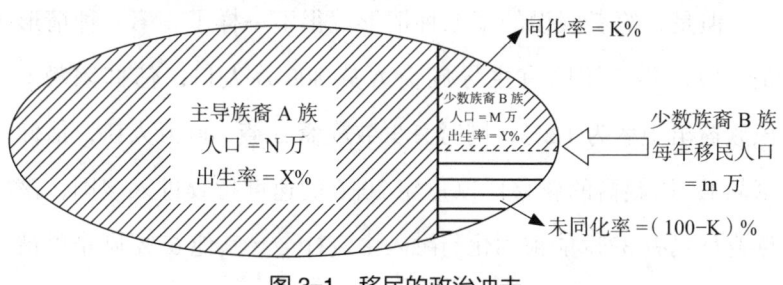

图 3-1　移民的政治冲击

在这个案例中，只要稍做分析就能发现，移民带来的实际政治冲击或政治效应主要取决于几个重要参数之间的关系。如果给这一案例中的重要参数赋予特定的数值，情况就会变得更加清晰。

笔者假设了两种差异较大的具体情形。第一种情形是：1980年，该国有主导族裔A族980万人口，信仰宗教C，该族裔出生率为1.2%；同时有少数族裔B族20万人口，信仰宗教I，该族裔的新移民以每年2万的速度持续进入该国，该族裔移民有67%能被同化并融入主流社会，其他33%则难以被同化，该族裔出生率为1.5%。在这种情形下，少数族裔所占人口比例较低，仅为2%；移民速度较慢，每年仅为0.1%；同化率较高，为67%；少数族裔与主导族裔出生率差距不大，仅为1.25倍（1.5%/1.2%）。因此，移民对这个国家的人口结构和文化异质性程度带来的政治冲击就比较小。换言之，该国将在很长时期内维系主导族裔A族为主的公民共同体结构，即便少数族裔B族的人口比重在缓慢增加，但由于增速比较低，加上较高比例的少数族裔移民实现同化和融入，移民不会从根本上改变该国人口的族群结构和文化异质性程度，该国的政治生活不会因为移民的进入而发生重大或显著的改变。

但是，笔者假设的第二种情形就很不一样了。第二种情形是：1980年，该国有主导族裔A族800万人口，信仰宗教C，该族裔出生率为1.2%；同时有少数族裔B族200万人口，信仰宗教I，该族裔的新移民以每年20万的速度持续进入该国，该族裔移民有33%能被同化与融入主流社会，其他67%则难以被同化，该族裔出生率为2.4%。在第二种情形下，少数族裔所占人口比例本来就不低，为20%；移民速度较快，每年约为2%；同化率较低，仅为33%；少数族裔与主导族裔出生率差距较大，为2倍（2.4%/1.2%），因此，移民对这个国家的人口结构和文化异质性程度带来的冲击就比较大。由于少数族裔人口比重较高，加上移民速度较快，再加上绝大部分移民在政治上不能被同化，因此，该国人口的族群结构和文化异质性程度在未来较长一段时期内将发生根本的改变，主导族裔A族为主的公民共同体结构甚至在长期中可能趋于瓦解。

根据上面的参数，假如还有关于死亡率的数据，这里甚至能计算出大约需要用多长时间，B族与A族的人口数量就相当了。这同时意味着，到那个时间点，信仰宗教I和信仰宗教C的人口数量也相当了。而在这个关键时间点之后，B族和信仰宗教I的人口，将逐渐取代A族和信仰宗教C的人口，成为该国新的主导族裔和主导宗教。假设出现这样的情况，那么该国人口的族群结构和宗教结构就会发生永久性的置换。

比较这两个假想的国家案例，可以看出，移民对一个国家政治冲击的大小，主要取决于几个关键的参数：一是主导族裔人口跟少数族裔人口的比例关系（M/N），二是每年移民人数跟总人口的比例关系 [m/（M+N）]，三是少数族裔或移民人口被同化与不被同化的比例 [K%/（100-K%）]，四是主导族裔跟少数族裔出生率的比例关系（X%/Y%）。此外，这两个案例没有提及但同样重要的参数是，少数族裔B族跟主导族裔A族在种族、语言、宗教、传统与政治文化上的差异性或异质性程度。

考虑到特定时期，比如，无论是1980年还是2000年，主导族裔跟少数族裔的人口比例是一个既定的参数，可以被视为一个存量，移民给一个国家带来的政治冲击或政治效应可以被视为一个增量，要评估这一冲击或效应，需要考察的是下面四个关键参数。

参数一：移民率（Immigration Rate）。这个指标既可以用每年新移民占总人口的比重来衡量，还可以用历年累积的移民总量占总人口的比重来衡量。

参数二：异质性程度（Dissimilarity Index）。这个指标主要衡量的是移民群体与主导族裔在种族、语言、宗教、传统与政治文化上的差异性程度。比如，对美国来说，跟阿富汗移民相比，挪威移民跟美国白人主导族裔的异质性程度更低。再如，对日本来说，与尼日利亚移民相比，韩国移民与日本主导族裔的异质性程度显然就比较低。

参数三：同化率（Assimilation Rate）。这个指标是指有多少比例的移民或少数族裔实现了同化和融入主流社会，形成了对移入国的国家认同和政治认同。

参数四：出生率（Birth Rate）。这个指标是指不同族裔人口的出生率，既包括主导族裔人口的出生率，又包括移民群体或少数族裔人口的出生率。跟绝对出生率相比，更重要的是移民群体或少数族裔相对于多数族裔的出生率高低。

基于对这些参数的讨论，笔者提出一个评估移民的政治冲击或政治效应的函数模型，表达公式如下：

$$PI = F(IR \times DI/AR, BR_{min}/BR_{maj})$$

在上述公式中：

F 即 Function，代表的是函数公式；

PI 即 Political Impact of Immigration，代表的是移民带来的政治冲击；

IR 即 Immigration Rate，代表的是移民率；

DI 即 Dissimilarity Index，代表的是移民跟主导族裔的异质性程度；

AR 即 Assimilation Rate，代表的是同化率；

BRmin 即 Birth Rate of the Minority Group，代表的是移民或少数族裔的出生率；

BRmaj 即 Birth Rate of the Majority Group，代表的是多数或主导族裔的出生率。

需要说明的是，这里所指的"移民的政治冲击"在政治上是一个中性概念。它本身不代表正面或负面的影响，它评估的只是移民进入会对一国的政治生活带来的改变程度。换言之，这个函数模型评估的是，随着移民群体的大规模进入，移民究竟会对一个国家原有人口的族群与宗教结构以及文化异质性程度带来多大程度的冲击或改变。

根据上述函数模型，如果移民率较高，移民群体跟主导族裔的异质性程度较高，移民群体的同化率较低，移民群体的出生率较高，主导族裔的出生率较低，那么移民对一个国家带来的政治冲击或改变就会比较大；反之，如果移民率较低，移民群体跟主导族裔的异质性程度较低，移民群体的同化率较高，移民群体的出生率较低，主导族裔的出生率较高，那么移民对一个国家带来的政治冲击或改变就会比较小。

跟上文假想的国家案例相比，这一函数模型未列入的一个重要参数是初始年份少数族裔人口与主导族裔人口的比值。由于这是一个存量概念，而这一函数模型主要评估的是初始年份以后的特定时期（一年或几年）移民带来的政治冲击——这是增量概念，所以没有列入函数模型。但实际上，这一比值并不是无关紧要的。简单地说，如果少数族裔人口与主导族裔人口的初始数值比较悬殊，即少数族裔人口与主导族裔人口的比值很小，那么，同样条件下，移民对一个国家产生重大政治冲击所需的时间就会比较长；反过来，如果少数族裔人口与主导族裔人口的初始数值不那么悬殊，即少数族裔人口与主导族裔人口的比值已经较大，那么，同样条件下，移民对一国产生重大政治冲击所需的时间就会比较短。尤其是，当少数族裔跟主导族裔在人口规模上比较接近时，随着少数族裔移民的增加，少数族裔更有可能较快地成为跟主导族裔产生政治经济竞争关系的"竞争性族群集团"。而这往往会对一个国家的政治系统产生深远而复杂的影响。但由于其中的机制和效应都会比上述函数模型分析得更为复杂，笔者就不再重点讨论少数族裔跟主导族裔的初始比值这一参数。

到此为止，笔者已经基于演绎方法提出了一个分析移民的政治效应的函数模型。尽管经验世界非常复杂，不同国家情形各异，但这个函数模型可以简明扼要地展示移民给一国带来的政治冲击。进一步说，只要这一函数模型在理论上是可靠的，那么我们要基于这一函数模型来理解西方国家如今的移民政策论战，以及未来可能的移民政策调整，就会变得更加容易。

为了说明这一函数模型在经验世界中的真实情形，笔者再结合西方主要发达国家的相关数据来做进一步的讨论。这里要讨论的第一个参数是移民率。移民率，一般是一定时期的移民人数占总人口的比重。这个概念本身并不复杂，但一旦涉及统计标准，移民率的可操作性标准往往是五花八门的。比如，它统计的到底是特定时期内（例如一年）外来移民占总人口的比重，还是净移入的移民人口占总人口的比重；或者说，它到底是指移民流量（比如一年或几年内的移民）占总人口的比重，还是移民存量（历年累计的移民）占总人口的比重。

世界银行根据外国移民存量占总人口的比重来对移民率进行估算或统计。根据该统计标准，截至 2015 年，美国移民人口占总人口比重为 14.5%，英国为 13.2%，法国为 12.1%，德国为 14.9%。如果统计国家组别，那么欧盟移民人口占总人口的比重是 10.7%，经合组织（OECD）成员国是 10.1%，高收入国家组是 13.6%。[①] 显然，以外来移民存量占总人口的比重这个指标来看，西方主要发达国家的移民率已经相当高。这些国家有 10%~15% 的人口是外来移民。其实，如果能够有每个主要国家每年流入的净移民数量（即移入数量减去移出数量）占总人口的比例数据，就能更好地评估这些国家按年度计算的移民率。但这方面目前尚无比较权威的全球数据库。

这里要讨论的第二个参数是异质性程度。这里的异质性程度，考察不是一个国家内部不同族群人口结构的多样性指标——这一

---

① "International migrant stock (% of population)," World Bank Group, https://data.worldbank.org/indicator/SM.POP.TOTL.ZS.

指标一般用族群分化程度等来衡量,[①] 而是考察一个族群跟另一个族群（前者通常是移民群体或少数族裔，后者通常是主导族裔或多数族裔群体）在种族、语言、宗教、传统和政治文化上的差异性程度。比如，日本人跟韩国人在种族、语言、宗教、传统和政治文化上的差异较小，即异质性程度较低；日本人跟尼日利亚人在种族、语言、宗教、传统和政治文化上的差异较大，即异质性程度较高。再如，美国人跟英国人、爱尔兰人、塞尔维亚人、阿富汗人之间在种族、语言、宗教、传统和政治文化上的异质性程度可能是依次加大的。

但困难在于，一个族群跟另一个族群的异质性程度能准确衡量吗？从理论上说，这应该是可以做到的，具体做法是：首先需要确定衡量一个族群特质的几个关键指标，其次是采用客观方法或主观方法来对这些关键指标进行赋值，最后是比较两个族群在这些关键指标上的赋值，进而测量两者的异质性程度。这尽管在理论上是可行的，但是目前尚无学者或研究机构开发出这样完整的指标体系与数据库。

所以，目前学术界能够提供的是几个不同的衡量两个族群之间异质性程度的替代性指标。有学者用文化距离（cultural distance）来衡量国家间或族群集团间在文化上的差异性程度。该指标的基础是世界价值观调查（World Values Survey）中各国被

[①] Alberto Alesina, Arnaud Devleeschauwer, William Easterly, Sergio Kurlat, and Romain Wacziarg, "Fractionalization," *Journal of Economic Growth,* Vol. 8, No. 2(Jun. 2003), pp. 155-194.

调查民众在政治态度数据上的距离。① 有学者根据普通美国人学会另一种语言的难度来度量这种语言跟英语之间的"语言距离"（linguistic distance）。该研究发现，对美国人来说，日语和韩语都是最难学习的语种，而法语和意大利语是较容易学习的语种。根据这一指标，跟日本人和韩国人相比，法国人和意大利人跟美国人的语言距离更近。② 还有学者用语言树（a linguistic tree）来衡量全球6 912种语言之间的距离，并以此来界定不同族群之间的语言分化（linguistic cleavages）程度。他们的研究发现，如果一国内部不同族群之间的语言分化程度较高，即不同族群集团之间的语言距离较大，那么该国就更容易导致冲突和内战。③ 总体上，在更好的指标被开发出来之前，文化距离、语言距离或语言分化程度，都可以作为度量两个族群之间异质性程度的替代性指标。

这里要讨论的第三个参数是同化率。最近半个世纪以来，随着文化多元主义在西方发达国家的兴起，同化甚至已经成了一个有争议的概念。④ 一国到底是否应该对外来移民实行同化政策？答案往往取决于一个人的价值观。如今，关于这个问题的论战主

---

① Gustavo De Santis, Mauro Maltagliati, and Silvana Salvini, "A Measure of the Cultural Distance between Countries," *Social Indicators Research*, Vol. 126, No. 3(Mar. 2015), pp. 1065-1087.

② Barry R. Chiswick and Paul W. Miller, "Linguistic Distance: A Quantitative Measure of the Distance between English and Other Languages," *Journal of Multilingual and Multicultural Development*, Vol. 26, No.1(2005), pp. 1-11.

③ Klaus Desmet, Ignacio Ortuño-Ortín and Romain Wacziarg, "The political economy of linguistic cleavages," *Journal of Development Economics*, Vol. 97 (2012), pp. 322-338.

④ 对同化问题的理论讨论参见 Richard Alba and Victor Nee, *Remaking the American Mainstream: Assimilation and Contemporary Immigration* (Cambridge: Harvard University Press, 2003), pp. 1-66。

要发生在同化论者和文化多元主义者之间。笔者的目标不是系统比较这两种观点的优劣，但笔者倾向于认为，如果一国不能对移民实行某种程度的同化并使其融入该国的主流社会，那么移民对该国带来的政治冲击就会比较大。因此，同化与否或同化率可以成为衡量移民政治冲击的一个重要指标。

关于同化，学术界历来有着不同的定义。有人将其理解为不同族群的人们"互相渗透和（彼此）融合的过程"，有人将其理解为"不同文化或代表不同文化的个人或群体融入一个同质性单元（homogeneous unit）的过程"。但笔者赞同的一个更主流的定义乃是，同化仍然不可避免地表现为"一种民族性模式（nationality pattern）对另一种民族性模式的取代"，特别是，"力量较弱或数量上处于劣势的群体不得不对自身进行……修正"，以便能够融入一种统一的文化模式。就这种视角而言，同化主要表现为移民接收国影响移民并使其融入主流社会的过程，而移民则在此过程中实现对移入国主流文化模式的适应，包括逐渐建立起对移入国的国家认同与政治认同。[①] 拿美国来说，同化主要是移民个体或移民群体逐渐美国化的过程。

进一步说，问题是究竟如何衡量一国在多大程度上同化了外来移民。美国曼哈顿研究所把同化视为"随着外来移民在美国生活时间的延长，外来移民跟本国居民的差异（distinction）变得不再显著的过程"，而后，该机构用同化指数或同化率指数（the Assimilation Index）来衡量一个国家"某个特定时间的同化状

---

① 关于同化定义的讨论，参见米尔顿·M. 戈登：《美国生活中的同化》，马戎译，南京：译林出版社，2015，第54—75页。

况"。这意味着，同化率是指，在某个特定时间，有多少比例的外来移民跟本国居民之间的差异已经变得不再显著。曼哈顿研究所的报告认为，美国社会对于外来移民的同化，因同化维度的不同、来源地的不同以及移民美国时间长短的不同而呈现较大差异。基于2010—2011年的报告数据，美国移民的综合同化率从1980的35%以上跌到了2010年的30%左右。从同化维度来看，移民在美国社会的经济同化（economic assimilation）程度高于文化同化（cultural assimilation）程度，文化同化程度又高于公民同化（civic assimilation）程度——后者是指合法移民在多大程度上像普通美国公民一样参与美国的政治生活。从来源地来看，加拿大和菲律宾移民的同化指数超过50%——菲律宾移民同化程度高可能跟该国的英语普及率高有关，而墨西哥和危地马拉移民的同化指数仅为15%左右。从移民时间看，无论移民何时来到美国，随着居住时间的延长，他们的同化指数无一例外都在提高。[1]这份报告带来的好消息是，随着时间的推移，美国外来移民的同化指数在持续提高，但坏消息是，美国移民如今的同化率只有不到1/3——特别是，占据外来移民绝大多数的拉丁美洲移民同化率要显著低于欧洲移民和亚洲移民。

最后要讨论的第四个参数是出生率。这既包括主导族裔的出生率和移民群体的出生率，又包括这两个出生率之间的比值。出生率或生育率其实是较为简单的客观指标。从人口学上讲，出生率一般是指每一年或一个时期内每1 000个人所对应的出生人口，

---

[1] Jacob L. Vigdor, *Measuring Immigration Assimilation in Post-Recession America* (The Manhattan Institute, 2013).

一般用千分之几来表示。联合国的数据显示，自20世纪中叶以来，人类社会的平均出生率一直在稳步下降。比如，1950—1960年，全球平均出生率的年度均值略高于36‰；1980—1990年，这一数值不足28‰；2000—2010年，该数值降至不足21‰。如果目前的趋势不变，2050—2060年，全球平均出生率的年度均值将进一步降至14‰以下。[①]

但笔者主要关心的不是一般意义上的出生率，而是主导族裔出生率跟移民群体出生率之间的比值。总的来说，西方发达国家白人主导族裔的出生率往往要低于移民群体或少数族裔的出生率。按照皮尤研究中心的估算，在美国四大主要族群中，2010年欧洲白人族裔20~34岁适龄女性的生育率为1.8，即平均生育1.8个孩子；西班牙语族裔适龄女性的生育率为2.4；黑人族裔适龄女性的生育率是2.1；亚洲人族裔适龄女性的生育率是1.8。[②] 显然，欧洲白人主导族裔是美国社会生育率最低的族群之一。特别是，西班牙语族裔不仅是美国最大的移民群体，也是生育速度最快的少数族裔群体。对欧洲来说，皮尤研究中心的一项研究认为，欧洲不同宗教群体人口的出生率差异较大。2010—2050年，欧洲的基督徒人口将从目前的5.53亿左右降至4.54亿左右，人口比重将从74.5%降至65.2%；穆斯林人口将从目前的0.43亿增

[①] "Crude birth rate (births per 1,000 population)," United Nations, http://data.un.org/Data.aspx?q=world+population&d=PopDiv&f=variableID%3A53%3BcrID%3A900.

[②] Jeffrey S. Passel, Gretchen Livingston and D'Vera Cohn, "Explaining Why Minority Births Now Outnumber White Births," Pew Research Center, May 17, 2012, https://www.pewsocialtrends.org/2012/05/17/explaining-why-minority-births-now-outnumber-white-births.

至 0.71 亿左右，人口比重将从 5.9% 增至 10.2%。造成这种人口变化趋势的，除了移民，就是不同宗教群体人口生育率的差异。皮尤研究中心估算，欧洲基督徒适龄女性的生育率是 1.6，而穆斯林适龄女性的生育率是 2.1，后者超出前者 30% 以上。[①] 显然，无论是美国还是欧洲，主导族裔与少数族裔或移民群体相比，其生育率都相对较低。这意味着移民带来的政治冲击相对就会比较大。

综上所述，在笔者提出的评估移民政治冲击的演绎模型中，所有参数在经验世界中都能找到对应的数据。尽管有些数据更为客观、更为可靠，有些数据则更为主观，甚至充满争议，但无论如何，基于这些经验数据，这一函数模型能够通过给参数赋值来评估移民给一个社会带来的政治冲击究竟有多大。因此，尽管这一函数模型是一个看似简单并基于纯粹逻辑推理的模型，但它其实为理解移民政治的影响提供了一种清晰有效的认知工具。

基于政治冲击评估的移民政策选择

如果上述函数模型符合西方发达国家移民政治的基本逻辑，那么我们就能据此来评估这些国家在移民问题上可能的政策选择。过去很长时间，西方发达国家关于移民政策的论战主要发生在两种

[①] "The Future of World Religions: Population Growth Projections, 2010-2050," Pew Research Center, April 2, 2015, https://www.pewresearch.org/religion/2015/04/02/religious-projections-2010-2050.

主张之间：一种主张是控制移民数量或限制移民来源地的政策，同时在国内对移民实行同化；另一种主张是更加自由开放的移民政策，同时在国内实行文化多元主义。最近半个世纪以来，西方发达国家总体上是从限制移民向自由开放移民政策转向，从同化或政治同化向文化多元主义转向。从政治哲学视角来看，这种转向同时也是从政治现实主义的政策取向转向政治理想主义的政策取向。

如今，强调同化的观点在一部分人看来甚至已经变得政治不正确了。因为只要认可同化的概念，就意味着承认移民接收国及其主导族裔或主导文化相对于移民群体的优越地位。如果接受不同族裔群体在政治上和文化上完全平等的身份，那么同化就是政治不正确了。但历史地看，无论是美国还是欧洲主要国家，20世纪中叶之前长期实行的都是一定程度的同化政策，而且取得了不错的成效。比如，前文已经介绍过，这样的做法对塑造统一的美利坚民族起到了至关重要的作用。法国甚至很早就设有专门的政府部门来负责推动移民的同化和融入。从今天的视角来看，这些早期做法更具有政治现实主义的政策取向。

笔者无意系统比较同化论与文化多元主义这两种政策主张，这里的目标是基于评估移民政治效应的函数模型，推测西方发达国家在移民政策上的可能选择。换言之，如果西方发达国家想要降低移民对于国内社会的政治冲击，那么它们有可能会做出哪些政策选择？根据上文提出的函数模型，即 $PI = F(IR \times DI/AR, BR_{min}/BR_{maj})$，西方发达国家想要减少移民对国内社会的政治冲击，那么它们可能会采取的政策选择（无论是执政党提出的实际政策，还是反对党提出的竞争性的政策主张）应该还是很清晰的。

西方发达国家可能采取的第一个办法就是降低移民率。这一函数模型显示，西方发达国家要想降低移民的政治冲击，首要的做法可能就是改变"过度"自由开放的移民政策，进而采取限制或控制移民规模与数量的做法。否则，移民将以较快的速度实现对主导族裔人口（至少是比例意义上）的置换。需要说明的是，这并非笔者的一种政治主张，而是笔者在对移民政治效应的函数模型分析的基础上所做出的一种判断。

这些国家可能采取的第二个办法是控制移民的来源地结构，即减少跟本国主导族裔异质性程度高的国家的移民，或鼓励跟本国主导族裔异质性程度低的国家的移民。假如一国已然准备每年接收10万移民，那么，异质性程度低的10万移民将降低对一国国内政治的冲击，而异质性程度高的10万移民带来的政治冲击就会比较大。

这些国家可能采取的第三个办法是恢复过去长期实行的同化政策。历史经验是，同化移民并使移民融入主流社会依然是重要的，也是移民政策能取得成功的关键。如果不实行同化政策或者无法同化移民，随着移民的大规模涌入，一国很快就会出现身份、认同与文化的碎片化。而只要人类社会仍然长期处于民族国家阶段，那么一国内部身份、认同与文化的高度碎片化就可能成为一种政治威胁。这一函数模型显示，成功的同化会大大减少移民对一国的政治冲击。而无论是简单地认为移民进入一个国家后一定会被同化，还是认为文化多元主义才是正确的选择，最后都难以降低移民对于一国国内政治的冲击。因此，西方发达国家很有可能会将有效的同化政策视为下一步移民政策选择的关键。

这些国家可能采取的第四个办法是提高主导族裔相对于少数族裔的出生率。这意味着，西方发达国家可能首先会采取设法提高主导族裔的生育意愿和出生率的政策。最近几十年，西方主要发达国家出生率下降已经成为一个基本趋势。影响发达国家人们生育意愿的因素有很多，主要可以总结为社会经济发展和现代化的推动，比如更高的人均收入水平与机会成本、更低的死亡率与更长的预期寿命、更高的教育水平、更高的女性就业率、更大程度的性别平等以及更有效的避孕措施等。[①] 西方国家已经认识到，只要一个群体的生育意愿持续低迷，只要其出生率低于维持人口再生产的水平，那么该群体的人口总量就会长期持续减少，而任何文明传统都是跟特定的人群有关的。在特定群体的数量减少以后，相应类型的文明也会衰落。与此同时，如果移民群体或少数族裔出生率较高，那么该国的人口结构就会发生快速置换。所以，西方发达国家未来有可能会把提高主导族裔的生育率作为一项关键的公共政策。更具体地说，政府的相应政策工具包括调整跟生育数量有关的社会福利与津贴政策、改变跟生育数量有关的税收减免政策、降低普通家庭的子女抚养成本等。但挑战在于，根据西方发达国家的基本制度和观念，政府恐怕很难实行针对特定主导族裔的公共政策。

其次，从上述函数模型来看，西方发达国家有可能把降低少

---

① 关于影响生育率因素的讨论，参见 S. Philip Morgan and Kellie J. Hagewen, "Fertility," in *Handbook of Population*, eds. Dudley L. Poston and Michael Micklin (New York: Kluwer Academic/Plenum Publishers, 2005), pp. 229-250。

数族裔的出生率作为降低移民政治冲击的一项政策选择。但问题是，从法律上讲，西方发达国家无法也不可能控制移民群体或少数族裔的出生率，他们唯一能够做的无非是调整某些鼓励移民或少数族裔群体高生育率的政策。举例来说，同一条福利政策，比如给多子女家庭提供多种福利和补贴，或许对收入较高的主导族裔家庭来说并不构成一种有效激励，但对刚移入本国、工作技能和收入较低的移民群体来说，这些福利可能客观上构成了一种鼓励生育的激励政策。①这些国家已经认识到，这样的政策从一个方面来看固然是非常人道主义的做法，但从另一个方面看，这使移民群体和少数族裔相对于主导族裔拥有更高的生育率，从而使该国的人口会发生较快置换。因此，如何提高主导族裔相对于移民群体或少数族裔的生育率，已经被列入一部分西方发达国家的议事日程。而这种政策调整，也是该函数模型可以推导出来的政策选项之一。

综上所述，根据笔者提出的基于函数模型的分析框架，西方发达国家要降低移民对于一国国内政治的冲击，可能会采取的政策选择主要包括限制移民数量、限制异质性程度高的移民群体、实行同化政策、提高主导族裔的人口生育率，以及调整

---

① 比如，美国移民研究中心（Center for Immigration Studies）的一项报告指出，大致有63%的非公民家庭（这一统计范围接近于美国的新移民群体）至少享受过一项社会福利的好处，而美国公民家庭的同一数据仅为35%。这意味着更多移民群体在享受着美国的社会福利与救助津贴等，而与此同时，移民群体与少数族裔家庭的生育率更高。参见 Steven A. Camarota and Karen Zeigler, "63% of Non-Citizen Households Access Welfare Programs," Center for Immigration Studies, November 20, 2018, https://cis.org/Report/63-NonCitizen-Households-Access-Welfare-Programs。

原先客观上激励移民群体或少数族裔高生育率的相关政策。放眼全球，从北美到欧洲的西方发达国家，那些把降低移民的政治冲击作为政治纲领的政治家或政党，在进行政策选择时，无非是上述政策中的一种或几种。至于具体的做法，不同的国家完全可能会采取不同的选择。但无论它们的具体做法如何，它们的政纲调整或政策调整大体上都没有超出这一函数模型的政治逻辑。换言之，当今西方发达国家右翼政党所倡导的移民政策调整，基本上都能从笔者评估移民政治冲击的函数模型中得出相关的结论。

因此，这一基于演绎方法的函数模型的特殊价值在于，我们无须去搜集大量的资料和国别信息，就能从结构上看清楚移民对西方发达国家带来的政治冲击，以及它们可能会采取哪些政策选项来有针对性地减少移民对于国内社会的政治冲击。由此可见，本章的主要价值不是分析具体的移民政策主张，而是为理解移民的政治冲击这一问题提供一个简约的分析框架。在现实世界中，包括本章开头提到的美国和欧洲保守派政治家与右翼政党提出的跟移民政策有关的各种新主张，其实并没有超出这一函数模型所提供的分析框架。因此，借助这一函数模型，我们既能恰当地评估今天的移民问题可能给西方发达国家国内社会带来的政治冲击，又能合理地判断这些国家可能会采取哪些有效的政策选择或应对策略。尽管每个国家的具体情境可能各不相同，各国的政策工具也五花八门，但它们的政策选择或多或少都有着该函数模型已经揭示了的相似的政治逻辑。

西方国家对移民政策的反思及其启示

本章的主要目标是用一个基于演绎方法的函数模型来分析移民对西方发达国家国内社会所带来的政治冲击以及这些国家可能采取的应对策略。总体上，20世纪下半叶以来，西方主要发达国家的移民政策都经历了重要的转向。这既是由于全球化这个大趋势的带动，又是由于西方发达国家本身在建立自由主义全球秩序方面的制度性努力。但问题是，这种移民政策的转向带来了某些始料未及的后果，而这种出乎意料的后果又跟西方国家在移民问题上的主流认知及其理论前提有关。总体上，西方发达国家在移民问题上的三大理论前提（个人主义方法论、西方文化同化论及政治秩序制度论）在理解移民的真实情境方面存在着一定的偏差。

笔者基于演绎方法提出了一个理解移民如何给一国社会带来政治冲击的分析框架。简而言之，影响移民政治效应的参数包括：移民率的高低，即移民占总人口的比重越大，政治冲击就越大；移民群体与主导族裔异质性程度的高低，即移民群体跟主导族裔在语言、宗教、文化上的距离或差异越大，移民带来的政治冲击就越大；移民被同化程度的高低，即移民群体被同化的程度越高，移民带来的政治冲击就越低；移民群体相对于主导族裔出生率的高低，即移民群体相对于主导族裔的出生率越高，移民带来的政治冲击就越大。

根据这一基于演绎方法的函数模型，笔者推导出西方发达国家在降低移民政治冲击方面采取的政策选择主要包括限制移民的数量与比重、控制异质性程度高的国家的移民、提高移民的同化程度、鼓励主导族裔提高生育率，以及调整鼓励移民群体高生育率的政策等。实际上，这一基于演绎方法的函数模型，优势并不在于对不同国家的各种具体政策进行评判，而在于推导出了西方发达国家可能用于降低移民政治冲击的政策选择及其关键的政治逻辑。至于具体政策方面，按照笔者的分析框架，只要一项移民政策遵循本章提出的函数模型的基本逻辑，就能产生较为显著的效果。进一步说，21世纪10年代以来西方发达国家保守主义政治家或者右翼政党提出的新的关于移民政策的政治纲领，或者关于调整移民政策的倡导性主张，并没有超出笔者的分析框架。

从更宏观的时空角度来看，西方发达国家关于移民政策的政治论战大概不会超出三个关键的战略选择。一是过去半个多世纪逐渐形成的文化多元主义模型。但时至今日，他们已经认识到，文化多元主义已经给西方社会带来了一定的问题和挑战。[①] 正是出于这个原因，以2016年英国"脱欧"公投和特朗普当选美国总统为标志，西方主要发达国家在某种程度上开始放弃理想主义路线，而开启了向温和现实主义的转向。温和现实主义的政策，一方面在国内要维持自由民主政体的基本做法，尊重移民群体的

---

① 关于对文化多元主义或多元文化主义的批评，参见 Lawrence E. Harrison, *Jews, Confucians, and Protestants: Cultural Capital and the End of Multiculturalism* (Lanham: Rowman & Littlefield Publishers, 2012)。克里斯汀娜·乔普克认为，文化多元主义与多元文化主义已经在西方国家遭遇问题，参见 Christian Joppke, "The Retreat of Multiculturalism in the Liberal State: Theory and Policy," *British Journal of Sociology*, Vol. 55, No. 2 (2004)。

基本权利；另一方面在移民与人口政策上又要采取更现实主义、更保守主义和更民族主义的做法，其主要目标就是降低移民可能给国内社会带来的政治冲击。[①] 至于具体政策，实际上这些国家的做法是各不相同的，但很多政策调整的基本指向都是降低移民对国内社会的政治冲击。

但实际上，在如今的西方主要发达国家，移民政策上向温和现实主义的转向并不能得到大多数人的欢迎。因为从既有的文化多元主义的政治正确立场出发，这种温和现实主义的政策选择甚至在政治上还是不够正确的。但也有人认为，对如今的西方发达国家来说，如果政治家或执政党派一味坚持文化多元主义的做法，那么最后可能连温和现实主义的政策都会被排除掉。其逻辑在于，如果过度开放移民，使文化多元主义模式不受控制，且同时又带来更为严重的政治社会后果，那么这些国家的国内右翼甚至是极右翼政治力量就会出现大的反弹。这样，甚至就不能排除这些国家在整体上走向极端排外主义的可能性。进一步说，即便这些国家从现在开始在移民问题上采取温和现实主义的政策，但如果温和现实主义政策仍然不能解决西方国家在移民问题和族群宗教问题上面临的挑战，那么这些国家仍然有可能会走向极端排外主义，参见图3-2。

跟这一理论推断相对应的社会现实是，在今天的西方发达国家，当白人主导族裔由于人口结构的重大变化和宗教族群多元主义的兴起而产生严重的被威胁感知时，部分白人主导

[①] 欧洲几位保守派知识分子于2017年10月发表的《巴黎声明》，在我看来，代表了西方发达国家思想界的某种温和现实主义立场。

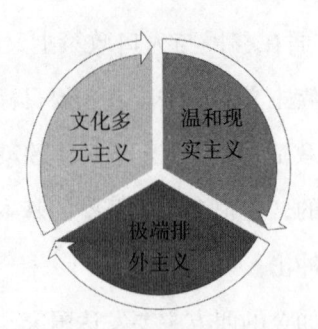

图 3-2　西方国家在移民问题上的三种战略选择及其互相关系

族裔的社会成员就有可能走向白人至上主义和极端排外主义。①如果这种政治主张取得更大的影响力,那么西方发达国家就会出现比今天的右翼政党更右翼的政治力量。甚至在未来的某个时候,新兴的极右翼政党还有可能成为某些西方发达国家的重要政党甚至是议会多数党。如果这样,那么这些国家的政治生态将会发生彻底的改变。实际上,在20世纪的欧洲政治史上,类似这样的故事并不是没有上演过。

但问题在于,今天西方发达国家主流政治阵营内仍然主张文化多元主义的政治家与思想家可能并没有意识到移民政治的潮流发生重大逆转的风险。文化多元主义者往往更多地基于单纯的价值理念来倡导或评估一项重要的政策。然而,在对一项重大政策进行评估时,其实单纯的价值理念往往是不够的。在对一项移民政策做政治判断时,至少应该是某种程度上的现实主义者,不仅要适当地考虑价值理念,而且要兼顾约束条件和政治后果。西方国家的温和现实主义者主张的是,只有在充分考虑一种政策的政

---

① Ghassan Hage, *White Nation: Fantasies of White Supremacy in a Multicultural Society* (New York: Routledge, 1998).

治后果，并在恰当评估约束条件的情况下，对某种价值理念的坚持和追求才有可能会带来好的结果，而非某种难以预料的政治局面。实际上，在温和现实主义者看来，只有在平衡了价值理念、约束条件与政治后果之后，一个国家才能在移民问题上做出较为审慎的战略选择，而唯有降低移民对于国内社会的政治冲击，才能在今日格局之下既避免文化多元主义带来每况愈下的后果，又防止可能出现的极端排外主义局面。

回顾思想史，今日的温和现实主义者或许可以在德国社会学家马克斯·韦伯的作品中找到共鸣。在韦伯看来，在考虑一项重大的政策选择时，如果只是基于价值理念，那顶多算是兼顾到信念伦理，但对政治家或政策制定者来说，仅仅考虑信念伦理是不够的，他们还必须考虑到责任伦理。简单地说，信念伦理是指你认为是对的事情就应该去做，至于后果如何则是另一回事；责任伦理是指你必须考虑你做出一个决定所带来的后果，而只有对这个可能的后果进行评估，并且认识到决策者实际上要对这个后果担负起责任之后，再做出这样或那样的决定。韦伯认为，政治家应该更多地考虑到责任伦理，并据此原则采取行动，才不会带来太离谱的后果。韦伯曾经这样说："能够深深打动人心的，是一个成熟的人（无论年龄大小），他意识到了对自己行为后果的责任，真正发自内心地感受着这种责任。然后他遵照责任伦理采取行动，在做到一定的时候，他说：'这就是我的立场，我只能如此。'"[①] 据我的观察，如今西方社会的温和现实主义者很多都持

---

① 马克斯·韦伯：《学术与政治》，冯克利译，北京：生活·读书·新知三联书店，1998，第116页。

有韦伯式的政治理念。

总之,对今日西方发达国家来说,移民问题和移民政策是一项艰难的选择。移民给西方国家带来的政治难题和挑战不仅是现实存在的,而且是无法回避的。在西方社会内部,有人觉得,他们必须采取某种积极的行动,才能避免局面变得更加糟糕。那么,为什么他们必须采取某种行动,以及他们又会采取何种行动呢?笔者提供的基于演绎方法的分析框架,恰恰可以为我们理解这个问题提供一种简约而有效的理论视角。

第四章

政治危机何以形成？基于自由政体学说的理论

　　政治僵局（political deadlock）在自由主义政治理论中几乎被忽视，这一现象是出人意料的。尽管政治僵局并不常见，但它一旦出现便构成了考验现有政体和政治运作的关键时刻。如何处置政治僵局和由此引发的政治危机，以及能否为此提供解决方案，将在很大程度上决定下一个政治均衡点。所以，自由主义作为一种意识形态和政体学说，倘若不能在理论上为处置政治僵局与政治危机提供一个有效的理论框架，无疑是一种缺憾。笔者认为，缺少一种关于政治僵局与政治危机的理论构成了自由政体学说的软肋。[1]当政治僵局与政治危机到来时，如果自由主义政治理论无法提供一种有效的诠释框架和解决方案，就不得不把政治僵局与政治危机的理论处置权拱手让给秉承其他理论的思想家——比

---

[1] 加拿大政治学学者诺米·克莱尔·拉扎尔同样认为当代自由理论缺少对紧急状态与政治危机议题的关注。她这样说："孕育于安全与稳定之中的当代自由理论，由于缺少即刻需要应付的危机，几乎一直对这一主题保持沉默。"参见 Nomi Claire Lazar, *State of Emergency in Liberal Democracies* (Cambridge: Cambridge University Press, 2009), p. 1。

如像卡尔·施米特这样的通常被视为反自由主义的公法学家。①

美国历史学家、政治学家克林顿·罗西特假设，曾经领导美国内战的亚伯拉罕·林肯如果身处二战时期，他很可能会问："一个民主国家是否能够打赢一场总体战争（total war），并且在战争之后仍然是一个民主国家？"②类似地，我们则可以这样追问："一个自由民主政体能否克服一次政治僵局或一场政治危机，并且在解决政治僵局或政治危机之后仍然是一个自由民主政体？"本章的目标是试图在自由政体学说的理论框架内为解释、防范和克服政治僵局与政治危机提供一种可能的理论。③

---

① 笔者认为，自由主义政治理论必须有力地响应卡尔·施米特对自由主义提出的批评。卡尔·施米特被视为20世纪最重要的宪法学家与政治思想家之一，通常也被视为20世纪自由主义的主要批评者，他著述颇丰，其大量著作如今已被译成中文，代表作参见卡尔·施米特：《政治的概念》，刘宗坤等译，上海：上海人民出版社，2004；卡尔·施米特：《宪法学说》，刘峰译，上海：上海人民出版社，2016；卡尔·施密特（即施米特）：《宪法的守护者》，李君韬、苏慧婕译，北京：商务印书馆，2008。但是，有学者认为，卡尔·施米特固然重视强有力的国家，但他既不是极权主义的倡导者，也不是自由经济的反对者，甚至认为卡尔·施米特持"威权自由主义"（Authoritarian Liberalism）立场，参见 Renato Cristi, *Carl Schmitt and Authoritarian Liberalism* (Cardiff: University of Wales Press), 1998.

② 克林顿·罗斯托（即罗西特）：《宪法专政——现代民主国家中的危机政府》，孟涛译，北京：华夏出版社，2015，第8页。这部作品专门研究了自由民主政体下的紧急状态危机。该书的英文主书名"Constitutional Dictatorship"宜译为"合宪的独裁"，作者名Clinton Rossiter宜译为克林顿·罗西特。

③ 任何政体类型可能都会面临政治僵局与政治危机，但不同政体对此的处置办法是不同的。同时，面对政治僵局与政治危机，不同政体的优势与弱点也是不同的。威权政体的特点是，威权统治集团的控制能力或镇压能力高低是其处置政治危机的核心。当威权政体的镇压能力下降时，它就随时有可能崩塌。但是，对一个自由政体来说，它有时尽管也需要借助单纯的武力来镇压叛乱，但它处置一般政治分歧和政治冲突的基本方式通常是不同的，它更多的时候需要遵循自由政体的基本政治规则。因而，在解释、防范和克服政治僵局与政治危机方面，自由政体需要一套适合自身政体特点的政治理论。

政治危机理论的缺失

自启蒙运动以来，自由主义逐渐成为西方社会的主流理论。[①]笔者从两个视角来理解自由主义：一是把自由主义作为一种意识形态主张，二是把自由主义作为一种政体学说——这里的自由政体等同于一般意义上的自由民主政体。意识形态意义上的自由主义，强调的是自由主义的价值理念与政治原则，并主张在制度和政策上落实这些理念与原则；政体学说意义上的自由主义，主张按照特定的政治原则来构建一种政体，其目标是实践自由主义的价值理念。综合来看，作为一种政治理论，自由主义认为，一个社会或政治共同体是由自利且理性的个人构成的，国家的目的在于保障公民个体的自由与权利，统治应该基于被治者的同意，个人通过政治参与、经由自由协商与多数决定规则来确定如何行使政治权力以及如何制定公共政策，以实现基于个人权利与利益的共同体福祉。扼要地说，自由主义作为一种政体学说包含了如下主要元素。

第一，作为起点的个人主义。自由主义以个人为本位而非以群体为本位，认为个人的自由与权利具有优先性，群体的主要价值也在于捍卫个人自由及改善个人的福利状况。同时，自由主义把个人视为自利而理性的行为者，个人也是其自身利益的最好判断者，国家或群体无权亦不应随意干涉个人的行为与选择。在集

[①] 西方世界的另外两种主流意识形态民主社会主义和保守主义尽管都批评自由主义，但它们某种程度上都接受自由主义的某些基本理念与原则，比如一般意义上的个人自由、公民权利、法治与市场等。

体主义者看来,个人主义当然具有某种负面色彩,但哈耶克认为,只有依据个人主义原则构建的社会才是合理的。他这样说:"真个人主义首先是一种社会理论（a theory of society）,亦即一种旨在理解各种决定着人类社会生活的力量的努力；其次,它才是一套从这种社会观念中衍生出来的政治准则。"[1]

第二,消极国家观。自由政体学说认为,人类组成政治社会或创立国家的目的是保障每个公民的生命权、自由权和财产权。[2]因而,国家的主要角色是保护者。为了实现这一目标,一方面国家要有能力提供必要的法律与秩序,另一方面政治权力本身要受制约。一般认为,自由政体下的国家观乃是一种消极意义上的国家观,国家的目标主要仅限于提供必要的保护。从历史发展的次序上看,欧洲民族国家的兴起要先于启蒙运动,所以,后来以启蒙运动为标志的知识界潮流更多地强调通过限制国家范围、约束国家权力来保障公民的自由与权利。这样,宪政、法治、民主与分权制衡就成为实现这一政治目标的主要原则。[3]

第三,多元主义国家理论。自由政体学说将国家视为一个"中立国家",国家是一个各种多元利益主体进行政治竞争与互相博弈的舞台。政治权力的获取与公共政策的制定,正是在这样一

---

[1] 哈耶克:《个人主义与经济秩序》,邓正来译,北京:生活·读书·新知三联书店,2003,第11页。
[2] 这一观点可以追溯至英国近代哲学家洛克,参见洛克:《政府论（下篇）》,叶启芳、瞿菊农译,北京:商务印书馆,1964。
[3] 关于这方面政治理论传统的论述,参见斯科特·戈登:《控制国家:从古代雅典到今天的宪政史》,应奇、陈丽微、孟军、李勇译,南京:江苏人民出版社,2005。

个多元竞争的政治过程中完成的。国家既然是中立的,它本身并没有任何偏向性。与其他国家理论相比,自由政体学说既不会主张国家是阶级统治的工具,又不会赞同国家是政治精英基于抽象国家利益实现某种政治意志的工具,也不会认为国家本身是一个自利的政治行为者。[①] 既然国家是多元利益竞争的中立舞台,一个随之而来的推论是国家之内没有敌人,而只有利益与观念各不相同的个人与利益集团。这些个人与利益集团尽管存有利益与观念上的分殊且彼此竞争,但他们之间并非政治上的敌我关系。

第四,自由协商与多数决定作为主要的政治决策规则。自由政体学说既主张"统治应该基于被治者的同意",又承认每个人具有不同的利益与观念乃是很自然的事情,那么这种条件下他们应该如何决定公共事务呢?通常,自由协商与多数决定被视为主要的政治决策规则,以此来决定一个政治共同体如何决定政治权力的获取和公共政策的制定。政治权力的获取是政治生活的核心问题,涉及一个政治共同体最高统治权的归属问题,而公共政策的制定也是政治生活的重要问题,涉及一个政治共同体的施政纲领问题。与威权政体更多地强调自上而下的政治决策规则不同,自由政体把自由协商和多数决定作为主要的政治决策规则。这意味着,最高统治权归属与公共政策制定等基本问题,在很大程度上取决于自由协商与多数决定的机制能否有效运转。从这个意义上说,自由协商与多数决定是自由政体的基本政治规则。当然,这里的另一个理论与制度预设是,自由政体下的多数决定不应该

[①] 关于不同流派国家理论的简要综述,参见包刚升:《政治学通识》,北京:北京大学出版社,2015,第 118—120 页。

侵犯少数人的自由与权利。

第五，自由而繁荣的政治愿景。基于上述要素，自由政体学说预期一个政治共同体能够成为"自由而繁荣的国度"：公民享有充分的自由，政治统治基于法治原则，统治权与公共政策取决于自由协商与多数决定的政治规则，少数人的权利得到充分保护，最终这一政治共同体能够实现自由与繁荣。这也是自由政体学说设想的国家治理的理想状态。

正如经济学家设想的完全市场（perfect market）模型——那里拥有完全信息和零交易成本，并最终能实现资源分配效率上的帕累托最优，自由政体学说设想的是一个理想的政治市场模型——这是一个几乎没有政治摩擦力的世界，没有政治上的敌我关系，没有人与人之间不可解决的政治冲突，政治家和普通公民均能遵守游戏规则，所有人乐意通过自由协商与多数决定来做出政治决定并使这些决定得到执行。这几乎是一个政治上的完全市场模型。但是，经验告诉我们，政治市场并非一个零交易成本的世界。① 由此，自由政体学说设想中的理想化的政治世界未必能够实现和谐的运转，并最终实现自由与繁荣的政治愿景。

特别是，在自由政体学说下，自由协商与多数决定是解决政治权力获取与公共政策制定的核心政治机制。这一政治机制能否解决一个共同体政治权力的有效获取或最高统治权的归属问题呢？如果自由协商与多数决定不能解决这一问题，该政治共同体就有可能陷入政治僵局。政治僵局，往往意味着一个政治共同体

---

① 道格拉斯·C.诺思等：《交易费用政治学》，刘亚军编译，北京：中国人民大学出版社，2011。

的政治权力或最高统治权处于某种程度的瘫痪状态。此时，如果该国同时还面临国际和国内社会的其他重大挑战，比如国际上的外交争端甚至是战争威胁、国内社会的严重经济危机或政治叛乱，这一政治共同体就有可能陷入一场整体性的政治危机，此时往往也是这一自由政体生死存亡的关头。

对一个自由政体而言，政治僵局以及由此导致的政体危机尽管并不常见，却是非常重要的政治时刻。首先，从经验上看，政治僵局与政治危机是自由政体不得不面对的严重政治问题，一旦出现就必须去处置。政治危机是一个自由政体日常政治之外的"非常政治"，但这种非常政治常常是一个政治共同体政治生活的一部分。其次，政治僵局与政治危机一旦出现，自由政体能否提供有效的解决方案，往往影响着现有政体的稳定性和存续性。如果现有的自由政体不能为正在面临的政治僵局与政治危机提供有效的解决方案，人们就有可能在现有政体之外寻求替代性的解决方案。这样，自由政体在此种危急时刻就有被人们抛弃的风险。所以，能否恰当地处置政治僵局与政治危机，也考验着自由政体是否拥有维系自身存续的政治手段。最后，政治僵局与政治危机的解决方案，往往还为下一个政治均衡点提供新的起点。按照"关键节点"（critical juncture）的分析视角，很多国家的政治演进都遵循"长期均衡—短期波动—长期均衡"的模式。在一个自由政体下，长期均衡的被打破和短期波动的到来，往往是政治僵局与政治危机引发的。这一政治僵局与政治危机被解决以后，该国政治又将进入一个新的长期均衡过程。因此，政治僵局与政治危机是一个政治共同体所面临的关键节点，往往是塑造着下一个长期政治均衡的重大关头。①

尽管政治僵局与政治危机非常重要，但现有的自由政体学说缺少一个与此有关的理论，这容易导致理论上的无力和实践上的困境。从逻辑上说，政治僵局与政治危机的出现，并不符合自由政体学说的理论预设——自利且理性的个人经由自由协商与多数决定的政治规则能够达成理想的政治均衡。但政治僵局与政治危机的出现，本身就说明自由政体学说的理论预设过于理想化。实际上，自由政体学说所设想的理想化的完全政治市场模型，在真实的政治世界中并不存在。笔者认为，缺少一种关于政治僵局与政治危机的理论构成了自由主义政治学说的软肋。既然政治僵局与政治危机时有发生，若不能提供一整套与此有关的理论，自由主义就无法成为一个完整的政体学说。

国家的三种类型与角色：霍布斯、洛克与凯恩斯

在政治实践中，任何一种能够存续的政体都要满足两个基本条件：一是能够在最低限度上运转起来，二是能够实现最低限度的统治或治理。这种最低限度的统治或治理，包括提供基本的政治权威，提供基本的安全、秩序与法律，以及提供某些必需的公共品。自由政体下的国家也必须满足这两个基本条件。唯有如此，

---

① 一部比较历史分析方法著作专门讨论了关键节点的分析视角，参见 James Mahoney and Kathleen Thelen (eds.), *Advances in Comparative-Historical Analysis* (Cambridge: Cambridge University Press, 2015), pp. 147-175.

这种政体下的国家才能履行国家的基本功能以及维系这种政体本身。

如果考虑到实际的情境，从现代国家的基本功能出发，一个自由政体下国家往往被期待扮演三种类型的政治角色：第一，霍布斯国家。这是托马斯·霍布斯意义上的利维坦。[①] 国家的功能是提供政治权威以控制冲突，提供必要的法律与秩序以防止"人与人的战争状态"。从这个意义上说，国家获得某种最低限度的权威与强制力是必需的。没有这种最低限度的权威与强制力，国家将无法控制重大的冲突，或无法提供基本的安全与秩序。

第二，洛克国家。这是约翰·洛克意义上的国家。[②] 国家的功能是提供保护，或用洛克的话来说是保障政治社会每一成员的"生命权、自由权与财产权"。为了实现这种保护，政治权力本身需要受到制约，需要遵循某种程度上的宪法规则、法治与分权的原则。对洛克意义上的国家来说，法律往往扮演着更为重要的角色，它不仅是约束公民个体的基本规则，而且是约束政治权力与政府行为的基本规则。

第三，凯恩斯国家。这是约翰·梅纳德·凯恩斯意义上的国家。[③] 这种类型的国家被期待实现更为宽泛的政治经济目标，包括促进经济增长、维持经济稳定与实现充分就业等。从广义上说，我们可以把不同类型的干预型国家、发展型国家、福利国家等都

---

① 霍布斯：《利维坦》，黎思复、黎廷弼译，北京：商务印书馆，1985。
② 洛克：《政府论（下篇）》，叶启芳、瞿菊农译，北京：商务印书馆，1964。
③ 约翰·梅纳德·凯恩斯：《就业、利息和货币通论》（重译本），高鸿业译，北京：商务印书馆，1999。

视为凯恩斯国家的某种类似物或变形，即国家需要通过更多政府干预来实现更加多样化的政治经济目标。

霍布斯国家是任何国家都需要扮演的角色，否则这个社会就会陷入某种程度的内战状态。洛克国家则是自由政体下的国家必须扮演的角色，为公民自由与权利提供确定的保障是自由国家的独特特征。此外，考虑到20世纪以降，发达工业社会的日益复杂化对国家功能的新要求，以及广大发展中国家在全球体系中主动寻求某种"有规划的发展"的新期待，现代国家还被普遍赋予了某种干预者的角色——自由政体下的国家实际上也不例外。这一观点尽管遭到自由至上论者与古典自由主义者的批评，但广义的凯恩斯国家已经成为20世纪下半叶以来多数社会对国家角色的普遍预期。

从政治僵局到政体危机的逻辑

对一个自由政体来说，无论国家需要扮演何种政治角色，首先要解决政治权力分配或最高统治权的问题，而自由协商与多数决定的政治规则又是决定自由政体下政治权力获取的主要机制，那么，自由协商与多数决定能否解决一个政治共同体政治权力分配或最高统治权的问题呢？过去，经典的自由政体学说很少从理论层面考虑这个问题，但从经验来看，自由协商和多数决定的政治规则完全有可能导致政治僵局。这样，它就无法有效解决政治权力分配或最高统治权的问题。根据各国的政治经验，在自由政体下，由此导致的政治僵局主要有三种不同的情形。

自由政体的第一种政治僵局是政治共同体的解体，这是指部分地区或社会集团提出明确的分离主义要求，并使国家领土在事实上处于分裂状态。在此种情形下，即便原先的自由政体尚能运转，此时的最高统治权也只能在部分地区发生效力，而在分离主义的地区已经不被承认了。按照霍布斯的见解，这样的政治共同体实际上已经处在某种程度的内战状态。既然政治共同体面临解体的威胁，原先国家意义上的最高统治权已同样面临瓦解的风险。如果说受到政治共同体解体威胁的威权政体会毫不犹豫地考虑采用武力解决，那么自由政体在处置这类问题时往往会遇到更大的难题。因为分离主义地区的政治主张反映的要么是该地区民选政府的主张，要么是该地区一定比例选民的政治要求。尽管这种政治要求或政治行动可能是违宪的，但它拥有地区性的民意支持。如果说自由协商与多数决定是自由政体下处置政治分歧与政治冲突的主要规则，那么这一机制在处理分离主义问题上是很无力的。从历史经验看，面对分离主义运动的挑战，如果不采用武力解决或以武力作为主要的政治威慑手段，那么原先的政治共同体通常是难以维系的。

赫伯特·基切尔特认为，自由民主政体下的政治分歧（political cleavages）主要围绕三个问题而产生："参与者是谁？集体选择的规则是什么？参与者应当如何被赋予资源？"其中，第一个问题就关系到公民权的问题，即谁是一个确定的政治共同体的一员。基切尔特认为："族群、种族和地区共同身份上的政治分歧……主要关注公民权问题上的不同看法。"① 这意味着，在一个自由民主政体内部，不同地区、族群、宗教集团完全有可能在政治认同上存在严重的分歧。这种政治分歧加剧的可能后果，就是地区分离主义的政治要求。在《民主转型与巩固的问题》一书中，胡安·林茨及其合著者认为，民主政体或民主方式有时很难解决共同体成员的身份问题。② 这一观点也在某种程度上回应了罗伯特·达尔在20世纪70年代早期的主张，即竞争性政体在亚文化多元主义分裂程度高的社会中更难维系，分离主义就是一种可能的政治结果。③

  这里讨论的逻辑跟笔者的观点比较一致，即仅仅依靠自由政体下政治决策的主要机制——自由协商与多数决定的规则，可能难以有效解决政治共同体解体的危机。一旦面临共同体解体的危机，绝大多数情况下，要么以共同体解体作为结局，要么只能诉诸其他政治手段（特别是武力手段）来解决危机。但无论是共同体危机解体，还是动用武力手段，都有可能给原先国家的自由政体带来致命的打击。一般来说，共同体的最终解体，除了捷克斯洛伐克这样的少数例外，都意味着严重的政治冲突，甚至是武力冲突，而用武力手段解决共同体的解体危机，也突破了自由政体解决政治分歧和冲突的惯常方式。总体上，这两种情形导致的结

---

① Herbert Kitschelt, "The Formation of Party System in East Central Europe," *Politics & Society*, Vol. 20, No. 1 (March 1992), pp. 7-50.

② 胡安·J. 林茨、阿尔弗莱德·斯泰潘：《民主转型与巩固的问题：南欧、南美和后共产主义欧洲》，孙龙等译，浙江人民出版社，2008，第16—39页。

③ 罗伯特·达尔：《多头政体：参与和反对》，谭君久、刘惠荣译，北京：商务印书馆，2003，第118—137页。

果都有着重大的不确定性。

19—20世纪,有不少自由政体都经历了政治共同体解体的危机。一个重要的案例是19世纪60年代的美国。美国历史上存在着南方的蓄奴州和北方的自由州,但围绕领土西扩后是否允许新增州蓄奴的问题,两者之间的政治分歧日益加大。最后,1861年,南部蓄奴州宣布脱离美利坚合众国,成立独立的南部联盟。这样,美国就陷入了一场国家分裂的危机,而这一危机完全无法通过自由协商与多数决定的政治机制来解决。另一个案例是20世纪30年代的西班牙。1936年,西班牙出现军事政变以后,反叛的军队同时还获得了不少政治力量的支持,并控制了西班牙的部分地区,最后演变为以共和政府为一方、以反叛军队与政治集团为另一方的西班牙内战。由此看来,当时西班牙国内政治中的严重分歧和地区分裂,难以通过自由协商与多数决定的方式来解决,直至演变为一场需要通过武力来解决的全国性政治危机。与美国原先自由政体下的联邦政府最终赢得内战并维系了原有政权的自由政体框架不同,西班牙内战的结果是军方领导的反叛力量战胜了共和政体下西班牙人民阵线成立的联合政府,并终结了原先的自由民主政体。

自由政体的第二种政治僵局是无法有效解决最高统治权的问题,或者说自由协商与多数决定的政治规则无法就最高政治权力的获取与分配达成决议。在总统制下,这通常是指无法在既有规则下产生合宜的总统人选;在议会制下,这通常是指无法在既有规则下产生拥有议会多数支持的内阁,也就是所谓悬浮议会的情形。自由政体下的主权固然属于人民,但主权或最高统治权总是需要一个载体来代表，并实际行使相应的政治权力——它可以是一个机构，比如立法机关、行政机关或内阁，也可以是一个人，比如总统或首相、总理。但是，如果自由协商与多数决定在既有规则下无法产生实权总统、总理或内阁，这一政体就会面临政治僵局或最高统治权的危机。此外，如果现有总统、内阁遭到议会弹劾或不信任投票，或者遭到政治抗争运动的驱逐，而新总统或内阁又无法产生，这种情形下也会出现政治僵局。在这些情况下，自由政体都会面临政治僵局。

中国古人的观念是："国不可一日无君。"这里的君，当然是君主，是皇帝。但是，转换到现代政治的语境下，这里的君可以是指现代政治意义上的主权代表者或统治者。按照托马斯·霍布斯的理论模型，如果一个社会没有解决统治或统治者的问题，那这个社会就处于某种程度的内战状态。在现代政治生活中，尽管较少国家会真正处于内战状态，但最高统治权悬空的情形下，至少这种政治上的"内战逻辑"是可能存在的。当然，对现代国家而言，即便政治系统处于悬空状态，勤勉施政的官僚系统往往也在为社会提供统治的有效性与稳定性。由此看来，政治与行政的两分是现代国家的一项重要政治制度安排。即便如此，倘若最高统治权的悬空问题长期得不到解决，这样的社会就可能处在巨大的政治风险之中——尤其是面临国内外严峻的政治挑战时。

比利时是发达的工业化民主国家，但目前其自由民主政体的运转状况不能令人满意。一个关键问题是，该国的议会政党数量过多，缺少具有主导性的主要政党。这样，在议会制条件下，就容易导致组阁出现重大困难。2010—2011年，比利时最长有541天时间无法组建内阁。换句话说，比利时有541天时间没有中央统治机构。这种情况之所以没有导致更严重的政治危机，是因为该国经济相对发达、社会相对和谐，也没有面临国内外的重大政治经济挑战。若非如此，比利时恐怕早已酿成严重的政治危机。比利时的案例揭示，自由协商与多数决定的政治规则并没有保证该国能够拥有一个有效的政治领导机构。这是政治僵局的一种典型情形。乌克兰在21世纪10年代早期所经历的政治危机则是另一个案例，该国前总统维克多·亚努科维奇在2013年年末至2014年年初的国内政治危机中遭到驱逐。他被迫出走之后，该国尽管产生了代理总统的人选，但实际上该国的最高统治权处于悬浮状态，没有人拥有足够的程序上或实质上的政治权威来代表乌克兰国家。这样，当该国克里米亚地区宣布独立时，该国中央政府竟然无力采取有效的政治行动来应对这一领土分裂的危机。乌克兰的案例也揭示，该国在自由协商与多数决定的政治规则下所产生的政治权威已经失效，无力处置领土分裂的政治挑战。

自由政体的第三种政治僵局是尽管存在名义的最高统治权，但最高统治权事实上形同虚设，无力践行统治国家的职责。这里的常见情形是，与最高统治权有关的高层权力陷于互相冲突和对抗的状态，比如最高的立法权与最高的行政权处于严重的对抗状态。这将是一个无力采取有效政治行动的最高统治权，名不副实。从经验上看，这种局面的造成往往还跟该国的政党体制有关——要么是碎片化的政党体制，即缺乏有效的主导政党或政党联盟；要么是主要政党之间处于敌对状态，只有政治对抗而没有政治合作。这样，最高统治权就可能形同虚设了。任何自由政体都强调某种程度的分权制衡体制，但分权制衡可能的负面效应是导致不同政治权力之间互相拆台，最终致使最高统治权陷入瘫痪境地。

早在19世纪晚期，英国宪法学家沃尔特·白芝浩就讨论过这一问题。他认为，当自由政体下的政治制度安排存在严重缺陷时，政治系统有可能因为内部的互相冲突而陷于瘫痪。特别是，他比较关注总统制条件下行政权与立法权之间的冲突。他说："开化时代的实质是，行政部门需要立法部门给予不断的立法协助。……如果那些不得不履行这些职责的人同时不是不得不进行立法的人，那么两班人马之间必定会发生争吵。……行政机构因得不到它所需要的立法而瘫痪，而立法机构则无须对自己的行为担负责任而在道义上被败坏；行政机构由于不能执行它已决定的事项而变得名不副实，立法机构则因自行其是、做出让他人（而不是它自身）承担责任的决定而变得缺乏道义感。"[1]在他看来，行政部门与立法部门的互相冲突有可能使政治系统陷入瘫痪状态。此外，这种政治瘫痪不仅会让行政部门缺少政治能力，而且还会使立法部门丧失道德力量。

白芝浩还认为，当行政权与立法权分开设置、互不统属的时候，立法部门的成员天然地倾向于成为反对派。他说："总统会受制于国会。每一个立法机构的成员的自然倾向是表明他们的立场。他们希望那些值得称赞或者值得谴责的愿望得到满足，希望提出一些他们认为最有利于巩固福利的措施，希望在重大事

---

[1] 沃尔特·白芝浩：《英国宪法》，夏彦才译，北京：商务印书馆，2005，第66—67页。

件中人们都能感受到他们的意志。所有这些混合的动机使他们对行政机构持反对态度。如果他们给予支持的话，他们具体表达的就是他人的目的；如果他们进行攻击的话，他们就是在提出自己的意愿。击败对手，他们就是老大；支持对手，他们就成了从属物。"[1] 不得不说，白芝浩的政治观察是非常敏锐的，而他指出的问题恰恰是自由政体下才会出现的政治状况。由于这种制度安排对反对力量的激励，立法权与行政权更有可能互相对抗，从而陷入僵局。就此而言，白芝浩比林茨提前100多年论述了总统制条件下行政机关与立法机关的政治冲突有可能带来的危害。当然，林茨之后，当代比较政治学又就此问题展开了一场历时漫长的学术论战，甚至至今并未完全平息。[2]

举例来说，德国魏玛共和国的末期就出现了行政权与立法权严重对抗的情形。当时，德国的政府形式是半总统制。这种体制下，总统提名总理人选，但是总理和内阁需要得到魏玛议会的多数支持。而当时的魏玛议会政党林立，没有一个主要政党或政党联盟能够赢得议会的多数支持。这样，魏玛共和国的最后几年就不得不依靠总统任命的内阁进行统治，但内阁在议会只能得到很低的支持率，希特勒上台之前的最后三届内阁在议会支持率甚至不到10%。在这种情形下，行政权与立法权处于严重的割裂状

---

[1] 沃尔特·白芝浩：《英国宪法》，夏彦才译，北京：商务印书馆，2005，第72页。

[2] Juan Linz, "Perils of Presidentialism," *Journal of Democracy*, Vol. 1, No. 1 (Winter 1990), pp. 51-69; Robert Elgie, "From Linz to Tsebelis: Three Waves of Presidential/Parliamentary Studies?" *Democratization*, Vol. 12, No. 1(Feb. 2005), pp. 106-122. 中文学界的讨论，参见包刚升：《民主的逻辑》，北京：社会科学文献出版社，2018，第207—214页。

态，行政权不仅毫无政治能力，而且慢慢就丧失了合法性。最终，魏玛共和体制走向了严重的政治僵局与全面的政治危机。20世纪70年代的智利也遭遇了类似问题。1970年，总统阿连德以36.2%的选票当选为智利总统，随后这位雄心勃勃的总统试图对智利实行"社会主义革命"，但这一政治纲领遭到国会多数议员的强烈反对。这样，总统与国会的政治关系就陷入严重对抗和剧烈冲突的境地。在阿连德试图抛开与国会的政治合作，想要以单方面的总统命令方式来治理国家后，他的合法性也随之迅速丧失。1973年9月11日，军事政变随即发生，智利的自由政体最终被颠覆了。这场军事政变的前提是，智利总统制下行政权与立法权之间的严重分歧和剧烈冲突，使该国的高层政治已经陷入僵局。

综上所述，自由协商与多数决定的政治机制可能无法排除三种潜在的政治僵局：政治共同体解体的风险、名义的最高统治权僵局和实质的最高统治权僵局。实际上，能否以自由协商与多数决定规则来解决自由政体的最高统治权问题，始终存在着一定的不确定性。与威权政体相比，自由政体不仅允许而且鼓励政治上的多元力量、制衡力量与反对力量，自由政体甚至还存在着对反对力量的激励机制，自由政体的相当一部分制度安排鼓励的不是合作而是对抗。当制衡力量与反对力量过于强大时，自由政体能否有效解决最高统治权的问题就存在一定的风险。确实，在某些政治条件下，自由政体中更容易形成反对的多数，更不容易形成执政的多数，这就完全可能陷入无法有效解决最高统治权的政治僵局。

当一个自由政体面临这种最高统治权的政治僵局时，如果它没有同时遭遇来自国内外的其他重大挑战，那么通常不会导致大的政治问题。但是，如果这个国家同时还遭遇其他的政治挑战，该国有可能陷入整体性的政治危机。反过来说，如果一个自由政体没有面临政治僵局或最高统治权的危机，那么无论它面对国际政治还是国内社会的重大威胁时，它或多或少都有意愿和有能力去应对这些挑战。尽管这样的政体未必能很好地处置这种挑战，但无疑有着应付国内外重大挑战的强烈意愿，以及或高或低的政治能力。但如果一个自由政体在面对国内外重大挑战的同时，面临着政治僵局或最高统治权危机，那么这一政治体就容易陷入整体性的政治危机或全面性的政体危机（regime crisis）。

这里的国内外重大挑战有着不同的情形：一是国际层面的，二是国内层面的。国际层面主要是重大的外交争端（比如领土争端）、潜在的战争威胁甚至是战争。毫无疑问，战争构成了国际层面政治挑战的最高形式，特别是一场处在不利地位的战争。国内层面既有政治上的，又有经济上的。前者包括严重的群体冲突、政治革命的威胁、秩序失控的可能以及叛乱，其中武装叛乱大约是国内层面最严峻的政治挑战。后者包括经济大萧条、高通货膨胀率、大规模失业危机等，其中经济大萧条往往是国内经济困境的集中呈现。[1] 相应地，这种国内外的危机对一个自由政体的政治能力提出了更高的要求。倘若无力应付这些重大挑战，该政体很可能陷入一场整体性的政治危机。

---

[1] 克林顿·罗西特认为，民主政体或民主国家可能会面临三种主要的危机：战争、叛乱、经济萧条。参见克林顿·罗斯托（即罗西特），《宪法专政——现代民主国家中的危机政府》，孟涛译，北京：华夏出版社，2015，第 19—20 页。

总之，当自由协商与多数决定的机制不能奏效时，自由政体下的国家不能扮演其应该扮演的角色、不能履行其应该履行的职责，就可能会导致政治僵局。当一个自由政体面临上述的政治僵局或最高统治权危机时，它就会变得极其脆弱。倘若这个国家没有面临其他的国际政治危机或国内社会危机，这一政体或许还能苟延残喘、勉强度日。但是，倘若这个国家同时面临着其他国际或国内危机，这一政体的垮台几乎是难以避免的。综合上述分析，笔者已经解剖了一个自由政体从政治僵局走向政治危机的基本逻辑，如图 4-1 所示。

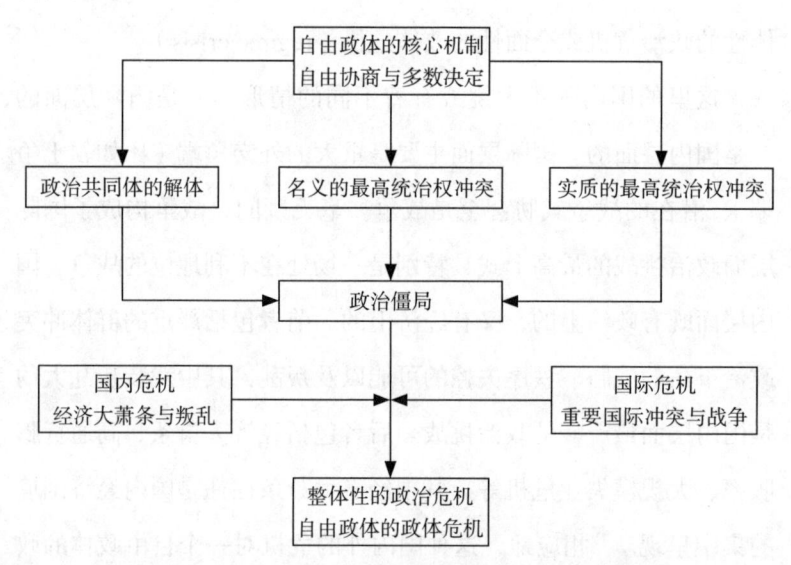

```
           ┌──── 自由政体的核心机制 ────┐
           │     自由协商与多数决定      │
           ▼            ▼              ▼
   政治共同体的解体  名义的最高统治权冲突  实质的最高统治权冲突
           └────────────┼──────────────┘
                        ▼
                     政治僵局
           ┌────────────┼──────────────┐
       国内危机                      国际危机
    经济大萧条与叛乱              重要国际冲突与战争
                        ▼
                  整体性的政治危机
                  自由政体的政体危机
```

图 4-1　自由政体：从政治僵局到政体危机的逻辑

对这样的国家来说，国内外的重大危机本身就是对其自由民主政体的重大考验。约瑟夫·熊彼特深谙此道，他曾经这样写道："这些情况可以概括为如下一句话：在困难时期，民主方法将处于不利地位。事实上，一切类型的民主政治一致承认存在某种形势，

142　　　　　　　　　　　　　　　　　　　　　　　　　　　　演变

在那种形势下，放弃由竞争产生领导，采取垄断性的领导是合理的。在古罗马，宪法规定在紧急时期授予一个非选举产生的职位以这样的垄断领导权。这个职位的任职者称作 magister populi 或独裁者。我们知道，实际上所有宪法都有同样规定，美国自己的宪法规定：美国总统在某种情况下将取得一种权力，使他实质上成为古罗马那种独裁者，不管二者在法律意义上和具体细节上的差异有多大。如果垄断受到有效的限制，或者限于一个明确的时间（如古罗马最早实施的那样），或者限于明确的短期紧急状态的时限，那么竞争领导权的民主原则只是短期中断。如果垄断不论在法律上还是在事实上都没有时间的限制——倘若没有时间的限制，当然往往就成为没有任何其他限制——民主原则荡然无存，我们就处于现代意义的独裁统治之下了。"[1] 他对于美国政治的描述未必严格符合实际的情形，但是他对于民主政体可能无力应付重大困境的判断有着深刻的洞见。

从历史经验来看，当一个自由政体陷入政治僵局同时又遭遇国内外的重大政治挑战时，可能会遵循这样的政治逻辑展开完整的政治过程：第一，自由政体的政治僵局与政治瘫痪；第二，整体性政治危机的出现；第三，替代性政治解决方案的出现。[2] 如果一个自由政体真的按照这样的逻辑展开其政治进程，就正好符

---

[1] 约瑟夫·熊彼特：《资本主义、社会主义与民主》，吴良健译，北京：商务印书馆，1979，第430页。

[2] 两项关于民主政体崩溃的专门研究探讨过这样的基本思路，参见 Juan J. Linz and Alfred Stephan (eds.), *The Breakdown of Democratic Regimes: Crisis, Breakdown, and Reequilibration* (Baltimore: The Johns Hopkins University Press, 1978)；包刚升：《民主崩溃的政治学》，北京：商务印书馆，2014。

合卡尔·施米特对自由主义政治理论的批评。在施米特看来，自由主义理论是非政治化的，也是无力处置政治危机的，这就给其他各种攻击自由主义的政治理论留下了空间。在卡尔·施米特看来，"政治统一体在本质上乃是具有决定性的统治体"，这里的决定性是指主权的政治决断。进一步说，"国家不仅是统治体，而且是决定性统一体，这一点取决于政治的性质"。这里所说的政治的性质，就与施米特对政治是"区分敌我"的强调有关。施米特当然对自由主义政治理论持批评态度。他说："多元化理论要么是一种通过社会组织的联邦制来达到国家统一的国家理论，要么是一种令国家解体或争论不休的理论。"这样，自由主义政治理论实际上是"一个完整的非军事化、非政治化的概念体系"——在施米特看来，这在政治上无疑是幼稚的。[1]

毋庸置疑，施米特的批评对自由主义政治理论或多元主义国家理论有过分简单化的倾向，但是他提出的问题不仅在逻辑上而且在经验上都是需要重视的。自由主义政治理论能否有效地响应施米特的挑战呢？如果不能，这就是自由主义理论的失败。所以，无论是熊彼特友善的担忧，还是施米特恶意的攻击，自由政体学说能否恰到好处地面对这些政治问题，能否有效地防范与克服政治僵局与政治危机，都是非常重要的。自由主义政治理论不仅应该有一套关于政治僵局与政治危机的理论，而且还应该就政治僵局与政治危机提供一套有说服力的战略框架与解决方案。

---

[1] 卡尔·施米特：《政治的概念》，刘宗坤等译，上海：上海人民出版社，2004，第122、152页。

自由政体学说的理论资源

正如上文业已指出的，防范和克服政治僵局与政治危机，应该成为自由政体学说的重要议题。如同自由政体学说总是考虑如何防范国家权力一样，它也需要考虑如何防范政治僵局与政治危机。从学术上讲，学界应该把政治僵局、最高统治权的难题和整体性政治危机的可能纳入自由政体学说的研究议程，但自由政体学说过去几乎完全忽略了这样的重要议题。尽管如此，自由主义政治理论对于政治僵局与政治危机并非束手无策。实际上，自由主义政治理论是一个内容相当庞杂的理论体系。过去，由于英美的政治经验，学界通常更强调其中的一部分理论资源，即强调限制国家和分权制衡学说，却忽视另一部分理论资源，即包括塑造有效国家与政府效能在内的、可能有助于防范政治僵局与政治危机的理论资源。如果放宽理论视野，就会发现，自由主义及其相关的理论传统中包含着大量可以解释、防范和克服政治僵局与政治危机的理论资源。

从逻辑上说，就应对政治僵局与政治危机而言，一种全面系统的理论思考应该包括几个层次的问题：第一，如何防止政治僵局与政治危机？对一个自由政体而言，只有能够有效地防范政治僵局与政治危机，才能提高维系自身政体的可能性。所以，防止或减少政治僵局与政治危机的发生乃是重要一环。当然，政治僵局与政治危机的发生与否，不唯独取决于政体本身的特征，同样取决于该国的社会情境。

第二，如果政治僵局与政治危机发生，能否在自由政体的政治框架内寻求解决方案？这里有两种基本思路，一种思路是把政治僵局与政治危机纳入自由政体日常政治的框架之内，另一种思路是把政治僵局与政治危机作为自由政体的紧急状态或例外状态来看待。但无论是日常政治还是例外状态政治，这里考虑的都是在自由政体的政治框架内寻求政治僵局与政治危机的解决之道。

第三，如果业已发生的政治僵局与政治危机难以在现有的自由政体框架之内获得解决方案——可行的解决方案需要打破现有自由政体的政治框架，那么在解决政治僵局与政治危机之后，该国能否恢复原先自由政体的政治框架呢？比如，有时解决政治僵局与政治危机需要取消部分公民的基本自由权，或者需要约束和限制反对派政党与政治家的活动空间，或者需要控制新闻媒体的自由度，这些做法显然违背了自由政体的政治原则。如果这些做法对于解决政治僵局与政治危机确属必要，那么在解决政治僵局与政治危机之后，该国还能重新回到自由政体的政治轨道吗？何种制度规则与规范有助于一个通过制度外解决方案克服政治僵局与政治危机的国家重新恢复自由政体的框架呢？

防范与克服政治僵局与政治危机的上述三层逻辑是自由政体学说必须考虑的。那么，围绕这里的政治逻辑，自由主义理论传统中有哪些解释、防范、应付政治僵局与政治危机的理论资源呢？

第一个理论资源是自由主义的国家理论。过去有一种观点认为，自由主义不仅没有国家理论，而且总体上是"反国家"的，但这是对自由主义理论的误读。按照自由主义理论的言说逻辑，自由仅仅存在于秩序之中，没有秩序便无自由，而秩序是以国家强制力为后盾的。因此，没有国家，便没有秩序，便没有自由。过去，传统的自由主义政治理论更强调宪政与有限政府的视角，认为只有国家权力受到有效约束才能捍卫自由，这当然没有问题，但未充分考虑过国家能力或政府效能缺失可能不足以提供秩序与保障自由。国家既可能因为过分强大而侵害自由，又可能因为能力不足而无力保障自由。所以，有效国家应该成为自由主义政治理论的应有之义。当一个自由政体下的国家无力解决最高统治权问题、陷入政治僵局或政治危机时，它实际上已经无法成为一个有效国家，也是一个无力提供秩序和保障自由的国家。需要指出的是，这里所讲的自由主义的国家理论，并不是国家主义的理论主张。自由主义国家的基本功能是保障自由，但前提是国家必须有保障自由的政治能力。

实际上，美国联邦党人对此就有清醒的认识。汉密尔顿早在200年前就指出了有效国家或政府效能的重要性。他说，"政府的力量是保障自由不可缺少的东西"，因此需要保证"政府的权能和效率"。"政府的能力，对于防御国内外威胁，对于迅速而有效地执行成为一个良好政府的定义的组成部分的法律是必不可少的。"（麦迪逊语）因此，在汉密尔顿看来，"每个政府都应该具有维持其存在的手段"，而强制力是有效国家的基础。他这样说："政府意味着有权制定法律。对法律观念来说，主要是必须拥有制裁手段；换言之，不守法要处以刑罚或惩罚。如果不守法而不受处罚，貌似法律的决议或命令事实上只不过是劝告或建议而已……武力强制执行必然会成为人民遵守法律的唯一工具。"汉密尔顿还尤其重视行政部门的作用，认为强有力的行政部门是有效国家的关键。"决定行政管理是否完善的首要因素就是行政部门的强而有力。……软弱无力的行政部门必然造成软弱无力的行政管理，而软弱无力无非是管理不善的另一种说法而已；管理不善的政府，不论理论上有何种说辞，在实践上就是个坏政府。"他甚至还总结了"使行政部门能够强而有力"的所需条件，包括"统一"、"稳定"、"充分的法律支持"以及"足够的权力"。[①]

在当代学者中，查尔斯·蒂利比较系统地论述了国家能力与自由民主政体之间的关系。他认为，国家能力是任何一个政权的重要特征，如果缺少国家能力，民主就不能起作用。根据国家能力强弱和民主程度高低的不同，所有国家可以被分为四种类型：高能力不民主、低能力不民主、高能力民主、低能力民主。在蒂利看来，民主国家的理想类型应该是"高能力民主国家"。[②]换句话说，较高的国家能力也是一个善治的自由民主政体的条件。最近十几年中，国家或有效国家问题受到学术界和公共领域的关注，跟弗朗西斯·福山的学术努力有关。福山认为："构成一个政治秩序的是三种基本类型的制度：国家、法治与问责制的机制。"在福山的政治菜单中，第一项配置就是国家，或者说是有效国家。福山认为，有效的现代国家至少应该包含三个要素：合法地垄断暴力，发展一套韦伯意义上的官僚制度或行

---

① 汉密尔顿强调有效国家的政治观点，散见于《联邦党人文集》的不同篇章，参见汉密尔顿、杰伊、麦迪逊：《联邦党人文集》，程逢如译，北京：商务印书馆，1980。

② 关于蒂利对民主与国家能力的论述，参见查尔斯·蒂利：《民主》，魏洪钟译，上海：上海人民出版社，2009，第14—22页；查尔斯·蒂利：《欧洲的抗争与民主：1650—2000》，陈周旺、李辉、熊易寒译，上海：格致出版社，2008，第48—50页。

政系统，实际运行规则实现对世袭制和庇护主义的超越。利比亚、尼日利亚等国在政治上的关键问题就是缺少一个有效国家，从而影响了自由民主政体的绩效。[①]

在自由主义政治理论中，不仅国家是必要的，而且国家能力与政府效能的概念也是必要的。而当一个自由政体处于政治僵局状态与政治危机状态时，国家能力与政府效能便不再起作用。从汉密尔顿到福山，他们都担心此种条件下自由民主政体将处于不利境地。因此，自由主义的国家理论是不应该被忽视的一种理论资源，如何塑造有效国家或政府效能应该成为自由主义政治理论的一个目标，自由政体学说不应该单纯地以限制国家和约束政府作为与国家问题有关的理论问题上的唯一见解。

第二个理论资源是自由主义的制度理论。这里的制度主要是指政治制度，政治制度是政治过程中的游戏规则，是规范政治行为者、塑造预期政治结果的激励与约束机制。在自由主义的制度理论中，政治行为者被视为自利的、理性的和追求效用最大化的。如果政治行为者都追求效用最大化，就可能在政治领域产生分歧与冲突。那么，何种政治制度安排更有可能塑造预期的政治结果呢？这是自由主义的制度理论应该考虑的议题。尤其是，如果政治僵局与政治危机是可能发生的，那么应该如何从政治制度角度对此进行反思呢？如何从政治制度安排上防范政治僵局与政治危

[①] Francis Fukuyama, *The Origins of Political Order: From the Prehuman Times to the French Revolution* (New York:Farrar, Straus and Giroux, 2011); Francis Fukuyama, *Political Order and Political Decay: From the Industrial Revolution to the Globalization of Democracy* (New York:Farrar, Straus and Giroux, 2014).

机呢？一旦政治僵局与政治危机出现，何种政治制度安排有利于提供解决方案呢？倘若不得不进入紧急状态、需要超越现有自由政体的框架来解决政治僵局与政治危机，那么何种政治制度安排、规则与程序有助于该国在克服政治僵局与政治危机之后能够重新恢复自由政体的框架呢？这些问题很重要，都与政治制度理论有关。

过去一提到自由主义的政治制度理论，学界首先考虑的是与民主、有效政府、分权制衡有关的一整套制度安排，但很少会考虑政治制度安排对有效国家和政府效能的塑造。从经验上看，当制度安排有利于塑造有效国家与政府效能时，一个自由政体更有可能避免政治僵局与政治危机。更具体地说，正如上文已提到的，无论是对政治僵局与政治危机的防范还是解决，政治制度都扮演着重要角色。此外，应对紧急状态或例外状态的政治制度安排，也是一个值得研究的议题。

沃尔特·白芝浩强调政治制度设计对于维系自由政体的价值，他认为政治制度的设计要考虑到政治权威的塑造，而英国的制度模式兼顾了"庄严神圣的部分"与"简单高效的部分"的结合。"它（英国宪法）有两个主要优点：它包含着一个简单有效的部分，这个部分有时候，以及在需要的时候，操作起来能够比迄今为止人们已经尝试过的任何政治工具都更简单、更容易和更有效；它同时包含着历史的、复杂的、庄严的和理论的部分，这部分是它从悠久的历史中继承下来的——这部分征服了普通大众——它通过施加一种缓慢但无处不在的影响的方式引导其辖下臣民的行动。它的本质因其拥有现代式的简单性所带来的力量而显得孔武有力；它的外观则因其拥有一个更堂皇的时代所显示的哥特式的庄严性而显得富丽堂皇。"在白芝浩看来，最高权威的塑造是政治生活中一件极重要的事情。"霍布斯很久以前曾告诉我们，而现在所有人都明白的一点是，在每一个国家的每一个地方都必须有一个至高无上的权威，一个终局性的权力。"在比较美国总统制与英国议会制时，白芝浩认为，总统制由于最高政治权力掌握在不同机构的手中，行政部门的权力和能量遭到了削弱，从而弱化了政府能力。"简而言之，英国宪法是在选择一个单一的最高权威并使这个权威能够发生作用的原则基础上创制的；而美国宪法的原则是，拥有诸多的最高权威机构，并希望这种主体的多样性能够弥补其次要性。"[①] 与孟德斯鸠主要考察一般的政治原则或法律原则不同，白芝浩是深入政治实践过程的宪法学者与政治学者，他深入细致地考察宪法和政治制度的实际效果，其分析着眼于政治过程的有效运作。

从历史经验来看，魏玛共和国的失败很大程度上可以归咎于《魏玛宪法》的错误设计，从容易导致行政权与立法权冲突的半总统制，到不设当选门槛的纯粹比例代表制，再到关于总统权力安排的紧急状态条款，这些制度安排一方面导致该国容易陷入政治僵局，另一方面鼓励政治家在自由政体之外寻求解决政治僵局的政治方案。从这个视角说，希特勒上台和魏玛体制的崩溃，不过是有缺陷的宪法与制度设计的结果。其实，早在魏玛共和国早期，就有政治家指出了《魏玛宪法》与制度设计的缺陷，但一旦

---

① 沃尔特·白芝浩：《英国宪法》，夏彦才译，北京：商务印书馆，2005，第61、235、241页。

宪法开始实施，系统内部已经缺乏能够纠正这种错误制度设计的力量。宪法设计与制度安排的问题，是魏玛共和国政治悲剧的一部分。

第三个理论资源是自由主义的法治理论。在政治上，法治一般被视为约束政府行为的方式，但同时也是约束公民行为的方式。法治不仅可以约束公民的日常行为，而且可以约束公民和政治团体的政治行为。进一步说，法治也是规范公民和政治团体之间政治分歧与政治冲突的方式。在自由政体之下，人人都有权利参与政治，不同公民之间、党派之间的利益或观念不一致乃是一种常态。那么，如何协调他们的政治分歧、解决他们的政治冲突呢？借助法治的原则，用规则和程序来规范这些政治分歧是主要的方法。若能遵循法治原则来解决政治冲突，通常可以避免政治冲突的激化，从而可以降低发生政治僵局或政治危机的可能性。在政治生活中，当自由协商与多数决定的政治规则不再有效时，法治规则下的司法解决方案是又一道和平解决冲突的政治防线，以便能够把政治分歧与冲突控制在合理的范围之内。很多自由民主政体的经验是，法律是重要的解决政治分歧与政治冲突的常规机制，也是避免造成政治僵局与政治危机的重要机制。对新兴民主国家来说，如果政治僵局与政治危机严重到一定程度，而法治化或司法化的冲突解决机制不能起作用，民主政体更容易陷入衰退或失败。

在论述美国政治时，白芝浩认为总统制模式是存有重大缺陷的，但美国人尊崇法治的传统在很大程度上弥补了这一制度缺憾。在论述总统制的缺点后，他紧接着说："……要不是他们崇尚法律，而迄今为止还没有哪个民族对法律表现出了如此的尊崇，且远远超过了我们；——要不是存在这些因素的话，美国宪法中权威的多元性可能很久以前就将它带到了一个糟糕的方向。"[1] 换句话说，在他看来，如果没有良好的法治传统，美国的总统制更有可能会遭遇政治僵局或政治危机。过去的研究经常强调法治作为约束国家权力的规则的重要性，但较少考虑法治作为调节政治分歧和处置政治冲突的规则所具有的独特价值。实际上，在自由政体运转过程中，往往会遇到某些难以以政治协商方式解决的问题，此时法治方法与司法解决就变得非常重要。当然，这样做的前提是，该国要有法治传统，要有司法化解决政治问题的惯例。这种传统自然也包括选民、政治家与政治团体对于这种司法化解决政治冲突做法的服从与尊崇。正如哈罗德·伯尔曼所言，法律只有被信仰，才会产生力量。[2]

第四个理论资源是自由主义的政体自卫理论。要知道，自由政体一旦建成并非高枕无忧，而是需要具有某种捍卫自身、维系自身存续的政治手段。自由政体具有巨大的优势，但同样存在着政治上的软肋。历史经验表明，自由政体本身的存续是需要通过政治手段来捍卫的。那么，自由政体如何保卫自身呢？在自由政体之下，完全可能存在着反自由、反自由政体的个人、政治团体、政党和社会集团。自由政体不能坐等这些政治力量的集结，以待他们摧毁自由政体的时机出现。但是，按照自由政体的原则，不同观念与利益的政治表达被视为所有公民与政治团体的天然权利。

---

[1] 沃尔特·白芝浩：《英国宪法》，夏彦才译，北京：商务印书馆，2005，第241页。
[2] 哈罗德·伯尔曼：《法律与宗教》，梁治平译，北京：中国政法大学出版社，2003。

这样，两种反对派都获得了反对的权利与自由：一种是现有政党和政策的反对派，但他们是忠于宪法和自由政体的；另一种不仅是现有政党和政策的反对派，也是宪法与自由政体的反对派，也就是说他们是不忠于自由政体的。那么，自由政体是否应该宽容反自由政体的反对派呢？这是一个需要慎重对待的问题。过去，自由政体学说认为，国家之内没有敌人，不同政治力量之间不存在敌对关系。但是，如果潜在的政治力量是自由政体的反对者呢？面对不忠诚的反对派，自由政体学说如果是一种成熟的政治理论，就必须考虑能够实现自保的政治手段。

还需要提醒的是，自由政体与反自由政体的力量有时处于不对等的政治位置上。如果是自由政体，通常需要尊重哪怕是反自由的反对派的基本权利；但如果是反自由政体，争取自由的力量是随时会受到压制的。这样，自由政体就总是面临着一种风险，反自由的力量可以利用自由政体的弱点来颠覆自由政体。考虑到每个国家都身处一定的国际政治环境之中，这个问题实际上会变得更为复杂。如果一个自由政体是容易陷入政治僵局与政治危机的，那么它在反自由政体的反对派眼中就更容易变得不堪一击。所以，自由政体不应该坐等反自由的政治力量借助自由政体提供的武器、利用自由政体的弱点来反对或颠覆自由政体。从战略和策略上讲，自由政体需要拥有某种压制反自由的反对派的政治手段，这关系到自由政体能否维系其自身的存在。这也是政治上走向成熟的自由主义政体学说应该考虑的重要问题。

实际上，"防御性民主"或"防卫性民主"（militant democracy）理论已经提出了自由民主政体如何保卫自身的问题。[1] 早在 20 世纪 30 年代，面对魏玛共和国的溃败，德国宪法学家卡尔·罗文斯坦认为，魏玛共和国民主失败的重要原因是它缺少一种针对颠覆性运动的防御机制。所以，他提出了防御性民主的概念，这一概念主要是指民主政体本身需要拥有针对非民主行为者或非民主政党的、防止其颠覆民主政体的防御性法律手段或政治措施。[2] 实际上，二战以后，联邦德国《基本法》所确定的禁止反民主政党的宪法条款，以及德国宪法法院后来对于相关宪法条款的捍卫，就是防御性民主理论的应用。[3]

从这个视角来看，魏玛共和国覆灭的一个重要教训是共和国缺少政体自卫理论的指引，从而在反对宪法和共和政体的不忠诚的反对派面前显得无能为力。从希特勒到戈培尔，他们都曾公开宣传要借助民主武器库中的武器来搞垮民主。要知道，他们的政治行动并非隐秘的，而是公开的。即便如此，魏玛共和国对此不仅没有有效的对策，而且甚至没有引起重视。在内外交困之际，魏玛共和国的自由民主政体显得越发脆弱。如果此时反宪法、反

---

[1] militant democracy 这个概念过去尽管有不同的译法，包括"战斗性民主"或"好战的民主"等，但更为合宜的意译译法应该是"防御性民主"或"防卫性民主"。对于 militant democracy 这一概念的理解，笔者得益于跟张继亮副教授的交流。相关的主流研究参见 Svetlana Tyulkina, *Militant Democracy: Undemocratic Political Parties and Beyond* (Oxon: Routledge, 2015)。

[2] Karl Loewenstein, "Militant Democracy and Fundamental Rights, I," *American Political Science Review*, Vol. 31, No. 3 (Jun. 1937), pp. 417-432; Karl Loewenstein, "Militant Democracy and Fundamental Rights, II," *American Political Science Review*, Vol. 31, No. 4 (Aug. 1937), pp. 638-658.

[3] 程迈：《民主的边界——德国〈基本法〉政党取缔条款研究》，《德国研究》2013年第 4 期。

体制的反对派发起政治攻击，自由政体随时有可能陷于整体崩溃的风险。正是因为这样的历史教训，二战之后联邦德国的法律规定了禁止法西斯主义、极端主义政党的相关条款。这说明，与魏玛共和国相比，二战后的联邦德国已经在宪法层面拥有了一种政体自卫理论的指引。这样的做法确属必要，而且说明德国政治阶层在政治上更为成熟了。

第五个理论资源是自由主义的紧急状态理论。在某些条件下，自由政体也许需要通过紧急状态来解决当下面临的政治危机。当外部的战争威胁、内部的叛乱风险或经济危机到来时，自由政体下的行政权需要获得更大的自由裁量权，以应付此刻的危机。在这种紧急状态下，就如同古罗马共和国的独裁官制度，自由政体需要授予某个职位或某个机构比日常政治状态下更大的甚至是超越现有宪法的政治权力，以保证可以有效地应对所面临的重大危机。当然，这种近似于独裁的政治权力是需要授权的，也是需要某种制约的，而不是绝对的、永久的。从规则上讲，这种超越宪法的紧急状态权力不能被用来反对自由政体。此外，紧急状态是有期限的。在该期限之后，紧急状态权力应该被终结，该国的政治也就应该回到自由政体的正常轨道。

人类历史上的第一个共和政体——古罗马共和国就设计了紧急状态权力与相应的独裁官制度。这种紧急状态权力主要是为内部叛乱设计的，后来也兼顾到外部战争的情形。"当它（元老院）认为共和国的安全面临来自内部公民的暴力威胁时，它可以督促执政官或其他在职官员采取任何必要措施，以反击这一威胁。"从时间周期上看，古罗马的独裁官制度维系了数百年时间。一般认为，独裁官的职位权力经历了前后不同时期的变化，但总体而言，古罗马独裁官的政治权力是巨大的，独裁官不仅可以超越日常宪政体制的束缚，而且甚至一度是无须为行使这种权力的后果负责的——至少从独裁官当时的职位规定来说是这样的。当然，这种权力远非绝对，他通常要受到保民官的制约，同时任期是有限的。有学者认为，古罗马共和政体的这种紧急状态权力设置和独裁官制度，对于维系古罗马共和政体本身的稳定性和有效性是至关重要的。当然，古罗马共和政体的最终失败和向古罗马帝国的逆向转型，某种程度上说明古罗马共和政体的紧急状态权力或独裁官制度实际上仍然不足以在共和政体的框架内应付紧急状态与政治危机。但是，我们同时必须看到，古罗马共和政体的存续长达数百年，这不能不说已经是人类历史上的政治奇迹了。①

沃尔特·白芝浩也认为，紧急状态权力是必要的。他甚至提到，在应付紧急状态方面，英国体制与美国体制相比更有优势。"议会制或内阁制政体在非常危急时刻能够体现出某种额外和特别的优势。它具有我们可称之为适合处理极端紧急事情的权力储备。……在内阁制下，当面临突然的紧急情况时，这些人为了应付时局可以选择一个统治者。……但在总统制下，人们就不能做出这样的事情来。美国政府自称为享有最高主权的人民政府，但是在突发性危机面前，即在一个最需要主权决断的时候，人们

---

① 关于古罗马共和国紧急状态与独裁官制度的讨论，参见安德鲁·林托特：《罗马共和国政制》，晏绍祥译，北京：商务印书馆，2016，第134—141、164—169页。克林顿·罗西特也盛赞罗马共和国的这种紧急状态权力，参见克林顿·罗斯托（即罗西特）：《宪法专政——现代民主国家中的危机政府》，孟涛译，北京：华夏出版社，2015。

找不到拥有主权的人们。"[①] 白芝浩的这一观点可能是存有争议的，但他对自由政体应付紧急状态的政治能力的强调，应该成为自由主义政体学说的有益理论资源。

卡尔·施米特的研究很大程度上都与自由民主政体下的紧急状态有关。他认为，主权就是决定例外状态或非常状态。因而，紧急状态实际上构成了施米特构建起政治与宪法理论的关键概念。在他看来，"在涉及公众利益或国家利益以及公共安全和公共秩序（le salut public）等情况下，由谁来做出决断"——这是政治的关键问题。所以，在紧急状态下拥有政治决断权力的才是真正意义上的统治者或主权者。"统治者决定是否出现了极端的紧急情况，以及采取何种措施消除这种情况。"施米特进一步推出自由主义政治理论所反对的结论："他（统治者）置身于正式生效的法律秩序之外，他绝不属于这种秩序，因为正是他来决定是否完全搁置宪法。"按照这种逻辑，拯救一个国家于紧急状态或整体性政治危机的，不是宪法或法律，不是既有政治秩序本身的规则，而是拥有政治决断的主权者，这一主权者拥有的是"不受限制的权力"。[②] 施米特通过对紧急状态的分析，提出了一整套反对自由主义、多元主义的政治理论，他的理论阐述固然存在很多逻辑问题，但他的问题意识无疑是敏锐的，即自由民主政体必须考虑如何应付随时可能到来的紧急状态。

很多学者都清楚地认识到，施米特对于紧急状态的论述逻辑

[①] 沃尔特·白芝浩：《英国宪法》，夏彦才译，北京：商务印书馆，2005，第 76—78 页。
[②] 卡尔·施米特：《政治的概念》，刘宗坤等译，上海：上海人民出版社，2004，第 6—8 页。

最后导向的不是自由民主政体的维系，而是自由民主政体的崩塌。固然，有不少自由民主政体"死于"它自身所无法解决的问题，或者说"死于"政治僵局与政治危机，但也有大量自由民主政体完全能够应付可能的紧急状态。诺未·克莱尔·拉扎尔更是认为，不应该用日常状态与紧急状态的两分来理解自由民主政体；相反，这是一个连续的政治光谱。即便是对于紧急状态的处置，或者说当政府成为事实上的危机政府时，自由价值观与自由政体的政治规则也不应该被搁置。自由民主政体完全应该把对紧急状态的处置、把危机政府纳入既有的政治制度框架。① 这当然是另一个政治视角。无论如何，拉扎尔认识到了紧急状态与危机政府的可能性。

从历史经验来看，美国的内战某种程度上就是紧急状态。尽管美国宪法并没有关于紧急状态的具体规定，但美国总统这一政治职位所拥有的权力，在很大程度上拥有一定的灵活性来处置政治危机与紧急状态。实际上，林肯在1861年内战爆发时采取的很多做法是充满争议的，甚至被认为是违反美国宪法的，但林肯成功带领美国度过了历史上最严重的政治危机。通常认为，林肯能够做到这一点，也跟美国宪法条款中赋予总统的职权有关。另一个重要的案例是印度1975—1977年的紧急状态。与美国内战的威胁不同，印度的紧急状态是时任总理英迪拉·甘地启动的。当然，她自身的政治地位受到了严重威胁，而且国内社会出现了大量的政治抗争与严重的政治冲突。有人认为，印度的民主体制处于危险之中，但也有人认为，只是英迪拉·甘地的政治地位处

---

① Nomi Claire Lazar, *State of Emergency in Liberal Democracies* (Cambridge: Cambridge University Press, 2009).

于危险之中。在这一重要关头,她宣布印度进入紧急状态,然后采取了一系列政治措施,包括搁置公民权利、逮捕反对党政治家、约束新闻媒体等。有人认为,印度民主已经出现了逆转。但是,不久之后,英迪拉·甘地宣布重新举行选举。印度经过21个月的紧急状态,又重新回到了自由民主政体的政治轨道。有人认为,自由民主政体能够回归与印度政治精英的理念有关,但印度宪法本身的紧急状态条款是一种重要的政治预防机制。

实际上,自由主义理论传统之中存在丰富的解释、防范、克服政治僵局与政治危机的理论资源,特别是自由主义的国家理论、制度理论、法治理论、政体自卫理论与紧急状态理论,都蕴含着重大的理论价值与实践启示。如同上文已经论述的,这些理论资源实际上指向三个目标:第一,防止政治僵局与政治危机;第二,在自由政体框架内解决政治僵局与政治危机;第三,如果需要在自由政体之外寻求解决政治僵局与政治危机的政治方案,那么能否在解决危机之后恢复自由政体的框架。笔者的一个主要关切是,如果自由主义理论传统中的这些资源能够得到充分利用,人们就有更多机会来防范和克服政治僵局与政治危机,从而提高自由政体的稳定性、有效性与存续能力。

僵局与危机:政治的关键时刻

毋庸置疑,政治僵局与政治危机构成了测试一个自由政体存续能力的关键时刻。但出乎意料的是,这样重要的理论与实践议题过去长期被忽视。自由政体学说包括了 5 个核心假设：个人主义的政治起点、消极的国家观、多元主义国家理论、自由协商和多数决定作为政治决策的主要规则、自由而繁荣的政治愿景。这些理论假设固然有其合理性，但往往与经验世界的政治过程是脱节的。正如古典自由主义经济学理论假设中的完全市场是不存在的，自由政体学说中的完全政治市场也是不存在的。与这种零交易成本的理想化政治世界相比，现实政治世界往往充满了各种政治冲突，其中一些政治冲突较难通过自由协商与多数决定这一自由政体的核心政治机制来解决。

这样，自由政体很有可能导致三种主要的政治僵局，包括政治共同体的解体、名义的最高统治权冲突和实质的最高统治权冲突。这种政治僵局倘若出现，加上该国同时面临国内外的政治挑战——特别是国际冲突与战争威胁、国内叛乱以及经济大萧条的冲击，该国就有可能陷入一场整体性的政治危机或全面的政体危机。

尽管如此，笔者认为自由主义政治理论在这种从政治僵局到政治危机的政治逻辑面前并非束手无策。相反，这一理论传统中过去已经积累了有助于解释、防范和克服政治僵局与政治危机的大量理论资源。遗憾的是，由于问题意识的缺乏，这些理论资源过去没有得到充分重视。就主要方面而言，这些理论资源包括自由主义理论传统中的国家理论、制度理论、法治理论、自卫理论和紧急状态理论。从经验上看，不同自由政体在防范和应对政治僵局与政治危机方面的能力不同，很大程度上与它们对这些理论资源的运用程度有关。那些恰如其分地运用这些理论资源的自由政体，要么更有能力防范政治僵局与政治危机，要么更有能力在自由政体框架内寻求政治僵局与政治危机的解决个案，要么在经历处置政治僵局与政治危机的例外状态之后更有能力恢复原有的自由政体。如果一个自由政体在理论上与实践上忽视这些已有的理论资源，则更有可能陷入严重的政治僵局或政治危机，甚至最后无力自拔，这就为其他替代性的政体解决方案提供了机会。

总之，政治僵局与政治危机是自由政体学说必须面对的可能挑战，但这方面的研究尚不充分。笔者无力构建一整套关于自由政体下政治僵局与政治危机的理论，但试图做出理论上的初步努力。本章的要旨有三：第一，提出并强调政治僵局与政治危机乃是自由政体学说所忽视且必须面对的政治议题，应该将其纳入未来的研究议程；第二，探讨自由政体之下政治僵局与政治危机生成的逻辑；第三，梳理自由主义理论传统中能够解释、防范与解决政治僵局与政治危机的理论资源。笔者希望本章的贡献是把政治危机这一议题正式引入自由政体学说的研究议程之中，并尝试着构建起一个关于政治危机的初步理论。

自由政体在政治上的一个重要特质是其不确定性。未来，政治僵局与政治危机仍然有可能发生，由此构成了对自由政体学说的实质性挑战。笔者期待，未来有更多学者能够重视这一议题，并在自由政体学说的框架内探索并构建更为全面、更为系统的政治危机理论。

第五章

社会冲击与欧美政党体制的分化

正如前面反复讨论过的，自21世纪10年代以来，西方政治出现某种新现实。即便如此，欧美主要国家的实际政治运作仍然呈现出较大的差异。比如，在美国，2016年，政治素人特朗普当选总统；在法国，2017年，并非法国两大主要政党候选人的马克龙当选法国总统，其创立的新政党共和国前进党（2022年5月5日更名为复兴党）一举赢得法国议会大选，同时，国民阵线（2018年6月1日更名为国民联盟）领导人玛丽娜·勒庞也进入总统选举第二轮决赛；在德国，2017年，成立仅5年的新政党德国选择党突然崛起成为德国议会第三大政党；然而，英国跟上述三个主要国家相比，似乎呈现出政治运作与政党体制的更强稳定性。

从类型学来看，美、英、法、德四国21世纪10年代的政治差异主要表现为两个方面：一是有无新的重要政治家崛起，二是有无新的重要政党崛起。在本章的分析框架中，前者是指非职业政治家或非传统主要政党的政治领袖当选政府首脑，后者是指一个新兴政党在议会或议会下院（以下简称议会）选举中成为主要政党，具有影响组阁的潜在力量。本章试图为近年来主要西方国家在政党体制上的不同表现提供一个基于政治制度主义的理论解释。

欧美政党体制的稳定与变迁

一般认为，21世纪10年代以来的政治新现实跟欧美国家这些年受到的社会冲击有关，特别是全球化及其反弹、经济与社会不平等程度相对上升以及族裔政治与移民政治在各国的兴起等。这些社会冲击确实困扰着整个西方世界，挑战着这些国家现有民主与政党体制的稳定性。问题在于，尽管欧美主要发达工业民主国家所面对的外部社会冲击是相似的，但是上述四个主要国家在政治上的反应差异却很大。按理说，美、英、法、德四国无论基于何种理论，都是较为相似的发达民主国家。它们的经济都是高度发达的，民主政体相对稳定且有效，文化上则同属于基督教文明。既然如此，看起来很相似的欧美发达民主国家，在面对类似的外部社会冲击时，为什么政治上的表现会呈现很大的差异？简而言之，这四个国家在有无新的重要政治家崛起和有无新的重要政党崛起两个方面呈现出较大的差异。如果说这两个方面构成了衡量现有政党体制稳定性的重要指标，那么这项研究关心的问题是：到底是何种原因导致了欧美主要发达民主国家现有政党体制的变迁与分化？如何解释这种不同国家之间的差异呢？

上述政治现象涉及新政治家现象、新政党现象、民主稳定性与政党体制稳定性等许多理论问题，而学术界在这些问题上已经形成许多代表性的研究。第一类文献是针对上述重大政治现象的就事论事的研究。一种观点认为，新政治家与新政党的崛起是社会结构变革的产物。比如，有学者认为，马克龙与共和国前进党的获胜，以及勒庞带领的国民阵线的崛起，源于法国新的社会分裂，即移民、环境等后现代议题替代了原有的阶级议题。[1] 有研究认为，正是全球化及其相关问题导致美国的激进保守主义转向了民粹主义，而特朗普持有的"另类民主民族主义"实际上是对美国移民政治现象的回应。[2] 另一种观点认为，特定政治家与政党的崛起同其自身的特性、议题和意识形态立场有关，或者说很大部分是由于它们自身的主动因素。比如，有学者将民粹主义视为一种选举话语与动员工具，而特定政治家与政党对民粹主义的熟练运用有助于提升支持率。德国选择党的崛起，就同其民粹主义的话语构建有关。[3] 还有研究认为，政治家与政党可以通过将族群议题、移民焦虑等与传统经济社会政策议题相结合来吸引特定选民，或是利用社交媒体等来塑造选民的政治偏好，进而达到

---

[1] Florent Gougou and Simon Persico, "A New Party System in the Making? The 2017 French Presidential Election," *French Politics,* Vol. 15, No. 3 (Aug. 2017), pp. 303-321.

[2] Taesuh Cha, "The Return of Jacksonianism: The International Implications of the Trump Phenomenon," *The Washington Quarterly,* Vol. 39, No. 4 (Dec. 2016), pp. 83-97.

[3] Simon T. Franzmann, "Calling the Ghost of Populism: The AfD's Strategic and Tactical Agendas until the EP Election 2014," *German Politics,* Vol. 25, No. 4 (Jul. 2016), pp. 457-479.

影响选举结果的目标。①

第二类文献则聚焦民主体制稳定性与政党制度稳定性的研究。新政治家与新政党是否易于崛起是衡量民主体制与政党体制稳定性的指标。有的研究主要关注民主国家内部的社会分裂与政治分裂，包括阶级、族群、宗教、地区等维度的分歧，以及由此引发的政治冲突与对抗。②事实上，目前西方发达民主国家面临的新现实的社会冲击，主要来源于身份认同与族群政治。③还有的研究更强调政治制度主义视角，关注制度类型与设计对于民主稳定性、政党体制稳定性的影响。比如，林茨引发的议会制与总统制的论战，关注的就是行政-立法关系对民主效能与稳定的重要影响。④还有研究是围绕迪韦尔热定律（Duverger's Law）展开

---

① Marc Hooghe and Ruth Dassonneville, "Explaining the Trump Vote: The Effect of Racist Resentment and Anti-Immigrant Sentiments," *PS: Political Science & Politics*, Vol. 51, No. 3 (Apr. 2018), pp. 528-534; Patrick Chamorel, "Macron Versus the Yellow Vests," *Journal of Democracy*, Vol. 30, No. 4 (Oct. 2019), pp. 48-62; Kai Arzheimer and Carl C. Berning, "How the Alternative for Germany (AfD) and Their Voters Veered to the Radical Right, 2013–2017," *Electoral Studies*, Vol. 60 (May 2019), https://doi.org/10.1016/j.electstud.2019.04.004.

② Seymour M. Lipset and Stein Rokkan, "Cleavage Structure, Party System, and Voter Alignments: An Introduction," in *Party Systems and Voter Alignments*, eds. Seymour M. Lipset and Stein Rokkan (New York: The Free Press, 1967), pp. 1-65; Arend Lijphart, *Thinking about Democracy: Power Sharing and Majority Rule in Theory and Practice* (London: Routledge, 2008), pp. 74-88.

③ 弗朗西斯·福山：《身份政治：对尊严与认同的渴求》，刘芳译，北京：中译出版社，2021；塞缪尔·亨廷顿：《我们是谁？：美国国家特性面临的挑战》，程克雄译，北京：新华出版社，2005。

④ Juan J.Linz, "Perils of Presidentialism," *Journal of Democracy*, Vol. 1, No. 1 (Winter 1990), pp. 51-69. 关于这场学术论战，参见包刚升：《议会制与总统制大论战：基于学术文献与政治经验的反思》，《国外理论动态》2020年第2期。

的，即选举制度如何影响政党体制及其稳定性。[1]一个流行的观点是，纯粹的比例代表制容易导致极化多党制或碎片化政党体制，进而导致民主不稳定，如魏玛共和国（1919—1933年）。[2]共识民主理论则认为，比例代表制不会影响政党体制与民主的稳定性。[3]笔者的一项研究认为，在第三波民主化中，比例代表制并未导致普遍的极化多党制，原因在于比例代表制在具体制度设计上做了增设政党当选门槛和缩小选区规模等改进。[4]除此之外，还有学者关注行政机关选举与立法机关选举之间的互相关联，有"燕尾效应"（coattail effect）和"蜜月效应"（honeymoon effect）等表述。比如，总统候选人的受欢迎程度与获胜，可能会推动其所在政党在议会选举中获得优势。[5]

综上所述，目前研究文献要么关注具体的"崛起现象"及其相关逻辑，要么关注更为一般意义上的民主政体或政党体制稳定性背后的结构与制度原因。这为这项研究提供了坚实的基

---

[1] Maurice Duverger, *Political Parties: Their Organization and Activity in the Modern State* (London: Methuen Publishing, 1959); Maurice Duverger, "Duverger's Law: Forty Years Later," in *Electoral Laws and Their Political Consequences,* eds. Bernard Grofman and Arend Lijphart (New York: Agathon Press, 1986), pp. 69-84.

[2] 包刚升：《民主崩溃的政治学》，北京：商务印书馆，2014，第149—225页。

[3] 阿伦·利普哈特：《民主的模式：36个国家的政府形式和政府绩效（第二版）》，陈崎译，上海：上海人民出版社，2017。

[4] 包刚升：《选举制度的复合化：基于第三波民主化国家的实证研究》，《政治学研究》2019年第4期。

[5] David B. Magleby, Paul C. Light, and Christine L. Nemacheck, *Government by the People: Structure, Action, and Impact* (New York: Pearson, 2016), p. 222；Jocelyn Evans and Gilles Ivaldi, "An Atypical 'Honeymoon' Election? Contextual and Strategic Opportunities in the 2017 French Legislative Elections," *French Politics*, Vol. 15, No. 3 (Sep. 2017), pp. 322-339。

础，但所有这些研究本身并没有回答本章所提出的问题，即到底是何种原因导致了欧美主要发达民主国家现有政党体制的变迁与分化。基于政治制度主义的理论路径[①]，笔者认为主要是美、英、法、德四国在选举制度设计上的差异导致了上述不同的变迁与分化。笔者的主要观点是：21世纪10年代以来在类似的全球性社会冲击之下，美、英、法、德四国现有政党体制的变迁与分化（可用有无新的重要政治家崛起和有无新的重要政党崛起两个指标来衡量）主要是因为这些国家选举制度设计上的差异。具体而言，正是政府首脑选举方式的差异以及议会选举制度的差异及其联动效应，决定了这些国家现有政党体制在社会冲击之下的变迁与分化。

以制度为中心的解释：选举及其结果

笔者从政治制度主义的理论路径出发，以选举制度类型与设计作为核心解释变量，尝试分析欧美主要国家在受到相似的社会冲击时政党体制产生不同的变迁与分化的深层原因。本章立足于对两种选举制度及其联动效应的考察。一是政府首脑选举制度，议会制、总统制与半总统制下的政府首脑选举方式不同。议会制为间接选举，政府首脑及内阁由议会产生；总统制与半总统制通

[①] James G. March and Johan P. Olsen, "The New Institutionalism: Organizational Factors in Political Life," *The American Political Science Review*, Vol. 78, No. 3 (Mar. 1984), pp. 734-749.

常是直接选举。二是立法机构选举制度，即议会是由领先者胜出制、两轮多数选举制和比例代表制中的哪种选举制度选举产生的。除此之外，政府首脑选举与立法机构选举还会产生"联动效应"，即一方的优势可能会带动另一方的优势。比如，明星级新政治家的崛起往往有助于增加其所领导的新政党崛起的可能性，即联动效应上的"强化"；反过来说，新政党的首先崛起也可能反过来催生新的重要政治家，给原本在议会制条件下难以快速崛起的新政治家提供可能性，即联动效应上的"逆转"。具体而言：

第一，在政府首脑选举制度上，与议会制下政府首脑间接选举相比，总统制或半总统制下的直接选举更容易导致新政治家的崛起（论点一）。① 政府首脑的产生方式分为两类：一是经由选民直接选举产生（即便经过美国这样的选举人团计票方式），二是通过议会程序间接选举产生。其实，就政府形式或行政-立法关系而言，前者就是总统制（美国）与半总统制（法国），即选民经由民主投票直接选举总统；后者就是议会制（英国与德国），即选民先经过民主投票选举产生议会议员，然后再由议会选举或决定政府首脑人选——通常需要在议会获得多数支持。

政府首脑选举制度设计的不同很大程度上决定着新兴政治家崛起的难易程度。背后的主要机制是：一个新兴的明星政治家通过一次性全国普选获得成功，要比一个新兴政治家领导自己政党的一大批政治家同时在全国获得多数选区的成功更容易。在总统直接选举制度下，总统候选人只需要在一场简单多数制或两轮多

---

① Juan J. Linz, "The Perils of Presidentialism," *Journal of Democracy*, Vol. 1, No. 1 (Winter 1990), pp. 51-69.

数制的总统大选中击败其他单个候选人，即可当选总统。但在首相或总理间接选举制度下，首相或总理需要以单个政党或政党联盟控制议会的多数议席，这意味着其必须领导自己的政党同时赢得全国较多单个选区的选举成功。显然，后者难度更高。尤其是，欧美主要发达民主国家往往有着较为强大的主要政党。一个新政治家要想以这种方式实现选举突破，成为政府首脑，往往会遭到既有主要政党的强有力阻击。

这种首脑选举方式的差异，关键还在于"谁投票"的问题。直接选举总统，则选民拥有的权力比较大；间接选举首相或总理，则精英拥有的权力比较大。后者相当于一道针对政府首脑候选人的"同行审议"程序，所以，经由议会议员间接选举产生的政府首脑，往往是政治经验丰富、政治网络深厚的老牌政治家。相比而言，在政府首脑直接选举制下，无论是政治新人，还是政治局外人，只要他们具有足够魅力，能成为政治明星，能提出符合大众诉求的政纲，就能吸引到大量选民的支持。

第二，就议会选举制度而言，相比两轮多数选举制与比例代表制，新政党更不容易在领先者胜出制下实现崛起（论点二）。在领先者胜出制下，一个政党的选举结果取决于该政党派出或推荐的候选人在全国各单个选区跟其他政党候选人之间的一一对决。领先者胜出制的一个常见结果是更容易导致两党制，比如美国和英国。这也是迪韦尔热定律的发现。[1] 在这种

---

[1] Maurice Duverger, "Duverger's Law: Forty Years Later," in *Electoral Laws and Their Political Consequences*, eds. Bernard Grofman and Arend Lijphart (New York: Agathon Press, 1986), pp. 69-84.

情况下，全国各单个选区往往主要被全国性的两大主要政党垄断，或者是被区域性的两大政党垄断。一个新兴政党要想获得选举成功，意味着它要一下子吸引或培养许许多多在全国各单个选区具有影响力的政治家或候选人。这对一个新兴政党而言是极难做到的。从理论上讲，领先者胜出制往往会带来"获胜者红利"，或大型政党红利，即放大政党赢得的席位与选票之间的优势比，从而使新兴政党或小党更难赢得每个选区的议席。[1] 因此，美国和英国议会的选举制度更难孕育成功的新兴政党。

跟领先者胜出制相比，两轮多数选举制和比例代表制都更有利于新兴政党与小型政党。迪韦尔热认为，比例代表制倾向于导致形成多党制，两轮绝对多数决定制倾向于导致形成多个彼此存在政治联盟关系的政党。[2] 在这种情况下，由于没有一个或两个主要政党居于绝对的支配地位，选民的政党认同往往更加脆弱，新兴政党就更容易获得发展机会。特别是，当实行政党名单比例代表制时，一个富有魅力的政治家外加一个富有号召力的政治纲领，往往很容易帮助一个新兴政党的快速崛起。就议会选举制度而言，法国是两轮多数决定制，德国是混合型选举制度（即半数左右议席由比例代表制选举产生）。跟领先者胜出制相比，法国与德国议会的选举制度为新兴政党提供了更大的发展

---

[1] Pippa Norris, *Electoral Engineering: Voting Rules and Political Behavior* (Cambridge: Cambridge University Press, 2004), p. 45.

[2] Maurice Duverger, "Duverger's Law: Forty Years Later," in *Electoral Laws and Their Political Consequences*, eds. Bernard Grofman and Arend Lijphart (New York: Agathon Press, 1986), pp. 69-84.

机会。

第三，政府首脑选举和议会选举还存在着微妙的联动效应。这是指政府首脑选举有可能会影响议会选举，而议会选举有可能会影响政府首脑选举。特别需要指出的是，在同样的议会选举制度下，政府首脑的直接选举制度（即总统制或半总统制）更有利于推动新政党的崛起（论点三）。这是新兴的明星政治家通过赢得总统大选影响议会选举结果的情形。背后的机制是，新兴政治家当选或可能当选总统会带来一种"明星效应"。无论是对总统候选人个人特质的爱屋及乌，还是对其所在政党的特定的意识形态认同，都有可能推动选民把对明星政治家的支持扩展到在议会选举中对总统所在政党的支持。特别是，如果议会选举制度不是领先者胜出制，这种联动效应带来的"强化"可能会进一步放大。

另一点需要指出的是，在政府首脑间接选举制度（议会制）下，新政治家能否崛起关键在于新政党能否赢得议会的较多议席甚至是多数议席，而这在非领先者胜出制条件下更可能出现（论点四）。这一观点，前文已有论述。简而言之，在议会制条件下，新兴政党获得巨大成功，才能催生新的重要政治家。这是政治新星在议会制条件下实现崛起的主要路径。尽管在议会制条件下，新政治家更不容易崛起，但如果新政治家所领导的新兴政党成为议会的主要政党或多数政党，则能反过来推动新政治家的成功。尤其是，当议会选举制度是非领先者胜出制时，这种联动效应带来的"逆转"就更容易实现。

基于上述讨论，图 5-1 呈现了选举制度如何影响政党体制分化的基本逻辑。首先，可关注政府首脑是否通过直接选举方式产生。如果是，则新政治家更易崛起；否则，更难崛起。其次，可关注议会选举制度是否为领先者胜出制。如果不是，则新政党更易成功；否则，新政党更难成功。最后，可考察两者之间的联动效应。在政府首脑直接选举制（即总统制或半总统制）下，如果议会选举制度是非领先者胜出制，即比例代表制或两轮多数选举制，总统选举更有可能对议会选举产生强化的联动效应。此种条件下，新政治家在总统选举中的成功，更容易推动新政党在议会选举中的崛起。而当政府首脑为间接选举制度（议会制）时，原本新政治家是不容易崛起的，但在非领先者胜出制下，当新政党获得议会选举的巨大成功时，有可能产生逆转效应，即催生新兴政治家的突然崛起。接下来，笔者将对这四个国家进行更为具体的案例研究。

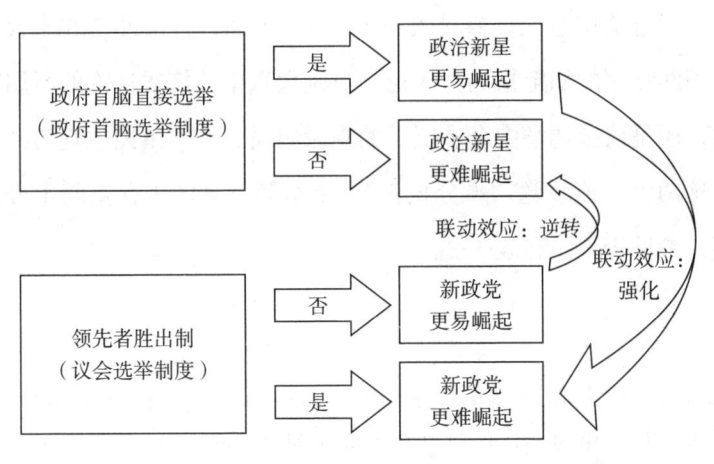

图 5-1 选举制度影响政党体制分化的基本逻辑

第五章 社会冲击与欧美政党体制的分化

美国："新人"与"旧党"的组合

21世纪10年代以来，随着全球化的加深，以及经济议题与身份认同、移民议题的合流，美国社会涌起大量诸如限制移民的呼声，对本土工人的工作及本土文化受到威胁表现出担忧，而政治不信任的加剧进一步引发了争议与焦虑。[1]在这些冲击之下，美国的政党政治发生了变化——呈现出一种"可能的新人"与"坚固的旧党"之间的组合。一方面，"政治素人"特朗普当选美国总统，构成了这一时期美国在政治领袖方面的新变化。在2016年总统选举中，特朗普作为缺乏从政经历，以企业家及媒体人的身份为公众所知的政治新人，却突破共和党党内初选重围，并在大选中以46.1%的民众得票率，获得全美538张选举人票中的304张，[2]成功击败民主党经验丰富的老牌政治家希拉里，当选美国总统，参见表5-1。另一方面，社会冲击并未改变美国两党制的稳定格局。无论是总统大选中总统候选人的所属党派，还是议会选举中众多议员的党派归属，基本由民主党与共和党这两大主流政党"平分秋色"，留给第三党的生存空间十分狭小，参见表5-1和表5-2。

---

[1] 弗朗西斯·福山：《身份政治：对尊严与认同的渴求》，刘芳译，北京：中译出版社，2021，第10—12页；M. H. Graham and M. W. Svolik, "Democracy in America? Partisanship, Polarization, and the Robustness of Support for Democracy in the United States," *American Political Science Review*, Vol. 114, No. 2 (2020), pp. 392-409。

[2] 2016年总统选举由于存在失信选举人（faithless electors），特朗普与希拉里分别有2张和5张的选举人票损失。

表 5-1　2000—2020 年美国总统选举结果

年份	政党	候选人	大众得票率	选举人票（538 张）	总统
2000	共和党	小布什	47.9%	271	小布什
	民主党	戈尔	48.4%	266	
2004	共和党	小布什	50.7%	286	小布什
	民主党	克里	48.3%	251	
2008	民主党	奥巴马	52.9%	365	奥巴马
	共和党	麦凯恩	45.7%	173	
2012	民主党	奥巴马	51.1%	332	奥巴马
	共和党	罗姆尼	47.2%	206	
2016	共和党	特朗普	46.1%	304	特朗普
	民主党	希拉里	48.2%	227	
2020	民主党	拜登	51.3%	306	拜登
	共和党	特朗普	46.9%	232	

（资料来源：美国联邦选举委员会，参见 https://www.fec.gov/introduction-campaign-finance/election-and-voting-information）

学界不乏对特朗普的获胜进行研究的文献，尝试回答其胜利背后的原因是什么。笔者分析的侧重点在于探寻"特朗普现象"背后的制度逻辑——政府首脑的直接选举制度更容易导致新政治家的崛起（论点一）。从制度程序上看，总统诞生须经党内初选与全国大选两个过程。就全国大选而言，美国实行选举人团制度。[①]总统候选人只要赢得州大众选票的相对多数，就能赢得该州全部的选举人票，而获得绝对多数选举人票的候选人，将成为选举的最终赢家。[②] 在这一民主选举制度下，总统候选人只需要在大选

---

① 笔者谈及的直接选举制度是广义的，即强调的是由选民民主投票直接产生。尽管美国总统选举需要经过选举人团选举，但选举人团的投票按照目前的选举制度是名义上的，故美国的总统选举制度仍然属于直接选举制度。

② David B. Magleby, Paul C. Light, and Christine L. Nemacheck, *Government by the People: Structure, Action, and Impact* (New York: Pearson, 2016), p. 210.

第五章　社会冲击与欧美政党体制的分化　　175

中击败另一党的单个候选人，即可以当选总统。且相较于法国的情形，美国在全国大选中，往往主要是民主党与共和党的两名候选人参与角逐。这同样比议会制下由单个政治家领导自己政党的一大批政治家同时在全国获得多数单个选区的成功更容易。

除此之外，总统制与议会制的首脑选举方式的差异，还体现在"谁投票"的问题上。选民的民主投票方式使民众的权力较大，而间接选举制度下政治精英的权力更大。这一性质具有两个层面的影响，一是精英与大众对政治家的选择存在差异与侧重。值得一提的是，目前两党的党内初选制度也为政治新人的崛起提供了一定的可能性。事实上，两党总统提名程序在绝大多数州都经历了从精英向大众的转变——从最初的一小群政治精英非正式地决定，到党团会议（caucus）主导，再到党团会议和初选并存，到现在以初选为主导的过程。[①] 这实际上减弱了"同行审议"的筛选效用，为政治新人在全国大选中崭露头角提供了程序上的可能性。史蒂文·列维茨基和丹尼尔·齐布拉特也因此认为，特朗普能获得共和党提名并当选总统的一个重要原因是，美国过去由全国和地方性政党领袖、政党精英提名和决定本党总统候选人的方式，已经演变为由普通党员投票来决定候选人。[②] 尽管两党仍不同程度地保留着超级代表（superdelegate）名额，但其数量和作用都相对有限，如2016年两党初选中，民主党的超级代表比例

[①] Michael Nelson, *The Presidency and the Political System* (Washington: CQ Press, 2018), pp. 222-227.

[②] Steven Levitsky and Daniel Ziblatt, *How Democracies Die* (New York: Crown Publishing, 2018), pp.39-52.

为14.9%，而共和党的超级代表仅占4.4%。①除此之外，由于党内初选中，候选人政策、立场的区分度相较于全国大选并不突出，加之各州复杂的初选程序设定，共同对候选人在金钱、宣传等方面的实力-提出要求。即便候选人缺乏政治经验，但如果有足够时间和金钱去宣传动员，仍有可能成为总统候选人。②

二是大众政治为具有鲜明个人特色的候选人提供了一条开放式的渠道。在这一过程中，候选人如何将自己的政策立场、意识形态及个人形象特点传达给民众将显得尤为重要。即便是政治新人，只要具有足够魅力，能成为政治明星，能提出符合大众诉求的政纲，能动员起具有相似特点、持有类似情感认同与政治立场的特定民众参与投票，就能有较大的获胜概率。正如一些研究所指出的，特朗普所持有的强烈反移民立场，强调白人族裔文化的主导性，以及在经济社会政策上的保守主义态度等，贴合了美国社会中特定选民的诉求。③进一步说，大众民主投票的方式，对候选人背后的资金实力、竞选能力与选举策略等技术性要素提出

---

① "The Green Papers Presidential Primaries 2016 Republican Pledged and Unpledged Delegate Summary," The Green Papers, https://www.thegreenpapers.com/P16/R-PU.phtml; "The Green Papers Presidential Primaries 2016 Democratic Pledged and Unpledged Delegate Summary," The Green Papers, http://www.thegreenpapers.com/P16/D-PU.phtml.

② Nelson W. Polsby, Aaron B. Wildavsky, Steven E. Schier, and David A. Hopkins, *Presidential Elections: Strategies and Structures of American Politics* (Lanham and Maryland: Rowman & Littlefield, 2012), pp. 224-227.

③ Marc Hooghe and Ruth Dassonneville, "Explaining the Trump Vote: The Effect of Racist Resentment and Anti-Immigrant Sentiments," *PS: Political Science & Politics,* Vol. 51, No. 3 (2018), pp. 528-534；Mark Setzler and Alixandra B. Yanus, "Why Did Women Vote for Donald Trump?" *PS: Political Science & Politics,* Vol. 51, No. 3 (2018), pp. 523-527.

了更直接的要求。无论是组织竞选团队、竞选演讲与电视辩论，还是游说等，相较于政治经验，这些方面的因素在现实中可能更具支配性。此外，自媒体的兴起也为那些特色鲜明、具有个人魅力的政治家提供了快速提高个人影响力的可能性。特朗普的竞选就大大受益于自媒体的传播力量。[1]

继而言之，对于"旧党为何坚固"这一问题，文本将从论点二展开讨论——就议会选举而言，新政党更不容易在领先者胜出制下实现崛起。领先者胜出制是指在单一选区中，选民为议员候选人投单票，拥有相对最多选票的候选人当选。这一制度意味着，一个政党需要派出候选人在全国各单个选区跟其他政党的候选人一一对决，在每一选区有且仅有一个胜出的候选人。新兴政党要想崛起，要求其能一次性派出在全国众多选区具有影响力的候选人，才能达到在一次选举中赢得较多议席的目标。另外，领先者胜出制所带来的"获胜者红利"，往往会放大原先主要政党赢得的席位与选票之间的优势比，从而使新兴政党或小规模政党更难在选举中获得席位。[2]

这样，在美国议会选举中，罕有第三党或独立候选人能对共和党与民主党在议会中的议席形成有效挑战。2000 年以来的美

---

[1] Gunn Enli, "Twitter as Arena for the Authentic Outsider: Exploring the Social Media Campaigns of Trump and Clinton in the 2016 US Presidential Election," *European Journal of Communication*, Vol. 32, No. 1 (2017), pp. 50-61.

[2] Pippa Norris, *Electoral Engineering: Voting Rules and Political Behavior* (Cambridge: Cambridge University Press, 2004), p. 45; Matthew S. Shugart, "Inherent and Contingent Factors in Reform Initiation in Plurality Systems," in *To Keep or To Change First Past The Post: The Politics of Electoral Reform*, ed. André Blais (Oxford: Oxford University Press, 2008), pp. 12-14.

国众议院选举结果就充分证明了这一点,参见表5-2。而美国参议院的选举结果也类似,这里就不再赘述。总的来说,在领先者胜出制下,两大主要政党及其议员的优势会非常突出。另外,有研究表明,在2012—2016年的选举中,一些曾坚定支持民主党的工会成员转而支持共和党,后者同样存在部分受过大学教育的白人向民主党倒戈的情形。[①] 这意味着,由于既有大党已形成具有垄断性的地位,选民即便要改变其政党支持,也更有可能在"坚固的旧党"之间做选择。

表5-2 2000—2020年美国众议院选举结果

年份	政党	得票率	议席(总数435席)
2000	共和党	47.6%	221
	民主党	47.1%	212
2002	共和党	50.0%	229
	民主党	45.2%	205
2004	共和党	49.4%	232
	民主党	46.8%	202
2006	民主党	52.3%	233
	共和党	44.3%	202
2008	民主党	53.2%	257
	共和党	42.6%	178
2010	共和党	51.7%	242
	民主党	44.9%	193

---

① Joshua N. Zingher, "An Analysis of the Changing Social Bases of America's Political Parties: Group Support in the 2012 and 2016 Presidential Elections," *Electoral Studies*, Vol. 60 (2019), https://doi.org/10.1016/j.electstud.2019.04.004.

(续表)

年份	政党	得票率	议席（总数435席）
2012	共和党	47.7%	234
	民主党	48.8%	201
2014	共和党	51.2%	247
	民主党	45.5%	188
2016	共和党	49.1%	241
	民主党	48.0%	194
2018	民主党	53.4%	235
	共和党	44.8%	199
2020	民主党	50.8%	222
	共和党	47.7%	213

（资料来源：美国联邦选举委员会，参见 https://www.fec.gov/introduction-campaign-finance/election-and-voting-information）

德国：新政党快速崛起的案例

德国政党政治最近一二十年呈现出许多重要的新变化。21世纪10年代以来，随着全球化的深入及其带来的难民危机与移民危机、国内族群宗教多样性的增强、疑欧主义的盛行、政治不信任的加剧，在德国掀起了基于族群、宗教的民族主义与保守主义浪潮。这就冲击了德国现有政党体制与政治力量的分布格局。

在这些冲击下，德国最近10来年的政治变迁集中体现在议会（联邦议院）中新政党的兴起上，对原先较为稳定的德国政党体制造成了一定的冲击。冷战结束与两德统一之后，德国形成了相对稳定的温和多党制的政党体制格局。联盟党（由德国基督教民主联盟、巴伐利亚基督教社会联盟组成）与德国社会民主党是两大主要政党，自由民主党、左翼党、联盟90/绿党（以下简称绿党）等小型政党有时能以"关键性小党"的角色参与联合政府。然而，在2017年议会选举中，2013年成立的、被视为极端右翼政党的德国选择党表现颇佳，凭借94个议席一举成为议会的第三大政党，创造了战后德国联邦议院新政党中的最佳选举成绩。[1]但从近20年的选举数据来看，德国政治新人并不容易崛起，老牌政治家依然占据主流，参见表5-3。

表5-3 2002—2021年德国联邦议院选举结果

年份	政党	第一票得票率	议席	第二票得票率	议席	总议席	执政联盟	总理
2002	社会民主党	41.9%	171	38.5%	80	251	社会民主党-绿党	施罗德（社会民主党）
	基督教民主联盟	32.1%	82	29.5%	108	190		
	巴伐利亚基督教社会联盟	9%	43	9%	15	58		
	绿党	5.6%	1	8.6%	54	55		
	自由民主党	5.8%	0	7.4%	47	47		
	民主社会主义党	4.3%	2	4%	0	2		
2005	社会民主党	38.4%	145	34.2%	77	222	联盟党-社会民主党	默克尔（基督教民主联盟）
	基督教民主联盟	32.6%	106	27.8%	74	180		
	自由民主党	4.7%	0	9.8%	61	61		
	左翼党（新）	8%	3	8.7%	51	54		
	绿党	5.4%	1	8.1%	50	51		
	巴伐利亚基督教社会联盟	8.2%	44	7.4%	2	46		

---

[1] A. Goerres, D. C. Spies, and S. Kumlin, "The Electoral Supporter Base of the Alternative for Germany," *Swiss Political Science Review*, Vol. 24, No. 3 (2018), pp. 246-269.

（续表）

年份	政党	第一票得票率	议席	第二票得票率	议席	总议席	执政联盟	总理
2009	基督教民主联盟	32%	173	27.3%	21	194	联盟党-自由民主党	默克尔（基督教民主联盟）
	社会民主党	27.9%	64	23%	82	146		
	自由民主党	9.4%	0	14.6%	93	93		
	左翼党	11.1%	16	11.9%	60	76		
	绿党	9.2%	1	10.7%	67	68		
	巴伐利亚基督教社会联盟	7.4%	45	6.5%	0	45		
2013	基督教民主联盟	37.2%	191	34.1%	64	255	联盟党-社会民主党	默克尔（基督教民主联盟）
	社会民主党	29.4%	58	25.7%	135	193		
	左翼党	8.2%	4	8.6%	60	64		
	绿党	7.3%	1	8.4%	62	63		
	巴伐利亚基督教社会联盟	8.1%	45	7.4%	11	56		
2017	基督教民主联盟	30.2%	185	26.8%	15	200	联盟党-社会民主党	默克尔（基督教民主联盟）
	社会民主党	24.6%	59	20.5%	94	153		
	德国选择党（新）	11.5%	3	12.6%	91	94		
	自由民主党	7%	0	10.7%	80	80		
	左翼党	8.6%	5	9.2%	64	69		
	绿党	8%	1	8.9%	66	67		
	巴伐利亚基督教社会联盟	7%	46	6.2%	0	46		
2021	社会民主党	26.4%	121	25.7%	85	206	社会民主党-绿党-自由民主党	朔尔茨（社会民主党）
	基督教民主联盟	22.5%	98	18.9%	54	152		
	绿党	14%	16	14.8%	102	118		
	自由民主党	8.7%	0	11.5%	92	92		
	德国选择党	10.1%	16	10.3%	67	83		
	巴伐利亚基督教社会联盟	6%	45	5.2%	0	45		
	左翼党	5%	3	4.9%	36	39		
	南石勒苏益格选民协会	0.1%	0	0.1%	1	1		

（资料来源：德国联邦选举委员会，参见 https://www.bundeswahlleiter.de/en/bundeswahlleiter.html）

从制度主义的视角出发，笔者认为正是由于德国联邦议院选举所实行的混合型选举制度——主要是半数左右议席由比例代表制选举产生，为新政党的兴起提供了机会（论点二）。这一选举制度的具体特点是，议会中半数左右的议席由政党名单比例代表制选举产生，半数左右议席则通过单一选区领先者胜出制选出。正如迪韦尔热所论述，比例代表制倾向于导致形成多党制。[1] 因为在政党名单比例代表制下，一个富有魅力的政治家外加一个富有号召力的政治纲领，就极有可能赢得一定比例的选民支持，进而帮助一个新兴政党实现快速崛起。从 2017 年德国联邦议院的选举结果来看，德国选择党在第一票（领先者胜出制）以 11.5% 的得票率，仅得到 3 个单一选区席位，而绝大部分多数制议席均由联盟党与社会民主党收入囊中，但在第二票（比例代表制）能以 12.6% 的得票率，赢得 91 个席位，参见表 5-3。2021 年联邦议院选举结果也是类似的。这恰恰提供了一个完美的对比实验——正是因为德国混合型选举制度中包括了半数左右的比例代表制议席，进而为新政党的崛起提供了更大的机会。

与此同时，德国政治领导层表现出一定的稳定性，即近年来鲜有政治新人实现成功的崛起。这同德国议会制下政府首脑间接选举制度有关，新政治家要在这一制度下实现成功并不容易（论点一）。《德意志联邦共和国基本法》规定，德国总理需要经过联

---

[1] Maurice Duverger, "Duverger's Law: Forty Years Later," in *Electoral Laws and Their Political Consequences,* ed. Bernard Grofman and Arend Lijphart (New York: Agathon Press, 1986), pp. 69-84.

邦议院过半数的支持方能当选。经由议会议员间接选举产生的政府首脑，往往是政治经验丰富、政治网络深厚的老牌政治家。新政治家要在这种政府首脑产生机制下崛起，意味着他必须领导自己的新政党同时赢得全国较多单个选区的成功，并最终控制联邦议院的多数议席或较多议席。德国选择党在2017年、2021年的大选中成绩非常突出，但远未达到能使其政党领袖成为德国主要政治家的议席数量门槛。

　　进一步说，德国历史上还存在一个恰当的补充案例，即魏玛共和国时期希特勒与纳粹党的崛起。通常，在议会制条件下，新政治家不太容易崛起。但在政党名单比例代表制下，新政党一旦实现崛起并能控制议会下院过半数或最多议席，则可能产生联动效应中的"逆转"，也就是使原本在议会制下崛起机会渺茫的新政治家实现成功崛起（论点四）。尽管从严格意义上说，魏玛共和国时期的政治制度是半总统制和比例代表制的组合，但希特勒的崛起，经历了先成为总理再成为总统的过程。当希特勒成为政府总理时，即已完成新政治家的崛起过程。事实上，希特勒的崭露头角可以追溯至1930年的联邦议院选举，其领导的纳粹党以18.3%的得票率拿下107个席位并一举成为议会第二大党。在随后1932年举行的两次议会选举中，纳粹党的得票率分别跃升至37.3%和33.1%，超越了原先的最大政党社会民主党，稳居得票率与席位数的榜首。基于此，希特勒于1933年由时任总统兴登堡任命成为政府总理。[①]由此可见，正是纳粹党在议会选举中的成功，推动了希特勒从政

[①] Richard J. Evans, *The Coming of the Third Reich* (London: The Penguin Press), 2004.

治新人到总理的崛起之路。这也构成了新政治家崛起的第二种路径。

法国：新政党与新政治家

21世纪10年代以来，法国社会出现了诸如经济增长疲软、大规模移民、多元文化冲突以及恐怖主义等日益严峻的问题。与此同时，法国主流的中左翼社会党与中右翼共和党（前身为人民运动联盟）对这些问题的解决不力，也加深了选民对主流政党和政治机构的不信任态度。[①]

在上述社会冲击下，法国政治与政党体制的变化同时发生在政治家与政党两个领域——既出现了新的主要政治家，又崛起了新的政党。2017年的选举，打破了以往社会党与共和党主导的政党体制。在总统选举中，并非法国两大主要政党候选人的马克龙成功当选法国总统。同时，国民阵线的领导人玛丽娜·勒庞也进入总统选举第二轮决赛，实现了该党的历史性突破，参见表5-4。在随后进行的法国议会（国民议会）选举中，马克龙创立的新政党共和国前进党一举赢得议会大选，而共和党与社会党两大政党仅获577个议席中112席和30席的历史最低成绩，参见表5-4。

[①] S. Bornschier and R. Lachat, "The Evolution of the French Political Space and Party System," *West European Politics*, Vol. 32, No. 2 (2009), pp. 360–383.

表 5-4　2002—2017 年法国国民议会选举结果

年份	政党	第一轮得票率	第二轮得票率	议席（577 席）	多数党联盟
2002	人民运动联盟（新）	33.3%	47.3%	357	人民运动联盟-法国民主联盟-自由民主党-保卫法兰西联盟-法兰西运动-混杂右翼 399 席
	社会党	24.1%	35.3%	140	
	法国民主联盟	4.9%	3.9%	29	
	法国共产党	4.8%	3.3%	21	
2007	人民运动联盟	39.5%	46.4%	313	人民运动联盟-新中心党-法兰西运动-混杂右翼 345 席
	社会党	24.7%	42.3%	186	
	新中心党（新）	2.4%	2.1%	22	
	法国共产党	4.3%	2.3%	15	
2012	社会党	29.4%	40.9%	280	社会党-欧洲生态党绿党-激进左翼党-混杂左翼 331 席
	人民运动联盟	27.1%	38%	194	
	欧洲生态党绿党	5.5%	3.6%	17	
	新中心党	2.2%	2.5%	12	
	国民阵线	13.6%	3.7%	2	
2017	共和国前进党（新）	28.2%	43.1%	308	共和国前进党-民主运动 350 席
	共和党	15.8%	22.2%	112	
	民主运动	4.1%	6.1%	42	
	社会党	7.4%	5.7%	30	
	不屈的法兰西（新）	11%	4.9%	17	
	国民阵线	13.2%	8.8%	8	

（资料来源：法国内政部，参见 https://www.elections.interieur.gouv.fr/resultats/resultats-de-toutes-elections）

法国政党政治与政党体制的相对不稳定性可以用选举制度的设计来解释。首先，法国新政治家为何能崛起的机制，同美国案例是类似的，即政府首脑的直接选举制度对新政治家的崛起具有积极作用（论点一）。法国总统选举是选民直接投票产生，在规则上实行两轮投票制——如果第一轮投票中没有候选人获得过半数选票，则得票前两名的候选人进入第二轮投票，再由第二轮中获得相对多数选票者当选总统。相较于美国大选中两党竞争的格局，法国总统选举的第一轮投票通常较为分散。一般而言，候选人获得约20%的选票就有机会进入第二轮的决赛，参见表5-5。这一制度设计，客观上降低了政治新星在法国政治舞台上崭露头角所需的选票门槛。

表5-5　2002—2022年法国总统选举结果

年份	政党	候选人	第一轮得票率	第二轮得票率	总统
2002	保卫共和联盟[①]	希拉克	19.9%	82.2%	希拉克
	国民阵线	让-玛丽·勒庞	16.9%	17.8%	
	社会党	若斯潘	16.2%	—	
2007	人民运动联盟	萨科齐	31.2%	53.1%	萨科齐
	社会党	罗亚尔	25.9%	46.9%	
	法国民主联盟	贝鲁	18.6%	—	
2012	社会党	奥朗德	28.6%	51.6%	奥朗德
	人民运动联盟	萨科齐	27.2%	48.4%	
	国民阵线	玛丽娜·勒庞	17.9%	—	
2017	共和国前进党（新）	马克龙	24%	66.1%	马克龙
	国民阵线	玛丽娜·勒庞	21.3%	33.9%	
	共和党	菲永	20%	—	
	不屈的法兰西（新）	梅朗雄	19.6%		

[①] 保卫共和联盟于2002年的总统选举与议会选举之间融入时任总统希拉克创立的新政党人民运动联盟中，后者又于2015年重建并更名为共和党。

第五章　社会冲击与欧美政党体制的分化

（续表）

年份	政党	候选人	第一轮得票率	第二轮得票率	总统
2022	共和国前进党	马克龙	27.9%	58.6%①	马克龙
	国民联盟	玛丽娜·勒庞	23.2%	41.5%	
	不屈的法兰西	梅朗雄	22%	—	

（资料来源：法国内政部，参见 https://www.elections.interieur.gouv.fr/resultats/resultats-de-toutes-elections）

  近年来，法国老牌政党与政治家的民众支持率出现了普遍的下降，这就为政治新人和新政党的崛起提供了政治空间。马克龙就是能够把握这一政治机会的新兴政治家。在 2017 年法国总统选举中，持有中间立场并颇具个人魅力的马克龙，以新兴政治家和新兴政党领袖的身份参选，成功挑战了传统大党推出的政治领袖而一举当选法国总统。尽管持有鲜明的反移民、反经济全球化立场，倾向于代表年轻的中下阶层群体的勒庞最终没能成为总统，但这次选举也构成勒庞及国民阵线在选举政治上的新突破。② 当阶级冲突、欧洲一体化立场、移民问题和恐怖主义等议题逐渐重塑或加剧着法国的社会分裂时，那些能敏锐地捕捉这些变化并将其迅速反映到其政策立场中的候选人，更能在竞选中赢得先机并占据头筹。而法国半总统制条件下的政府首脑的直接选举制，恰恰为新人和新政党提供了更多的政治机会。

  其次，关于法国议会选举中新政党为什么有机会崛起的讨论，

---

① 由于四舍五入的缘故，此处加总略高于 100%。
② Daniel Stockemer and Abdelkarim Amengay, "The Voters of the FN under Jean-Marie Le Pen and Marine Le Pen: Continuity or Change?" *French Politics*, Vol. 13, No. 4 (2015), pp. 370-390.

则根植于论点二的逻辑,即法国国民议会选举实行的两轮多数选举制(非领先者胜出制)有利于新政党的崛起。这一选举制度的具体规则是,在单一选区中,如果候选人在第一轮投票获得绝对多数选票(且满足登记选民的 1/4)则当选为议员,否则由登记选民得票率达 12.5% 的候选人进入二轮投票并以相对多数规则当选。① 在这一规则下,法国形成了多个彼此存在政治联盟关系的政党,为新党的诞生与小党的生存提供了包容的制度空间。这实际上也符合迪韦尔热定律的发现。尽管各党派的议席主要产生于第二轮投票中,但这种选举制度跟领先者胜出制相比,法国第一轮选举中的选民态度更接近于比例代表制的情形,这就给新兴的议题型或其他政党提供了在第一轮投票中崭露头角的良好机会。

值得一提的是,同为非领先者胜出制的选举制度类型,法国新政党崛起的力度似乎相较于德国更大。本章的解释框架认为,在议会选举制度均为非领先者胜出制的条件下,政府首脑的直接选举制度可能会带动新政党的快速崛起。笔者将其称为政府首脑选举对议会选举所产生的"强化"的联动效应(论点三)。这意味着政治新星一旦赢得总统大选或成为呼声极高的总统候选人,则会影响议会的选举结果,有利于其所在的新兴政党快速崛起。当法国总统选举与议会选举保持一前一后的时间差,且间隔时间较短时,就容易出现"蜜月效应"。② 事实上,

---

① 郭华榕:《法国政治制度史》,北京:人民出版社,2015,第 550—551 页。

② Jocelyn Evans and Gilles Ivaldi, "An Atypical 'Honeymoon' Election? Contextual and Strategic Opportunities in the 2017 French Legislative Elections," *French Politics*, Vol. 15, No. 3 (2017), pp. 322-339.

自 2002 年至今的法国议会选举，基本遵循了这一逻辑。无论是出于对总统个人特质的爱屋及乌，还是对其所在政党特定意识形态的认同等，都有可能推动选民把对明星政治家的支持扩展到在议会选举中对其所在政党的支持之上。因此，与议会制条件下德国的情形不同，法国往往能以新政治家的成功去带动新政党的成功，马克龙与共和国前进党的双双获胜即是联动效应的体现。

英国：政党体制的相对稳定性

英国经历了与其他欧美主要发达民主国家相类似的社会冲击。21 世纪 10 年代以来，英国社会对欧洲一体化和大规模移民的焦虑不断增加，国内则是右翼对经济增长乏力的担忧与左翼对于阶级固化的担忧结合在一起，所有这些一同对英国政治与政党体制构成了冲击。但跟上述国家的案例相比，英国的政党体制保持了更高的稳定性。上述社会冲击并未撼动英国长期以来形成的保守党和工党主导的政党体制与政治格局。最近 20 来年，在英国 6 届政府中，工党单独执政 2 届政府（2001—2010 年），保守党单独执政或与规模较小的自由民主党联合执政 4 届政府（2010 年至今），参见表 5-6。由此可见，无论是政党，还是政治家，英国的政党体制都表现出显著的稳定性。在此期间，英国（至少是内政意义上，未包括欧洲议会选举）既未受到新政党的显著挑战，也没有出现新政治家的崛起。

表 5-6 2001—2019 年英国议会下院选举结果

年份	政党	得票率	议席	执政党	首相
2001	工党	40.7%	412	工党	布莱尔
	保守党	31.7%	166		
	自由民主党	18.3%	52		
2005	工党	35.2%	355	工党	布莱尔
	保守党	32.4%	198		
	自由民主党	22.0%	62		
2010	保守党	36.1%	306	联合执政（保守党-自由民主党联盟）	卡梅隆（保守党）
	工党	29.0%	258		
	自由民主党	23.0%	57		
2015	保守党	36.8%	330	保守党	卡梅隆
	工党	30.4%	232		
	英国独立党	12.6%	1		
2017	保守党	42.3%	317	保守党	特雷莎·梅
	工党	40.0%	262		
	自由民主党	7.4%	12		
2019	保守党	43.6%	365	保守党	约翰逊
	工党	32.1%	202		
	自由民主党	11.6%	11		

（资料来源：英国议会下院图书馆，参见 https://commonslibrary.parliament.uk/research-briefings/cbp-8647/#fullreport）

面对类似的社会冲击，为什么英国的政党体制依然能保持良好的稳定性呢？按照笔者的分析框架，英国恰好属于政府首脑间接选举与领先者胜出制相结合的制度类型。这意味着，无论是对于新政党，还是对于新政治家，英国现有的政治制度都难以为其提供有利的空间与机会（论点一、论点二）。就政治家的崛起而言，英国首相须经议会选举产生，且往往由议会多数党领袖出任。相较于美国和法国的总统直接选举制度，即有影响力或魅力的新兴政治家依靠个人特质或富有吸引力的政治纲领就有机会胜出，英国新兴政治家的崛起取决于其能否在议会下院取得过半数或相对较多议席的支持，这要求他领导自己的新政党在全国许多单个选区赢得选举成功，而这一点对新兴政治家来说是极难做到的。

类似的，在领先者胜出制下，新政党要想在议会大选中崛起往往困难重重。众所周知，英国政党体制总体上以两党制为基本特征，保守党与工党在全国绝大部分选区拥有支配性的优势——苏格兰地区则主要是保守党与苏格兰民族党的对决。这也符合迪韦尔热定律所揭示的一般规律。在这种选举制度与政党结构之下，新政党要想实现单个选区的突破都难度很大，何况要实现在全国许多选区的整体突破。以奈杰尔·法拉奇领导的英国独立党为例，该党在2015年的英国议会下院选举中获得高达12.6%的得票率，但仅仅得到了1个议席。这生动地展示了领先者胜出制对英国现有政党体制的稳定作用。

而英国的欧洲议会选举恰好提供了一个有效的对比案例。与领先者胜出制不同，英国的欧洲议会选举实行的是比例代表制。除此之外，这两种类型的选举所对应的社会背景与选民状况几乎完全相同，正好提供了一组对比实验。表5-7记录了2004—2014年英国的欧洲议会选举结果，英国独立党在3届选举中都取得了相对突出的成绩。在比例代表制下，新政党显然更有可能实现快速崛起。由此可以得出的推论是：如果英国议会下院实行比例代表制，那么英国独立党早就已经成为英国国内政治中的主要政党了；如果英国的欧洲议会选举实行领先者胜出制，那么英国独立党大概也没有多少机会能够实现作为一个新政党的快速崛起。

表5-7 2004—2014年欧洲议会选举（英国）选举结果

年份	政党	得票率[①]	议席
2004	保守党	26.7%	27
	工党	22.6%	19
	英国独立党	16.2%	12
	自由民主党	14.9%	12
	绿党	6.2%	2
2009	保守党	27.7%	25
	英国独立党	16.5%	13
	工党	15.7%	13
	自由民主党	13.7%	11
	绿党	8.6%	2
	英国国家党	6.2%	2
2014	英国独立党	27.5%	24
	工党	25.4%	20
	保守党	23.9%	19
	绿党	7.9%	3
	自由民主党	6.9%	1

（资料来源：欧洲议会，参见 https://www.europarl.europa.eu/about-parliament/en/in-the-past/previous-elections）

---

① 该数据不包括北爱尔兰地区，北爱尔兰地区单独采用了不同的计票方式选举3名欧洲议会议员。

第五章　社会冲击与欧美政党体制的分化

新人与新党：政党体制何以分化

综上所述，笔者通过对美、英、法、德四个发达工业民主国家进行横向与纵向的比较研究，论证了从制度主义视角提出的四个核心论点。尽管四个国家的具体情形千差万别，但美、英、法、德四国政党体制的变迁与分化，都有着类似的一套因果机制——政府首脑的直接选举制度有助于新政治家崛起，非领先者胜出制的议会选举制度有助于新政党崛起。首脑选举与议会选举之间可能会产生强化的联动效应或逆转效应。因此，面对类似的社会冲击，这些基本政治制度相似、发展水平相当的欧美发达民主国家的政党体制的变迁与分化，很大程度上取决于它们在政府首脑与议会选举制度上的具体设计。表 5-8 总结了四个国家选举制度的差异以及它们政党体制的变迁与分化。

表 5-8 美、英、法、德的选举制度与政党体制的分化

选举制度		政府首脑选举制度：直接选举制？	
		是	否
议会选举制度：领先者胜出制？	是	政治新星更易崛起 新政党更难崛起 （美国）	政治新星更难崛起 新政党更难崛起 （英国）
	否	政治新星更易崛起 新政党更易崛起 （法国）	政治新星更难崛起 新政党更易崛起 （德国）

总的来说，笔者对美、英、法、德四个国家政党体制的比较基于这样一个前提——它们同为发达工业民主国家，同时受到了类似的社会冲击。本章基于政治制度主义的理论路径，解释了

21世纪10年代以来四个国家在应对类似全球性社会冲击时政党体制的变迁与分化背后的原因。

笔者把选举制度设计的差异作为核心变量来解释这些国家政党体制的变迁与分化。具体而言，笔者的主要观点是：第一，就政府首脑选举制度而言，同议会制下政府首脑间接选举相比，总统制或半总统制下的直接选举更容易导致新政治家的崛起；第二，就议会选举方式而言，相比两轮多数选举制与比例代表制，在领先者胜出制下新政党更不容易崛起；第三，在同样的议会选举制度下，政府首脑的直接选举制度有利于形成"明星效应"以推动新政党的成功，这是联动效应带来的"强化"；第四，在非领先者胜出制条件下，如果新政党赢得了议会选举的巨大成功，那么就有可能推动代表新政党的新兴政治家实现在政治上的崛起，这是联动效应带来的"逆转"。

笔者继而通过对美、英、法、德四个民主政体的案例研究论证了上述观点。多国的横向比较展现了这些国家政党体制稳定与变迁的多样性，同时体现了其背后逻辑体系的一致性。从类型学角度分析，美国是总统直接选举制和议会领先者胜出制的组合，新政治家崛起相对容易，但新政党兴起较为困难，表现为2016年政治新人特朗普的选举成功，但美国的两党制仍然非常坚固。德国是政府首脑间接选举制和议会混合型选举制的组合，进而为德国选择党的崛起提供了制度基础，但新政治家的崛起难度很大。法国则是既有新政治家（马克龙）崛起又有新政党（共和国前进党）崛起的组合，原因在于法国是政府首脑直接选举制与议会两轮多数选举制的组合。而英国是政府首脑间接选举制和议会下院领先者胜出制，这套选举制度设计的组合带来了英国政党体制相对的稳定性，因此新政治家与新政党在英国崛起难度都更大。

与此同时，同一国家内部的纵深比较，同样展现了一国政党体制及其稳定性的变化。以英国为例，同一政党在英国欧洲议会选举与英国议会下院选举结果的不同，有助于进一步分析在其他条件不变的情况下，比例代表制与领先者胜出制所产生的不同结果。拿德国来说，从魏玛共和国到今天的德国，不同的选举制度设计当然会导致政党体制稳定性的差异。这些同一国家不同类型、不同时期的制度案例比较研究也进一步验证了笔者的论点。

进一步说，在全球性社会冲击之下，美、英、法、德四个欧美发达工业民主国家的政党体制在稳定性上呈现出了显著的差异。那么，究竟哪一种或哪一国的政党体制表现更为优越呢？目前，学术界似乎存在一种"稳定偏好"的趋势，即默认稳定比变迁好。从历史经验来看，政党体制的不稳定有可能引发民主本身的不稳定。就此而言，学术界长期以来的稳定偏好是有其理论逻辑与历史经验支撑的。然而，问题是，政党体制是否越稳定越好呢？这是值得进一步探讨的问题。有时，稳定或许是一把"双刃剑"：一方面，稳定的政党体制有助于减少急剧变化可能带来的风险；另一方面，过于稳定也可能导致政治结构的僵化与政治回应性的降低，这是否同样会带来一定的潜在风险呢？面对外部社会冲击，在政党体制的稳定与变迁之间，究竟孰优孰劣呢？这或许就涉及基本政治价值上的争论——是更偏向于保守，还是更偏向于进步？这场关乎基本价值倾向的论战看来还远没有结束。

第六章

三重政治经济失衡与全球化的挑战

自21世纪10年代以来，世界政治中的"黑天鹅"现象频现。首先是英国"脱欧派"在2016年6月23日举行的全民公决中胜出，其次是美国共和党候选人、华盛顿的"局外人"特朗普在2016年11月7日的美国大选中当选总统，这两大政治事件都跟此前英美主流民意调查的预测相反。与此同时，2016年至今，在奥地利、意大利、法国、德国、荷兰等很多欧盟国家，极右翼政党、民族主义保守政党与候选人都展现出比以往更为强大的政治影响。特朗普在2017年2月28日的国会国情咨文演讲中明确主张"美国优先"与"美国人优先"，他鼓励美国企业投资美国而非投资海外，启动美墨边界的建墙计划，通过改革签证与入境条件来控制部分伊斯兰国家的移民和入境者，宣布退出跨太平洋伙伴关系协定等。特朗普还特别强调："我不代表世界，我代表美国。"[①] 从欧洲国家到美国的这些政治现象都指向相似的主题：

[①] "Remarks by President Trump in Joint Address to Congress," The White House, February 28, 2017, https://trumpwhitehouse.archives.gov/briefings-statements/remarks-president-trump-joint-address-congress.

一是强化本国优先主义；二是审慎对待全球化；三是限制外来移民，或者是限制特定族群、宗教的移民。那么，这些现象是否意味着全球化正在发生逆转呢？

本章试图分析 21 世纪以来全球化所面临的主要挑战，笔者将其称为三重失衡，即全球化导致的经济失衡、政治失衡与政治-经济失衡，而这三重失衡将决定全球化的趋势。

全球化的历史变迁及其基本逻辑

分析目前全球化面临的挑战，首先要界定什么是全球化。国际货币基金组织（IMF）尽管认为全球化也涉及政治和文化方面，但关注的主要是经济全球化。该机构 2000 年的一份报告认为，经济全球化主要涉及四项内容：国际贸易与交易、资本与投资流动、移民与人口移动、知识交流与扩散。[①] 有学者则认为，全球化应该被视为全球政治、经济、文化方面的互动（interaction）、整合（integration）与互赖（interdependence）不断加深的过程。[②] 这意味着全球化涵盖了经济全球化（经济领域的互动、整合与互赖）、政治全球化（政治领域的互动、整合与互赖）和文化全球

---

① IMF Staff, "Globalization: Threat or Opportunity?" International Monetary Fund, April 12, 2000 (Corrected January 2002), http://www.imf.org/external/np/exr/ib/2000/041200to.htm#II.

② 关于全球化定义的政治、经济与文化维度，参见戴维·赫尔德等：《全球大变革：全球化时代的政治、经济与文化》，杨雪冬等译，北京：社会科学文献出版社，2001；Takis Fotopoulos, "Globalization, the Reformist Left and the Anti-Globalization Movement," *Democracy & Nature*, Vol. 7, No. 2 (July 2001), pp. 233-280。

化（文化领域的互动、整合与互赖）三个维度。但全球化的不同维度之间，即经济全球化、政治全球化、文化全球化三者之间，可能存在着严重的不平衡和潜在的冲突。

自2016年以来，一个普遍担心是全球化是否正在发生逆转。要判断全球化的进与退，首先涉及如何衡量全球化。按照经济学家的做法，衡量经济全球化主要依靠的是全球的国际贸易指标和国际投资指标。

世界银行提供了20世纪70年代至今的全球商品与服务贸易数据。数据显示，自1970年以来，商品与服务贸易进口占全球GDP（国内生产总值）的比重总体上呈现出曲折上升的趋势，参见图6-1。具体来说，1970年商品与服务贸易进口占全球GDP的比重仅为12.7%，2022年已攀升至30.5%，此前的2008年也已经高达30.4%。[①]这说明国际贸易在过去半个世纪中实现了快速发展，目前全球商品与服务贸易国际化程度大约为30%左右的水平。当然，数据也显示，国际贸易有时会下滑（这些下滑通常都跟全球性的经济与金融危机有关），但该数据下滑之后往往不久就会得到修复。比如，1975年、1981—1986年、2001年的下滑分别在1979年、1996年、2003年得到了完全的修复，2008年的下滑在2011年已经实现了基本修复。2008年全球金融危机爆发之后，全球商品与服务贸易进口数据一度出现了疲软和下滑的势头。当时有人担心，该数据会继续下滑，甚至走向又一次大规模衰退。当时的悲观派认为确实存在这种风险，但乐

---

① "Imports of goods and services (% of GDP)," World Bank Group, http://data.worldbank.org/indicator/NE.IMP.GNFS.ZS.

观派认为国际贸易的总体趋势是上升的，即便出现下滑也会很快修复。事实上，2022年该数据已经达到并超过了2008年的水平。

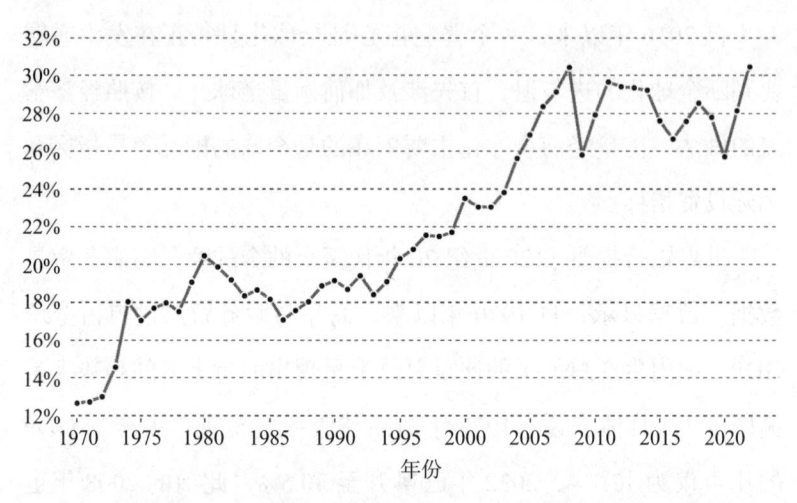

图 6-1　商品与服务贸易进口占全球 GDP 的比重（1970—2022 年）

（资料来源：世界银行、经合组织，参见 http://data.worldbank.org/indicator/NE.IMP.GNFS.ZS）

衡量国际投资的重要数据是全球的外国直接投资（FDI）数据。世界银行提供了1970年以来的全球外国直接投资净流入数据，参见图6-2。该数据跟全球商品与服务贸易进口数据的趋势大体相似，即呈现曲折上升的趋势，但波动程度更为剧烈。数据显示，1970年全球外国直接投资净流入仅为123.6亿美元，2022年攀升至1.74万亿美元，半个世纪增长至140倍以上。在此期间，上一轮全球金融危机之前的2007年更是高达3.13万亿美元，为1970年数据的253倍多。[1] 这说明自20世纪70年代以来，全

---

[1] "Foreign direct investment, net inflows (BoP, current US$)," World Bank Group, http://data.worldbank.org/indicator/BX.KLT.DINV.CD.WD.

球的外国直接投资实现了快速的发展。当然，由于全球性的金融与经济危机，外国直接投资净流入有时会出现较大幅度的下滑。比如，最近两次大规模的下滑，一次发生在2001—2003年，该数据从1.57万亿美元跌至0.74万亿美元，下跌幅度为53%，但到2005年为止已经收复失地；另一次发生在2008—2009年，该数据从3.13万亿美元跌至1.45万亿美元，下跌幅度约为54%，而且至2022年尚未修复。对于国际投资的未来趋势，悲观派和乐观派的见解同样差异很大。

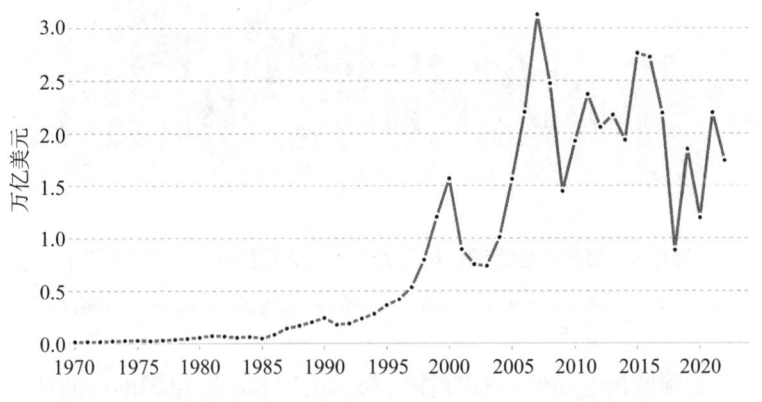

图6-2　全球的外国直接投资净流入（1970—2022年）

（资料来源：国际货币基金组织、联合国贸易和发展会议、各国官方，参见http://data.worldbank.org/indicator/BX.KLT.DINV.CD.WD）

其他研究机构还提供了一些辅助性指标来评估全球化的程度。比如，移民也是一个重要指标。经合组织统计了主要成员国外国出生人口的比重，参见图6-3。数据显示，美国、德国、法国等较大规模的传统发达国家，外国出生的人口比重已经超过10%，而澳大利亚这样人口规模较小的传统移民国家，外国出生的人口比重已经接近30%。[1]联合国《国际移民报告2015》的数据显示，1990年全球国际移民人口存量为1.526亿，此后数量不断攀升，2015年已经上升至2.437亿，20年间增长了约60%。[2]这说明，如今人口跨国流动的规模和比重都比较高，而且增长显著。

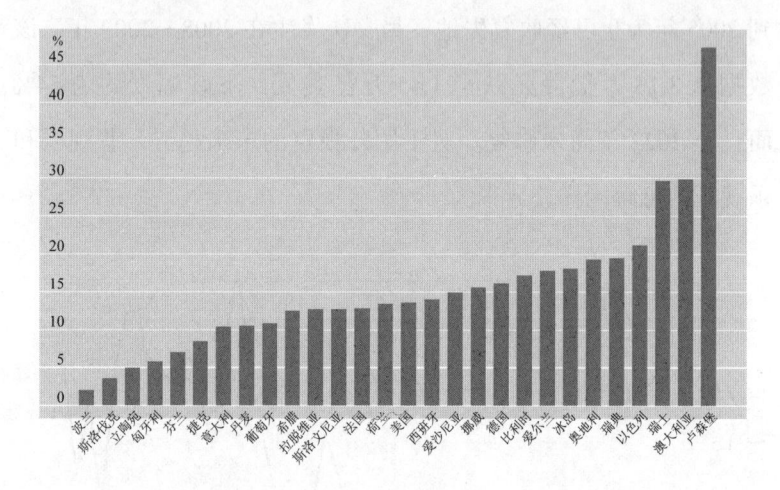

图6-3　部分经合组织成员国外国出生人口的比重（2019年）

（资料来源：经合组织，参见 https://data.oecd.org/migration/foreign-born-population.htm）

国际政治经济活动往往需要跨国机构和国际组织的居间协调，因此国际组织的数量也是衡量全球化的一个重要指标。国际组织可以区分为政府间国际组织和非政府间国际组织。国际组织联盟（UIA）统计了20世纪50年代以来国际组织的数量。1950年前后，全球的国际组织仅仅是2 000~3 000个的数量等级，而后由于冷战的影响，国际组织数量在20世纪60年代还出现了下滑。

---

[1]　"Foreign-born population (Total, % of population 2019)," OECD, https://data.oecd.org/migration/foreign-born-population.htm.

[2]　United Nations, Department of Economic and Social Affairs (Population Division), *International Migration Report 2015* (New York: United Nations, 2016), p. 1.

但从20世纪70年代开始，国际组织的数量开始大规模增长。自20世纪70年代至2013年，政府间国际组织的数量从不足1 000个增长至7 756个，非政府间的非政府国际组织数量增长更是惊人，从不足5 000个增长至59 383个。① 国际组织的增速与规模，也说明了全球化的深入程度。

综上所述，这些数据提供以下基本信息。第一，从2015—2016年的数据来看，全球化确实承受着某种压力，特别是全球商品与服务贸易数据、外国直接投资数据都出现了不同程度的下降。这也是目前国际主流媒体和学术界担心全球化出现衰退的重要依据。第二，从更长时段的数据来看，目前很多全球化指标的下滑尚在正常范围内，而且这些数据历史上也曾经历过数次不同程度的下滑，但随后通常都能实现快速的修复。所以，至少目前还没有证据表明，全球化已经或即将面临一个持续性的衰退过程。第三，更审慎地说，目前尚难判断全球化是否会发生实质性的逆转。2015年以来全球化的某种颓势究竟只是正常波动，还是趋势改变，只有经过进一步考察才能回答。

决定全球化进与退的因素

值得提醒的是，我们既不应该因为过分恐惧而高估全球化衰退的风险而忽视长期趋势（一个常见的误区就是我们容易高

---

① Union of International Associations(ed.), *Yearbook of International Organizations 2014-2015* (Leiden: Brill Academic Publishers, 2015).

估眼前事件的影响），又不要因为敏锐不足而无视全球化大趋势的改变（因为任何重大的趋势变化都是从微小的改变开始的）。

为了更好地判断这一问题，我们更需要考察全球化的长期历史进程。罗伯特·罗伯特森 2002 年的一项研究认为，自 19 世纪以来全球化已经经历了三波浪潮与一次回潮。第一波全球化发生在 1870—1914 年，然后 1914—1945 年发生了全球化的第一次严重衰退，1945—1980 年是第二波全球化浪潮，1980 年至 20 世纪末则是第三波全球化浪潮。跟以发达国家参与为主的第二波全球化相比，第三波全球化的主要特征是大量发展中国家普遍卷入了全球化进程。具体来说，罗伯特森用三个指标来评估全球化浪潮的进与退，分别是外国资本存量占发展中国家 GDP 的比重、商品出口占全球 GDP 的比重以及进入美国的移民人数，分别代表外国直接投资、国际贸易与人口的跨国流动。[①] 布鲁金斯学会 2016 年的一项研究评估了 1870 年以来全球化在这三个关键方面的进展，参见图 6-4。[②] 总体上，这项研究的结论跟罗伯特森关于三波全球化浪潮的观点是相似的。

根据图 6-4 所展现的历史趋势，人类社会自 19 世纪以来全球化的总体趋势是向上的，但确实发生过一次大规模的全球化衰退，是在一战到二战的约 30 年间（其间还经历了 1929—1933 年全球经济大萧条）。所以，第一波全球化的大衰退跟两个基本事实

[①] Robert Thomas Robertson, *The Three Waves of Globalization: a History of a Developing Global Consciousness* (London: Zed Books, 2002).

[②] Laurence Chandy and Brina Seidel, "Is Globalization's Second Wave about to Break?" BROOKINGS, Oct. 4, 2016, https://www.brookings.edu/research/is-globalizations-second-wave-about-to-break.

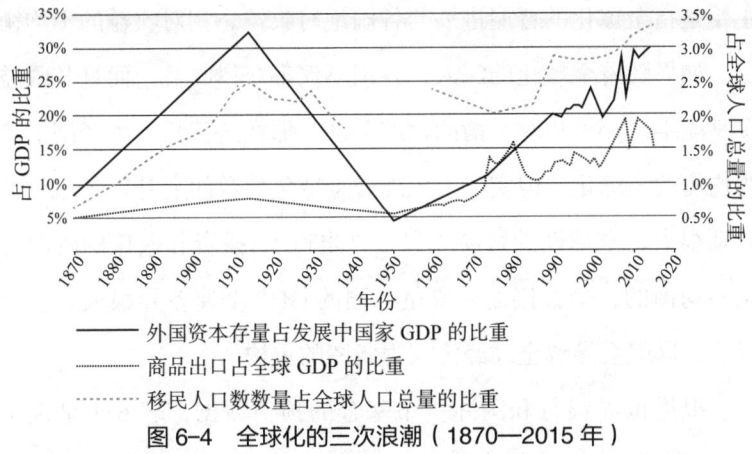

图 6-4　全球化的三次浪潮（1870—2015 年）

（资料来源：布鲁金斯学会，参见 https://www.brookings.edu/research/is-globalizations-second-wave-about-to-break）

有关：一是国际体系处于动荡之中，主要大国关系极不稳定甚至陷于战争状态，这是全球化衰退的主要原因；二是出现了全球性的金融危机与经济大萧条，这是全球化衰退的重要原因。如果国际体系与大国关系稳定，同时又没有出现严重的全球性金融与经济危机，全球化即便出现一定的波动，大趋势仍然是稳步上升的。

全球化导致的经济失衡

在以上分析的基础上，笔者的主要观点是，目前全球化遇到的挑战、不确定性或者说衰退的风险主要来自全球化导致的三重失衡：一是经济失衡，二是政治失衡，三是政治-经济失衡。这三重失衡又可以从国际和国内两个层面进行分析。

第一个问题是全球化导致的经济失衡。国际维度的经济失衡主要是指全球化的普遍进展与各国绝对收益、相对收益的不均衡性。如果随着全球化的深入，各国不仅都获得收益，而且其收益多寡能维持一种相对平衡的比例关系，那么这就是一种经济上更为均衡的全球化。但实际上，随着全球化指数的上升，各国收益差别很大，全球性的贸易（包括进出口）、投资和人口的流向都是不均衡的，最直接的后果是各国的 GDP 增速差异很大。长此以往，这就会导致全球经济权力版图的重构。

根据世界银行和国际货币基金的预估数据，表 6-1 呈现了 1980—2020 年全球前十大经济体名义 GDP 排名的变迁。该表提供了很多重要的信息。第一，美国、日本、德国、英国、法国、意大利等传统发达国家仍然维持着经济大国的地位，但相对于新兴经济大国的比重有所下降。第二，以中国、印度、巴西为代表的发展中经济大国在总量上正在崛起。特别是中国，从 1980—1995 年在十大经济体中排名末流，逐步上升至 2010 年成为全球第二大经济体。从数量上看，1980 年的中国经济总量仅为英国的一半，不到美国的 1/10，但 2015 年的中国经济总量已经相当于 4 个英国、2.5 个日本，接近美国的 2/3。第三，苏联解体之后，俄罗斯已经丧失全球前十大经济体的地位。总之，过去 40 年间，全球主要国家的 GDP 排名已经发生重大变化。

表 6-1　世界主要国家 GDP 的全球排名（1980—2020）

排名	1980 年	1985 年	1990 年	1995 年	2000 年	2005 年	2010 年	2015 年	2020 年
1	美国	美国	美国	美国	美国	美国	美国	美国	美国
2	苏联	苏联	日本	日本	日本	日本	中国	中国	中国
3	日本	日本	日本	苏联	德国	德国	日本	日本	日本

（续表）

排名	1980年	1985年	1990年	1995年	2000年	2005年	2010年	2015年	2020年
4	联邦德国	联邦德国	联邦德国	法国	英国	英国	德国	德国	德国
5	法国	法国	法国	英国	法国	中国	法国	英国	印度
6	英国	英国	意大利	意大利	中国	法国	英国	法国	英国
7	意大利	意大利	英国	巴西	意大利	意大利	意大利	印度	法国
8	加拿大	加拿大	加拿大	中国	加拿大	加拿大	韩国	意大利	意大利
9	中国	中国	西班牙	西班牙	墨西哥	西班牙	巴西	巴西	巴西
10	墨西哥	印度	巴西	加拿大	巴西	韩国	印度	加拿大	韩国

（资料来源：世界银行、经合组织，参见 http://data.worldbank.org/indicator/NY.GDP.MKTP.CD；国际货币基金组织，参见 http://www.imf.org/en/publications/weo）

有人对2000—2030年全球经济力量的变迁做了一个预测。在假定世界经济会继续发展且国际体系能够维持稳定的条件下，2000—2030年的总体趋势是，欧洲和美国在全球经济中的比重将会相对下降，而亚太地区的比重将会上升，参见图6-5。[①]甚至可以这样说，欧洲和美国比重下降份额的很大部分将被亚太地区（特别是中国和印度）取代。所以，在全球化过程中各国收益是不均衡的。不同国家的经济增速差异很大，最终会导致全球经济体系中的份额变动和全球经济权力版图的重构。当然，这里的趋势分析只是一种可能的前景。公允地说，跟美国和欧洲相比，亚太地区的起点较低、势头更好，但面临的发展风险也相应较大。

国内维度的经济失衡是指全球化的普遍进展与国内不同要素（资本-劳动力）、不同部门的绝对收益和相对收益的不均衡性。

---

① Mark J. Perry, "The Projected Shares of Real World GDP Through 2030," Wall Street Pit, February 11, 2010, https://wallstreetpit.com/16641-the-projected-shares-of-real-world-gdp-through-2030.

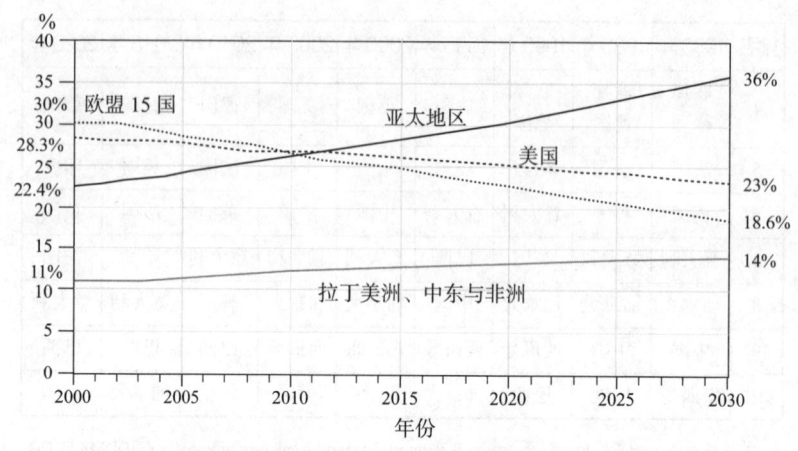

图 6-5　全球主要地区经济份额的变迁预测（2000—2030 年）

（资料来源：Wall Steet pit，参见 http://wallstreetpit.com/16641-the-projected-shares-of-real-world-gdp-through-2030）

对西方国家来说，资本要素通过全球流动实现了优化配置，这通常对投资者与高级管理层较为有利，但劳动力要素难以实现优化配置，甚至可能会因为工作机会流失而利益受损，从而不利于发达国家的中产阶级与工薪阶层。从部门效应来说，全球化当然对发达国家的金融部门与出口部门较为有利，但对发达国家的普通制造业与进口部门较为不利。

以美国为例，一个热点问题就是全球化给不同阶层带来的不同收入效应。比如，最近三四十年的全球化进程中，美国前 1% 的富有家庭收入增长率较高，而其他社会阶层的收入增长率就较低。因此，前 1% 的富有家庭是美国参与全球化的主要受益者。按照美国国会预算办公室提供的数据，1979—2010 年，美国最富有的前 1% 家庭收入增幅最高时一度超过 300%，到 2010 年为止，即便富人阶层遭受 2007—2008 年金融危机重创之后，前 1% 家庭的收入增幅仍然超过 200%。但同一时期，60% 的中产阶级收入增幅仅为40%，最穷20%家庭的收入增幅仅为49%，即便是在前20%富有家庭中，刨除前1%之后的19%家庭收入增幅仅为65%——仅为前1%家庭收入增幅的1/3，参见图6-6。[①] 实际上，英国等欧洲国家也有类似的情况，即不同社会阶层在过去三四十年全球化过程中收益并不均衡，只是其分化程度大体上不如美国严重。

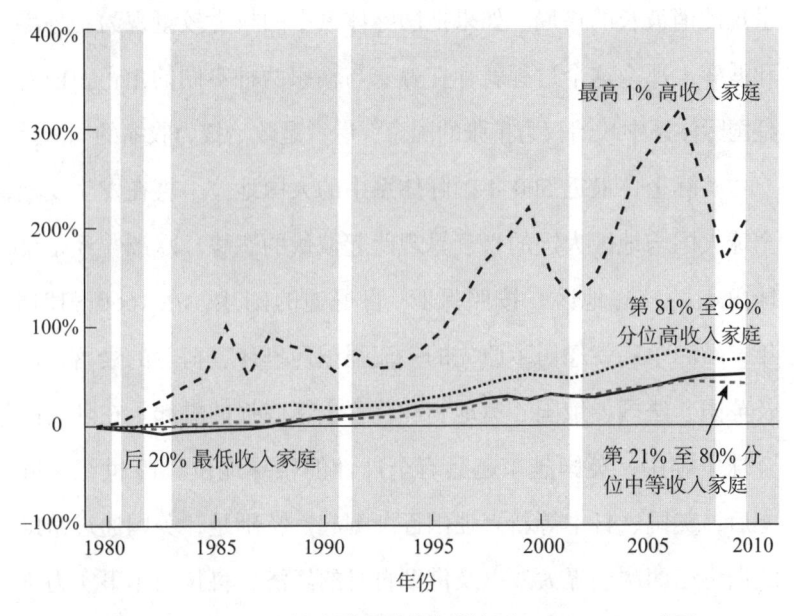

图 6-6　美国不同社会阶层的收入增长（1979—2010 年）

（资料来源：美国国会预算办公室，参见 https://www.cbo.gov/sites/default/files/cbofiles/attachments/44604-AverageTaxRates.pdf）

[①] Congress of the United States, Congressional Budget Office, *The Distribution of Household Income and Federal Taxes, 2010* (https://www.cbo.gov/sites/default/files/cbofiles/attachments/44604-AverageTaxRates.pdf), p. 18. 美国国会预算办公室公布的最新数据覆盖的是前20%与前0.01%高收入家庭的比重与趋势，但我认为前1%高收入家庭的数据更具有代表性，所以仍然采用旧数据。

全球化导致的政治失衡

第二个问题是全球化导致的政治失衡。国际维度的政治失衡是指随着全球化的进展，不同国家间力量或权力的此消彼长以及全球范围内国家政治权力版图的重构。换句话说，在全球化不断深化的过程中，国际体系中的政治权力发生了重大转移，各国政治权力呈现此消彼长的格局。如果把国际体系中的权力较量视为一种零和博弈，那么这个过程就存在赢家与输家两种不同的角色，前者是国际体系中政治权力扩张的国家，后者是政治权力收缩的国家。

实际上，最近500年国际体系中的大国地位一直在发生变迁，全球大国与地区大国的兴衰呈现此起彼伏的态势。欧洲曾经是全球争霸的核心地区。按照保罗·肯尼迪的阐述，在1660—1815年，欧洲争霸就经历了原先的一流强国西班牙、荷兰的衰落，以及英国、法国、俄国、奥地利和普鲁士新五强的崛起。在随后的全球争霸中，英国越来越具有全球性的领导地位。19世纪中叶之后，美国、日本等新兴强国逐渐崛起。特别是，美国通过帮助欧洲终结两次世界大战以及借助自身的经济、科技与军事实力逐步成为20世纪国际体系的主导者。二战之后，国际体系又经历了美苏争霸的冷战时期以及苏联的衰落和冷战的终结。最近30年的一个重要现象则是，中国作为一个大国重新崛起。目前，就单纯的经济总量而言，中国已经超越很多中等规模的传统强国，成为国际体系中的主要大国之一。

在这种国际体系和大国地位的变迁中，政治权力扩张的国家无疑更乐意看到这种变迁；相反，那些政治权力相对收缩的国家并不愿意看到自身地位的削弱。但无论如何，在过去三四十年的全球化过程中，国家间权力格局已经发生了重构。特别是，上文已经分析过，全球化引发的全球经济权力版图重构已经成为全球政治权力版图重构的动力。正如保罗·肯尼迪指出的，1500年以来，"一流国家在世界事务中的相对地位总是不断变化的"，而各主要国家作为经济大国兴衰与作为军事大国、政治大国兴衰之间的平衡关系，是大国地位变迁的主要动力机制。[①] 而今天全球化所导致的国际层面各主要国家间的政治权力失衡，不过是这一个过程的延续。

国内维度的政治失衡是指全球化引发的一国内部政治社会力量与人口结构的重大变迁。对西方国家来说，相对获益的社会集团会增强政治影响力，同时相对受损的社会集团会产生怨恨心理，所以两者的对抗可能会强化。后者对全球化带来的政治结果并不满意，甚至主张要进行激进改革。无论是强势集团获得了更大的政治影响力，还是弱势集团因为怨恨心理而渴求激进变革，都会影响到一国内部的政治格局。

此外，全球化还带动了主要发达国家人口的族群宗教结构的深刻变迁。总体上，这些国家的族群宗教多样性程度继续提高，少数族群宗教群体开始进一步兴起。特别是，很多国家的穆斯林人口数量与日俱增。这种少数族群宗教群体人口的大规模扩张，产生了两个可能的政治后果：一是这些少数族群宗教集团在政治上、政教关系上会提出新的要求；二是原先的主导族群宗教集团可能会产生反弹，他们会对这种少数族群宗教集团的扩

---

① 保罗·肯尼迪:《大国的兴衰》，陈景彪等译，北京：国际文化出版公司，2006。

张表达政治上的不满。在不少国家，跟宗教极端势力有关的恐怖主义还导致出现了一定程度的穆斯林恐惧症或伊斯兰恐惧症（Islamophobia）。这样，全球化就引发了国内政治失衡。

以美国为例，皮尤研究中心统计和预测了1960—2050年美国人口族群结构的变迁趋势，参见图6-7。总体上看，1960—2050年（预测值），美国白人族裔占比将从85%大幅降至47%，黑人族裔占比从11%轻微上涨至13%，主要来自拉丁美洲的西班牙语族裔占比从仅3.5%大幅上涨至29%，亚洲人族裔占比从仅为0.6%大幅上涨至9%。正是在这种背景下，白人族裔作为美国人口的主导族群会担心在政治上失去主导地位；包括西班牙语裔和亚洲人族裔在内的传统少数族裔，随着人口比重的剧增，会面临争取本族群政治经济地位的现实问题。实际上，身份政治与认同政治问题如今已经在美国浮出水面，即正如亨廷顿2004年所提出的作为美国人的"我们是谁"的问题。实际上，2016年特朗普的上台某种程度上跟美国的身份政治、认同政治有关。

与美国相比，欧洲人口结构的穆斯林化或许更加突出。对欧

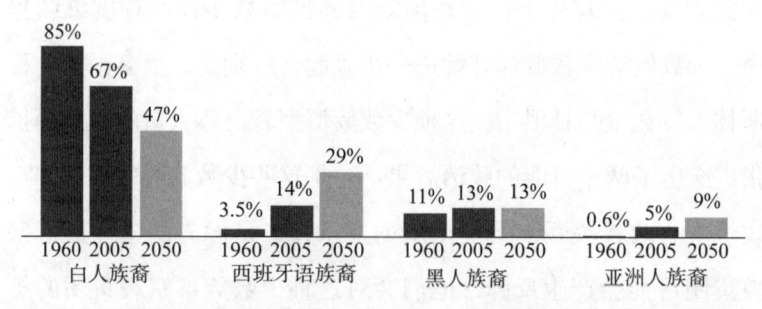

图6-7 美国人口族群结构的变化趋势（1960年、2005年与2050年）

（资料来源：皮尤研究中心，参见http://www.pewhispanic.org/2008/02/11/us-population-projections-2005-2050）

洲和欧盟国家来说，总人口中穆斯林人口比重的快速提高，很大程度上也是过去三四十年全球化不断深入发展的结果。按照美国皮尤研究中心的估算，2016年部分欧洲国家穆斯林人口比重已经达到4.9%。[①] 图6-8罗列了2016年这些国家的穆斯林人口数量及其比重。数据显示，法国的穆斯林人口已突破570万，德国的穆斯林人口已达495万，英国的穆斯林人口已超410万，意大利、荷兰和西班牙的穆斯林人口在100万—300万之间。从比重看，欧洲一些主要国家的穆斯林人口已经占全国人口的5%~9%。如今欧洲内部族群宗教政治的最大现实问题是：一方面，由于宗教极端主义势力发动的恐怖袭击，民意调查显示一定比例的欧洲白人已经患上了穆斯林恐惧症；另一方面，生活在欧洲的穆斯林群体对欧洲基督教文明的认同程度并不高。那么，欧洲的自由民主政体能否走出这种族群宗教多样性所带来的政治困境呢？显然，这

	穆斯林人口规模		穆斯林占总人口百分比
总计	25 770 000		4.9%
法国	5 720 000		8.8%
德国	4 950 000		6.1%
英国	4 130 000		6.3%
意大利	2 870 000		4.8%
荷兰	1 210 000		7.1%
西班牙	1 180 000		2.6%

图6-8 部分欧洲国家穆斯林人口的数量与比重（2016年）

（资料来源：皮尤研究中心，参见https://www.pewresearch.org/short-reads/2017/11/29/5-facts-about-the-muslim-population-in-europe）

[①] Conrad Hackett, "5 facts about the Muslim population in Europe," Pew Research Center, November 29, 2017, https://www.pewresearch.org/short-reads/2017/11/29/5-facts-about-the-muslim-population-in-europe.

是一个非常棘手的问题。[①]

全球化导致的政治-经济失衡

第三个问题是全球化导致的政治与经济之间的关系失衡，或者说是政治-经济失衡。国内维度上的政治-经济失衡是指，一个国家寻求经济增长的一面，与再分配政治、阶级政治强化和族群政治、宗教政治兴起的一面之间产生的不均衡。两者之间可能还会产生剧烈的冲突。这一政治现象的另一个解读是，西方国家内部受全球化所驱动的经济结构、就业结构与人口结构，跟社会内部政治分歧加大之间的张力日益凸显。

更具体地说，对西方发达国家而言，全球化条件下寻求经济增长导致的一个重要结果是国内不同阶层的收入分化和就业结构分化，但由此可能导致发达国家再分配政治和阶级政治的重新兴起。这个时候，经济和政治之间的关系就会产生失衡。经济增长要求根据效率原则来进行资源配置，但政治后果是更为强烈的再分配政治要求，再分配政治又反过来影响经济资源能否根据效率原则进行配置。所以，经济增长与再分配政治之间可能存在着重大的不一致。

西方国家国内政治-经济失衡的另一面是，全球化条件下的经济增长要求人口根据效率原则进行跨国流动，但在政治上，

---

① 包刚升：《极端主义的兴起与西方世界的挑战》，《文化纵横》2016 年第 3 期。

随着国内人口结构的改变,族群政治与宗教政治随之兴起并日益成为西方发达国家国内政治分歧的主要方面。以英国为例,二战结束时英国的穆斯林人口还非常少。但此后,英国为了获得更为廉价的普通劳动力,开始以更大的规模从印度、巴基斯坦、孟加拉国、尼日利亚等前殖民地以及离欧洲较近的中东北非地区吸引人口,这些人口中不少是穆斯林。到 1961 年,英国的穆斯林人口为 5 万左右。但这些穆斯林人口的跨国流动带来的不仅是劳动力,他们还需要在英国安家落户和实现人口繁衍。此后,由于移民加速和人口生育因素,英国的穆斯林人口呈现稳步上升的趋势。特别是,随着英国加入欧盟,欧盟允许内部人口跨国流动的政策鼓励较为落后的、穆斯林较多的东南欧国家人口进一步流向英国。这样,英国的穆斯林人口如今已超过 410 万,比重达到 6.3%。这引发了英国白人族裔基督教保守派人士的担忧。总之,全球化带动的跨国人口流动与国内政治中不同族群宗教集团政治分歧的上升之间,已经产生重大的政治-经济失衡,参见图 6-9。

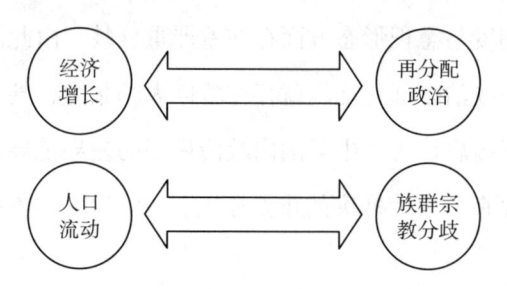

图 6-9　西方国家内部的政治经济失衡

国际维度的政治-经济失衡主要是指资本、商品的全球化与政治、宗教、文化、认同的全球化之间的不均衡,两者之间可能产生剧烈的冲突，参见图6-10。拿西方基督教世界与中东北非伊斯兰世界来说，两者在能源贸易、商品贸易与资本流动等领域的合作程度并不差，但同时两者之间的政治与宗教分歧还非常大。很多中东北非国家将大量石油出口至西方世界，并从西方世界买入工业和高科技产品。与此同时，这些国家的主权基金还把巨额的石油美元投资于西方国家的股票市场和债券市场。因此，虽然两者的经济合作与融合程度并不低，但他们在政治制度、意识形态、宗教及其对应的政教体制方面存在深刻分歧。按照塞缪尔·亨廷顿1993年的预测，冷战结束之后，基督教世界与伊斯兰世界之间的宗教分歧或文明冲突是国际体系的主要不稳定因素。①

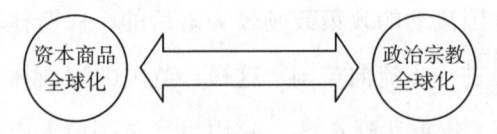

图 6-10　国际体系中的政治经济失衡

再以全球两大主要经济体——中国与美国为例，两者在国际贸易、国际投资、人员交往方面的合作规模是巨大的，但同时两者在政治制度与意识形态方面存在着严重分歧，由此两国间的经济全球化与政治全球化之间就存在着巨大的张力，甚至是某种互斥关系。王缉思认为，中美国内政治秩序的差异是导致两国在国际秩序中存在分歧或冲突的重要原因。②作为国际体系中的主要

---

① 塞缪尔·亨廷顿：《文明的冲突与世界秩序的重建》（修订版），周琪等译，北京：新华出版社，2010。
② 王缉思教授于2016年5月27日在复旦大学所做的题为"国际秩序与中美关系"的演讲重点分析了这个问题，参见王缉思：《大国战略》，北京：中信出版社，2016。

大国，中美之间国内政治秩序上的重大分歧会给政治全球化、给构建更和谐的国际政治秩序带来巨大压力。这是国际体系中全球化导致政治-经济失衡的另一则案例。

政治经济互动与全球化的未来

上文讨论已呈现，21世纪全球化的主要压力来自三重失衡，即全球化带来的经济失衡、政治失衡与政治-经济失衡。上文的分析还展现出一种重要的逻辑：政治经济互动将对全球化的进与退产生重大影响。就政治与经济的差异而言，经济上固然也有全球化的阻力因素，但总体上看更多的是动力因素——交通与通信技术的革命、市场制度与贸易得利、先进技术的扩散效应、民众改善生活质量的需要等经济因素都在促进全球化和全球融合。经济层面不利于全球化的主要情形，是严重的全球性金融与经济危机，但这种危机并不经常发生。国际体系中的政治因素固然有促进全球化的一面，但也有因为重大的政治分歧而导向政治冲突的一面，这就构成了全球化的重大阻力。比如，国家间战争与敌对状态、民族主义与国家的自我防卫心理、不稳定的国际体系、国内社会的政治冲突与经济冲突、国际与国内两个层面的文化宗教差异及文明冲突等政治因素，都可能会引发全球化进程的不稳定或全球化的衰退。[1]

---

[1] 关于全球化动力与阻力因素的理论争论，参见 Eric Milliot and Nadine Tournois (eds.), *The Paradoxes of Globalisation* (Basingstoke: Palgrave Macmillan, 2010)。

如果简化一下，我们不妨把经济融合因素视为全球化的主要动力，而把政治分歧因素视为全球化的主要阻力，那么全球化的趋势将取决于经济融合与政治分歧之间的平衡关系。如果用公式来表示，那就是：

$$全球化趋势 = \frac{经济融合}{政治分歧}$$

进一步说，经济融合与政治分歧之间的平衡关系可能有三种不同形态，参见图6-11。一是经济融合与政治分歧能维系平衡关系，就会导向均衡的全球化；二是经济融合力量较大，而政治分歧力量较小，就会导向全球化的加速；三是经济融合力量较小，而政治分歧力量较大，就会导向全球化的减速，也就是全球化的衰退。基于这一逻辑，我们大致可以评估全球化的趋势。

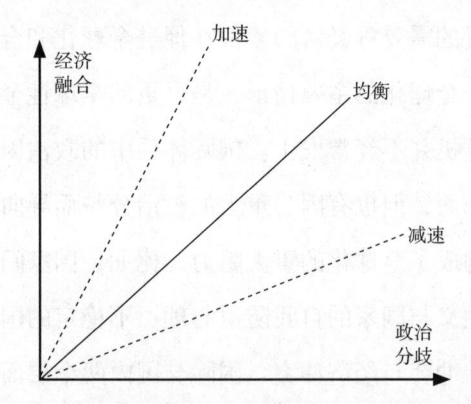

图6-11 经济融合、政治分歧与全球化的趋势

从经济融合这个因素来看，传统上推动经济融合的有利因素如今依然存在。21世纪10年代，上文所讨论的经济融合因素看上去不仅未曾减弱，反而还有所加强。因此，促进全球化的经济

融合因素依然强劲。与相对稳定的经济融合因素相比，影响全球化趋势的更重要因素恐怕还是政治分歧的变化趋势。与经济因素相比，国内与国际两个层面的政治分歧因素更加不确定，变动幅度也更大。一种可能的极端情形是，政治分歧甚至会导致国际体系中的国家间战争或国内社会的内战——所有这些因素都会使原本生机勃勃的全球化陷于停滞或彻底的倒退。因此，当全球性的政治分歧加大时，全球化就会减速或发生实质性衰退；当全球性的政治分歧趋于缓和时，全球化就会加速。

结合上文分析，目前国际体系中尚存在着四种主要的政治分歧。第一种主要的政治分歧是贫富冲突、阶级政治与围绕再分配进行的斗争。国际贸易与国际投资不仅影响着经济总量与经济增速，而且影响着不同阶层的收入分配与不同部门的损益。特别是，国际贸易与国际投资会影响到工作机会的流向，直接关系到工薪阶层或普通中产阶级的就业机会与收入变动。在这一轮全球化中，西方发达国家的贫富差距相对扩大，从而导致阶级分歧的政治裂痕加深，结果是驱动了阶级政治的复兴。这会成为全球化的阻力因素。

第二种主要的政治分歧是族群宗教多样性所导致的身份政治、认同政治方面的冲突，或者说文明的冲突。就国内政治而言，由全球化带动的人口结构中的族群宗教多样性的增强，容易带来身份政治、认同政治方面的挑战。美国如今的主要趋势是白人族裔人口比重的下降，欧洲这方面的压力来自穆斯林人口比重的提高。就国际政治而言，这还涉及人口的跨国流动或移民政治问题。这些问题导致国内和国际两个层面的不同族群宗教集团在身份政治、认同政治方面产生了重大分歧。这些政治分歧会在很大程度上影响不同族群宗教集团对全球化、移民问题、人口跨国流动等议题的政治态度。

　　第三种主要的政治分歧是全球范围内意识形态与政治体制的冲突。这里的结构性问题是，全球不同国家需要在一个具有最低共识的国际政治秩序中共存，但这些国家国内政治秩序有着显著的差异。那么，这种国内政治秩序的巨大差异，或者说不同国家意识形态与政治体制方面的重大差异，是否会影响到国际政治秩序呢？答案应该是肯定的。冷战时期，这一意识形态与政治体制上的冲突是以美国为首的资本主义阵营与以苏联为首的社会主义阵营之间的分歧主导的。冷战之后，政体维度（民主政体与威权政体的分野）、政教关系维度（政教分离与政教合一的分野）的冲突，是目前全球不同国家之间的主要政治分歧。比如，民主国家与威权国家之间面临两个现实问题：一是民主大国的民主外交与威权国家的反渗透斗争，二是威权大国的政治干预与民主小国力图进行政治自保的努力。这种结构性的冲突还会延续。

　　第四种主要的政治分歧是国际体系中的政治权力或政治力量角逐。按照马克斯·韦伯的说法，每个民族国家在国际体系中面临的首要问题是生存问题，而能否生存则取决于一个民族国家的政治权力或实力的大小。[1] 20世纪国际政治领域的现实主义大师汉斯·摩根索是韦伯的追随者，他认为应该以"权力界定的利益"这一关键概念来理解国际政治，由此可以推断出国际体系中的各国权力之间存在着此消彼长的关系，全球政治权力版图因此也可

---

[1] 马克斯·韦伯：《民族国家与经济政策》，甘阳选编，甘阳等译，北京：生活·读书·新知三联书店，1997。

能发生着重构,而这又关系到每个国家的现实的政治利益。[①] 在戴尔·科普兰对主要战争起源的社会科学研究中,他更是强调主导国家与挑战国家之间的权力角逐是引发大战的主要原因。[②] 从这一理论传统来看,每个国家都应该和需要关心自身在国际体系中的政治权力或政治实力。这当然也是国际体系中政治分歧的重要来源。

总体而言,如今国际体系中这四个方面的政治分歧不仅现实地存在着,而且还面临着比较大的压力,甚至有激化的可能性。当然,一种更稳妥的观点是,这些全球性的政治分歧存在着三个可能的趋势:一是继续上升与激化,二是维系目前的水平,三是出现缓和与下降。如果促进全球化的经济融合因素是相对稳定的,那么这里讨论的四大政治分歧因素将在很大程度上决定着未来一段时期全球化的趋势,或者说,政治分歧的变动趋势将决定全球化的未来。

如果"黑天鹅"现象频繁出现,那么"黑天鹅"就不再是"黑天鹅",而是世界政治呈现的某种新现实。在这种世界政治新现实面前,我们需要改变观察世界政治的眼光与视角。如果我们愿意更系统深入地考察全球化面临的诸种问题,就会发现这些"黑天鹅"现象并不是什么奇异事物,而不过是过去三四十年全球化导致的三重政治经济失衡的某种呈现。面对这样的世界政治新现实,我们需要做的是在理解这种新现实的基础上提出新思想、创造新理论与采取新战略。

---

① 汉斯·摩根索:《国家间政治:权力斗争与和平》(第七版),徐昕等译,北京:北京大学出版社,2006。
② 戴尔·科普兰:《大战的起源》,黄福武译,北京:北京大学出版社,2008。

下篇
大转型、现代化与民主多样性

第七章

反思卡尔·波兰尼的九个理论命题

2024年，卡尔·波兰尼的名著《大转型》已经发表80年了。[①] 在今天的许多学者眼中，卡尔·波兰尼是20世纪最重要的社会科学家之一，但他生前并未获得这样的荣誉。他于1886年出生于奥匈帝国一个出色的犹太裔家庭，其亲兄弟迈克尔·波兰尼后来成了著名物理化学家与社会哲学家。如同那个时代很多杰出的奥匈帝国知识分子一样，卡尔·波兰尼可谓命运多舛。1944年发表《大转型》时，他仅是美国一个小型教育机构——本宁顿学院的访问学者。即便出版《大转型》后，他也仅获得了哥伦比亚大学非全职的经济学教员职位。1964年去世之后，他的影响却与

[①] 原著系 Karl Polanyi, *The Great Transformation* (New York: Farrar & Rinehart, 1944)。国内目前有两个译本：卡尔·波兰尼，《大转型：我们时代的政治与经济起源》，冯钢、刘阳译，杭州：浙江人民出版社，2007；卡尔·波兰尼，《巨变：当代政治与经济的起源》，黄树民译，北京：社会科学文献出版社，2013。现在较新的原著版本是 Karl Polanyi, *The Great Transformation: The Political and Economic Origins of Our Time* (Boston: Beacon Press, 2001)。国内学界现在一般将 The Great Transformation 通译为"大转型"。

日俱增。本章的主要目标是对卡尔·波兰尼的著作《大转型》及其核心思想进行理论上的总结与反思。

"自由市场神话"的批评者

波兰尼一生出版过多部著作，但其主要声誉来自《大转型》。弗雷德·布洛克认为："《大转型》提供了迄今为止对市场自由主义……最强有力的批判。"① 诺贝尔经济学奖得主约瑟夫·斯蒂格利茨同样给予《大转型》高度评价，他说："波兰尼揭穿了自由市场的神话：从来没有存在过真正自由、自发调节的市场体系。"②《大转型》也被视为杰出的经济史著作，有学者甚至认为："除了《资本论》和《新教伦理与资本主义精神》，没有什么经济史著作比《大转型》更具影响。"③

尽管如此，并非与波兰尼所涉及的议题相关的学者都认可他的学术贡献。经济学和政治学领域的主流学者远不如经济社会学、历史社会学和经济人类学领域的学者重视波兰尼的《大转型》。诺贝尔经济学奖得主道格拉斯·诺斯尽管认为《大转型》

---

① 弗雷德·布洛克：《大转型：我们时代的政治与经济起源·导言》，载卡尔·波兰尼《大转型：我们时代的政治与经济起源》，冯钢、刘阳译，杭州：浙江人民出版社，2007，"导言"第10页。

② 约瑟夫·斯蒂格利茨：《大转型：我们时代的政治与经济起源·前言》，载卡尔·波兰尼《大转型：我们时代的政治与经济起源》，冯钢、刘阳译，杭州：浙江人民出版社，2007，"前言"第6页。

③ Santhi Hejeebu and Deirdre McCloskey, "The Reproving of Karl Polanyi," *Critical Review*, Vol. 13, No. 3-4 (1999), pp. 285-314.

比较重要，但他同时说："很容易发现波兰尼分析框架中的错误。他分析的很多方面都说明他没有掌握基本的经济学原理。"①桑德拉·霍尔珀林承认波兰尼《大转型》一书的价值，但她同时指出"波兰尼对于欧洲19世纪市场体系的兴起和衰落的解释在很多重要方面是不完整的和误导性的"。②甚至有人认为，《大转型》是一部思想混乱、逻辑错误和缺少充分论证的作品。③

由此可见，波兰尼的《大转型》在学界存有争议。笔者试图结合已有研究和欧美国家后来的政治经济变迁，从经济学和政治学两个视角对该书重新进行学术评价。鉴于国内学界对波兰尼著作的正面评价已有很多，本章将以学术批评为主。④

卡尔·波兰尼的九个理论命题

卡尔·波兰尼开篇即说："19世纪的文明已经瓦解。本书论及的是这次事件的政治和经济起源，以及它所引发的巨大转

---

① Douglass North, "Markets and Other Allocation Systems in History: The Challenge of Karl Polanyi," *The Journal of European Economic History*, Vol. 6, No. 3 (1977), pp. 703-716.
② Sandra Halperin, "Dynamics of Conflict and System Change: The Great Transformation Revisited," *European Journal of International Relations*, Vol. 10, No. 2 (Jun., 2004), pp. 263-306.
③ 默里·罗思巴德作为20世纪下半叶奥地利学派的知名学者，曾给《大转型》写过一篇通篇都是批评的书评。罗思巴德一般不被视为学院派学者，但他这篇意见尖锐的书评是值得一读的。参见 Murray N. Rothbard, "Down With Primitivism: A Thorough Critique of Polanyi," ROTHBARDIANA, https://rothbard.altervista.org/articles/comment-polanyi.pdf.
④ 中国知网上有不少关于卡尔·波兰尼和《大转型》的学术论文，不再一一列出。

变。……本书不是一本历史著作；我们所探求的不是重大事件令人信服的发生次序，而是从人类制度角度对这些事件的趋势做出解释。"①《大转型》通常被视为一部社会科学著作，但该书出版于1944年，从结构体系到写作方式都不是按照现代社会科学研究的方式展开的，加上该书涉猎深广、内容庞杂，想简明扼要地归纳出《大转型》的几个主要命题并非易事，而且任何简化处理都会引起争议。即便如此，笔者还是试图把《大转型》的主要内容归纳为九个命题的形式，以便提炼波兰尼的主要论点并为这里的讨论确定一个起点。

命题一：19世纪文明的瓦解源于自由市场经济的解体。波兰尼认为，19世纪的文明在西方历史上具有独特性，创造了前所未有的经济进步与长期和平。这种文明基于大国间势力均衡体系、国际金本位制、自我调节的市场②和自由主义国家四个制度之上。其中，金本位制度是核心，金本位制度的源头又是自我调节的市场。"金本位体制的崩溃是20世纪以来的世界经济瓦解与30年代整个人类文明转变这两者之间的无形链环"，但根源则在于"自1900年以来的世界经济体系的解体"，这导致了"1914年政治紧张和战争爆发"。这里的"世界经济体系的解体"，是指

---

① 卡尔·波兰尼：《大转型：我们时代的政治与经济起源》，冯钢、刘阳译，杭州：浙江人民出版社，2007，第3—4页。
② 波兰尼的重要概念"self-regulating market"一般译为"自我调节的市场"、"自我规制的市场"或"自律性市场"。浙版译为"自我调节的市场"，社科文献版译为"自律性市场"。相应的regulation一般译为调节、规制或管制等。中文含义略有差异，但英文是相同的。

基于自我调节市场的全球经济体系的瓦解。①

命题二：自我调节的市场是一个"彻头彻尾的乌托邦"。在波兰尼看来，"自发调节的市场从来没有真正存在过"，"从来没有存在过真正自由、自我调节的市场体系"。②按照波兰尼的理解，自发调节的市场是"一种由市场价格引导并且仅由市场价格引导的经济"，但"西欧国内市场实际上是由国家干预所创造的"。他认为，管制与国家干预是自由市场兴起的前提条件。"实际上，管制与市场是一起成长的。自发调节的市场是闻所未闻的；自发调节这个观念的出现本身就是对当时的发展潮流的完全背离。"他还认为："自由放任绝不是自然产生的；若仅凭事物自然发展，自由市场永远不会形成。……自由放任本身也是由国家强制推行的。……通往自由市场之路的打开和保持畅通，有赖于持续的、由中央组织调控的干预主义的巨大增长。"③

命题三：自我调节的市场试图实现劳动力、土地和货币的商品化，因而会带来巨大的灾难。"在一个商业社会中，它们（劳动力、土地和货币）的供给只能由一种方式加以组织：即让它们变得可以通过购买而获得。于是，它们必须被组织起来在市场上出售——换言之，它们必须成为商品。"但波兰尼认为，劳动力、

---

① 卡尔·波兰尼：《大转型：我们时代的政治与经济起源》，冯钢、刘阳译，杭州：浙江人民出版社，2007，第17—26页。
② 约瑟夫·斯蒂格利茨：《大转型：我们时代的政治与经济起源·前言》，载卡尔·波兰尼《大转型：我们时代的政治与经济起源》，冯钢、刘阳译，杭州：浙江人民出版社，2007，"前言"第1—9页。
③ 卡尔·波兰尼：《大转型：我们时代的政治与经济起源》，冯钢、刘阳译，杭州：浙江人民出版社，2007，第3、37、55、59、119—120页。

土地和货币从本性上说就不应该是商品，三者商品化的后果是严重。他的结论是："如果允许市场机制成为人的命运，人的自然环境，乃至他的购买力的数量和用途的唯一主宰，那么它就会导致社会的毁灭。"与之相关的是，波兰尼还认为，自由市场经济与工业革命并未给普通阶层带来好处。"19世纪工业革命的核心就是关于生产工具的近乎神奇的改善，与之相伴的是普通民众灾难性的流离失所。"波兰尼还用大篇文学语言来煽情地描述自由市场经济与工业革命兴起造成的社会悲剧，比如"冷酷无情的剥削者利用大众的无助，使他们处在牛马般的劳顿和饥饿之中"，等等。[1]

命题四：市场社会是19世纪的新生事物，而此前社会并非如此。波兰尼认为，由市场控制和调节的经济所支配的社会类型是"市场社会"，而市场社会是19世纪的新生事物。"但在我们这个时代之前没有任何一种经济，哪怕仅仅在大致上，是由市场来控制和调节的。……市场在各个国家内部经济中所扮演的角色，直到近代以前，都是不重要的……"他基于对人类经济史的考察，反复强调市场社会作为新生事物的特殊性，即市场社会不同于此前任何的人类经济社会形态。在过去，商业和贸易从未成为主要的经济活动，牟利亦未成为主要的动机。"19世纪社会的先天缺陷不在于它是工业性的，而在于它是一个市场社会。"[2]因此，正

---

[1] 卡尔·波兰尼：《大转型：我们时代的政治与经济起源》，冯钢、刘阳译，杭州：浙江人民出版社，2007，第29、63、65、133页。

[2] 卡尔·波兰尼：《大转型：我们时代的政治与经济起源》，冯钢、刘阳译，杭州：浙江人民出版社，2007，第38、212页。

是自由市场经济与工业革命的兴起所造成的社会政治变迁构成了他所说的首次大转型。

命题五：市场社会的兴起是从市场"嵌入"社会向"脱嵌"的转型。波兰尼认为，市场社会的兴起彻底改变了市场与社会、经济与社会的关系。19世纪之前，人与人的市场关系不是主导性的。"原则上，人类的经济是浸没在他的社会关系之中的。"与市场关系相比，"社会连结的维系是命运攸关的"。"但在这种情况下，生产和分配中的秩序又是如何得到保证的呢？主要而言，答案来自两个并非首先与经济相联系的行为原则：互惠和再分配。"当然，此外还包括自给自足的家计原则。波兰尼说："在我们的时代之前，市场只不过是经济生活中的附属品。一般而言，经济体系是被吸收在社会体系之中的……"这是他对自由市场经济兴起之前社会形态的基本判断。但是，他认为市场社会改变了这一切。"这正是由市场控制经济体系会对整个社会组织产生致命后果的原因所在：它意味着要让社会的运转从属于市场。与经济嵌入社会关系相反，社会关系被嵌入经济体系之中。"[1] 上述分析触及了波兰尼后来被广为引用的一个概念，即嵌入性，19世纪自我调节的市场的兴起被他视为市场对社会"脱嵌"的过程。

命题六：自我调节的市场触发了社会保护的反向运动，由此形成了自由市场与社会保护之间的双向运动或双重运动。[2] 波兰

---

[1] 卡尔·波兰尼：《大转型：我们时代的政治与经济起源》，冯钢、刘阳译，杭州：浙江人民出版社，2007，第39—41、50、59页。
[2] 波兰尼的重要概念"double movement"一般有"双重运动"与"双向运动"两种译法。笔者认为双向运动更贴切，但鉴于中译版本及约定俗成，笔者所用的双重运动与双向运动是同一个含义。

尼认为，自我调节市场与工业革命促成进步的同时也促成了贫困化，比如，他同意"贸易和生产的巨大增长碰巧伴随着人类苦难的巨大增长"。自我调节市场的兴起破坏了原有的经济嵌入社会的状态以及相对稳定的社会网络，结果是"工业革命正在导致无比巨大的社会混乱"。因此，"如果听任市场经济按照它自己的规律发展，必将产生巨大而持续的灾难"。波兰尼认为，双向运动正是在这种背景下兴起的。"19世纪的社会历史就成为一个双重运动的结果：市场组织在真实商品方面的扩张伴随着它在虚拟商品方面受到的限制。……但是，一个深层次的运动已然形成，它致力于抵挡市场控制下的经济所产生的邪恶影响。在自发调节的市场体系所固有的威胁面前，社会奋起保护自己——这就是这个时代历史的综合性特征。""就近百年而言，现代社会由一种双向运动支配着：市场的不断扩张以及它所遭遇的反向运动（即把市场的扩张控制在某种确定方向上）。虽然这种反向运动对于保护社会是必不可少的，但归根到底，它是与市场的自我调节不相容的，因此，也是与市场体系本身不相容的。"[①]这就是波兰尼的著名概念双向运动的由来。

命题七：自由市场与社会保护的双向运动引发了政治冲突，自我调节市场的失败造成了严重的政治后果。双向运动的直接后果是引发了政治冲突。波兰尼指出："欧文没有预见到，他所呼唤的社会保护运动将被证明与经济体系自身的运转无法兼容。""经济自由主义原则与社会保护措施之间那导致了深入骨髓

---

① 卡尔·波兰尼：《大转型：我们时代的政治与经济起源》，冯钢、刘阳译，杭州：浙江人民出版社，2007，第66、89—93、111—112页。

的社会紧张的冲突……"这种冲突直接发生在不同阶级之间，冲突的源头在于不同阶级在自由市场经济和社会保护两个维度上的不同立场。"广大的劳工阶级则对打破市场法（则）毫不畏惧，并公开挑战市场。"这样，经济领域的冲突演变为政治领域的冲突。"来自市场领域的紧张压力……延伸到政治领域，从而将整个社会都囊括进来。……在这个市场经济衰落的最后阶段，阶级力量之间的冲突决定性地登场了。"这种冲突的表现形式之一是关于选举权和民主政治的斗争。"宪章主义者为权利而战，目的是阻止市场的磨盘继续碾碎人们的生活。但人民只是到了可怕的调整已经完成之时才被赋予这项权利。……（而）没有一个好斗的自由主义者不这样表达他的信念：大众民主对资本主义是种危险。"实际上，两者的冲突是自由市场经济与社会保护机制之间的对抗。与之相关的另一个重要见解是，波兰尼认为，法西斯主义的登场，是自由资本主义陷入僵局、自由市场经济与社会保护双向运动的持续作用的结果。他说："法西斯主义也根源于一种已经无法运转的市场社会。"[1]

命题八：市场社会的终结不是指市场本身的消失，而是指市场不再是自发调节的，劳动力、土地和货币将实现去商品化。波兰尼的主要批判对象是 19 世纪盛行的自由市场经济，亦即他定义的市场社会。他以模仿马克思的口吻写道："在旧世界的废墟之中，新世界的基石正在浮现……"这里的旧世界是自我调节的市场所支配的社会，新世界则是他所期待的新社会。波兰

---

[1] 卡尔·波兰尼：《大转型：我们时代的政治与经济起源》，冯钢、刘阳译，杭州：浙江人民出版社，2007，第 111、115、163、186、192、202 页。

尼说:"在各国国内,我们已经在见证一种发展,经济制度不再为整个社会制定法则,社会相对于经济体系的首要性得到了保证。……市场体系将不再是自发调节的了,即使是在原则上也不再如此,因为它已不再包含劳动力、土地和货币。"同时,他还指出:"市场社会的终结,在任何意义上都不意味着市场本身的消失。这些市场继续以各种方式存在,以保证消费者的自由、指示需求的变动、影响生产者的收入,并作为会计核算的工具;但完全不再是一个经济自发调节的机制了。"他在批判自由市场经济时还带有强烈的怀旧情结与道德色彩。实际上,波兰尼期待的新社会有几个基本特征:一是市场不再由自发调节的机制所支配,利润与经济激励不再是主要动机;二是市场本身仍然存在;三是劳动力、土地和货币实现去商品化。他认为,很多人担心"把工业文明转移到一个新的、非市场的基础上,这太过于艰难,以至于无法设想",但这种担心是不必要的。[①]

命题九:自我调节市场的终结、社会保护和规制的强化并不意味着自由的终结,反而是自由的重生。总的来说,波兰尼认为,人们不必担心自我调节市场的终结以及社会保护和规制的强化会侵犯人的自由。一方面,他强调了权力和强制的必要性。"没有权力和强制存在的社会是不可能的,没有强力作用的世界也是不可能的。"另一方面,从字面表述看,波兰尼也是个人自由的倡导者。他说:"在一个已经建立起来的社会里,不服从的权力必须被制度化地保护起来。"他还认为,计划与自由并不矛盾。"社

---

① 卡尔·波兰尼:《大转型:我们时代的政治与经济起源》,冯钢、刘阳译,杭州:浙江人民出版社,2007,第212—215页。

会整合的进展应该伴随着自由的增长，计划的发展应该包括社会中个体权利的加强。"在讨论公民权利与政治权威时，他认为："公民权利必须能够压倒一切权威……"从字面上看，上面的表述似乎与波兰尼所批评的自由主义理论没有多少区别。但实质性的差异取决于波兰尼对自由的定义。他在界定自由时区分了"形式的自由"与"实质的自由"，法律意义上的自由和个人保障意义上的自由，或者说区分了有钱人的自由与低收入者的自由。在他看来，在一个社会中，那些缺乏收入、闲暇与社会保障的人并没有拥有多少有价值的自由。他定义的自由是跟生产、交易与分配系统高度相关的，是跟人的收入与社会保障联系在一起的。他期盼："市场经济的逝去可以成为一个时代的开始，这个时代拥有前所未有的自由。"关于未来，他则断言："社会的发现既是自由的终结，也是自由的重生。"①

总之，波兰尼《大转型》一书的主要观点可以归纳为上述九个命题。波兰尼自己则总结道："这种自我调节的市场的理念，是彻头彻尾的乌托邦。除非消灭社会中的人和自然物质，否则这样一种制度就不能存在于任何时期；它会摧毁人类并将其环境变成一片荒野。而不可避免地，社会将采取措施保护它自己，但是无论采取什么措施，都会损害到市场的自我调节，打乱工业社会，从而以另一种方式危害社会。正是这一两难境地，迫使市场体系的发展进入一个特定的瓶颈，并且最终使得以它为基础的社会组

---

① 卡尔·波兰尼：《大转型：我们时代的政治与经济起源》，冯钢、刘阳译，杭州：浙江人民出版社，2007，第 216—220 页。

织陷入混乱。"①

过去，不少学者以不同方式总结过《大转型》一书的主要观点并各具特色。②笔者以"波兰尼的九个命题"来归纳《大转型》的主要观点不失为一种新的做法。当然，从该书涉猎范围和写作论证方式来看，要用九个命题来完整总结波兰尼的观点可能会失之偏颇。但即便如此，上述九个命题应该已经大致归纳了《大转型》的主要观点。

市场、社会与国家的经济逻辑

就对自由市场经济的批评而言，继马克思的《资本论》和凯恩斯的《就业、利息和货币通论》之后，波兰尼的《大转型》恐怕要算最有影响力的著作了。波兰尼注意到，自我调节的市场可

---

① 卡尔·波兰尼：《大转型：我们时代的政治与经济起源》，冯钢、刘阳译，杭州：浙江人民出版社，2007，第3—4页。

② 参见上文已经提及的《大转型》中译本的前言和导言。亦可参见弗雷德·布洛克、玛格丽特·R.萨默斯：《超越经济主义的谬误：卡尔·波兰尼的整体性社会科学》，载西达·斯考切波编《历史社会学的视野与方法》第三章，封积文等译，董国礼校，上海：上海人民出版社，2007，第49—88页；王绍光：《波兰尼〈大转型〉与中国的大转型》，北京：生活·读书·新知三联书店，2012，第3—63页；赵鼎新：《奥地利"阴谋"》，《东方早报·上海书评》2014年2月23日第B05、B06版；S. C. Humphreys, "History, Economics, and Anthropology: The Work of Karl Polanyi," *History and Theory*, Vol. 8, No. 2 (1969), pp. 165-212; Michael Hechter, "Karl Polanyi's Social Theory: A Critique," *Politics & Society*, Vol. 10, No. 4 (1981), pp. 399-429; Fred Block and Karl Polanyi, "Karl Polanyi and the Writing of 'The Great Transformation'," *Theory and Society*, Vol. 32, No. 3 (Jun., 2003), pp. 275-306.

能会导致社会灾难，并从社会保护对自由市场反弹的视角进行了开创性的分析，从而提出了对今天仍然有意义的问题。此外，双向运动和嵌入性等已成为重要的社会科学概念。[①] 在市场、社会与国家关系研究、福利国家研究、资本主义与全球化研究、国内政治与国际政治经济体系互动研究等领域，波兰尼都打下了自己的烙印。尽管如此，《大转型》并非一部逻辑严密、论证严谨的著作。波兰尼的很多观点在逻辑和论证上均存在显著的瑕疵。本节将从经济学角度对波兰尼的若干命题进行学术分析与批评。

首先，波兰尼具有强烈的怀古情结，而没有重视工业革命造成巨大变迁的必然性与不可逆转性。[②] 波兰尼的命题四和命题五就跟这一问题有关。波兰尼的一个基调是：19 世纪自由市场经济与工业革命之前的文明形态不亚于甚至要优于 19 世纪的文明——特别是如果不考虑物质进步，而更关注人的社会关系、安全与稳定及文化生活的话。波兰尼在字里行间表露了自己的态度：原始文明似乎要优于工业文明，乡村生活似乎要优于城市生活，农业活动和松散的作坊似乎要优于现代工厂，非市场关系似乎要优于市场关系，甚至部落似乎要优于现代组织。总之一句话，传统的原始文明似乎要优于 19 世纪的自由市场经济和工业革命所塑造的现代文明。

---

① "嵌入性自由主义"这样的概念就建立在波兰尼著作的基础上，参见 John Gerard Ruggie, "International Regimes, Transactions, and Change: Embedded Liberalism in the Postwar Economic Order," *International Organization*, Vol. 36, No. 2 (Spr., 1982), pp. 379-415.

② Murray N. Rothbard, "Down With Primitivism: A Thorough Critique of Polanyi," ROTHBARDIANA, https://rothbard.altervista.org/articles/comment-polanyi.pdf.

波兰尼的文字还充满对前现代乡村生活和人际关系的倾慕，对市场交易与工业革命带来的重大变迁则厌恶透顶。所以，他把工业革命说成"灾难性事件"，因为工业革命破坏了稳定的人际社会网络、乡村的传统秩序以及人们千百年来所习惯的生活方式，甚至还败坏了人们的道德。比如，他曾提到："淳朴的农民变成一群小偷和乞丐。"他甚至把南非原始部落卡菲尔人形容为"高贵的蛮族"。① 但波兰尼的这种论调并不新鲜。比如，马克思就曾经说："资产阶级撕下了罩在家庭关系上的温情脉脉的面纱，把这种关系变成了纯粹的金钱关系。"② 卢梭在很多著作中强调了原始文明的自然与淳朴，质疑科学进步与理性对淳朴状态与道德的败坏。③ 如今，卢梭主义一词除了指代卢梭本人的学说外，另一含义就是指"回到更简单和更原始的生活方式"。

但是，波兰尼所倾慕的乃是一个停滞的社会。工业革命之前，欧洲和世界的经济增长基本上处于停滞状态。一种估算认为："在1700年前的1 000年里，欧洲人均收入的年增长率只有0.11%，世界上其他各地的情况也大致如此。"④ 安格斯·麦迪森认为："在1000—1820年间，人均收入的增长是缓慢的。从世界平均水平来看，人均收入提高了50%。"按照他的计算，这

---

① 卡尔·波兰尼：《大转型：我们时代的政治与经济起源》，冯钢、刘阳译，杭州：浙江人民出版社，2007，第31、134页。
② 马克思、恩格斯：《共产党宣言》，中共中央马克思恩格斯列宁斯大林著作编译局编译，北京：人民出版社，1997，第30页。
③ 卢梭：《论科学与艺术》，何兆武译，北京：商务印书馆，1963；卢梭：《论人类不平等的起源和基础》，李常山译，东林校，北京：商务印书馆，1962。
④ 托马斯·K.麦克劳：《现代资本主义：三次工业革命中的成功者》，赵文书、肖锁章译，南京：江苏人民出版社，1999，第1页。

820年中，西欧人均GDP的复合年增长率仅为0.14%，而全世界仅为0.05%。不仅如此，工业革命之前的社会远非波兰尼所想象和描绘的那样安全、稳定和充满道德优越感，亘古不变的家庭结构与人际网络亦没有给人提供基本的所需和足够的便利。比如，1000年，人均预期寿命仅为24岁。1000—1820年，西欧人均"预期寿命的提高几乎是微不足道的"。[1] 工业革命之前的欧洲，还时时受到歉收引起的饥荒、间歇性的传染病以及不同政治实体之间频繁战争的侵扰。所以，与自由市场经济和工业革命所造成的苦难相比，此前是另一种社会苦难，只是波兰尼将其过分浪漫化了。自由市场经济与工业革命带来的经济与技术进步、健康与寿命的提升、治安与秩序的改善都是过去的时代难以想象的。另外，自由市场经济和工业革命所塑造的并非一个更缺乏保障和安全感的社会，而只是把过去基于家庭和邻里关系的互惠系统转换为了非人格化的交易与合作系统。

波兰尼怀古情结的另一面是，他认为19世纪的市场社会之前的社会是由"互惠、再分配和家计"支配的，而非市场和利润动机支配的。他认为，市场机制从来没有成为主要的规则。然而，波兰尼这种分析所忽视的基本事实是，18世纪之前的多数情况下人类产出仅能维持个人与家庭的基本生存所需。这意味着他们仅有少量物品可用于市场交易，结果自然是市场交易占整体经济活动的比例不会很高。尽管如此，工业革命之前的欧洲，市场和交易活动的重要性一直在提升。早在自由资本主义和工业革命

---

[1] 安格斯·麦迪森：《世界经济千年史》，伍晓鹰等译，北京：北京大学出版社，2003，第3、16页。

兴起之前，商业和贸易活动对欧洲来说就变得越来越重要了。从中世纪到工业革命，商业与贸易的经济角色是一个渐变的、重要性不断增加的过程，总体趋势是，前期相对漫长的缓慢变迁最终促成18—19世纪的"巨变"。所以，这并非如同波兰尼暗示的那样，自由市场经济与工业革命是一个突发事件，而此前的社会中市场与贸易的作用是无足轻重的。内森·罗森堡等人指出："15世纪中叶到18世纪中叶，贸易规模迅速扩大，各种适应世界贸易扩张的制度也应运而生，并逐渐发展。"这里不仅是市场交易量的增加，还有制度的变迁。"在西方，商业和商业制度的发展，是先于现代工业制度发展的。"①正是市场交易的发展成了工业革命的先导。

至于波兰尼所强调的市场的支配性特征或市场社会的类型，与其说是自由市场经济作为一种制度模式的结果，还不如说是工业革命进展的产物。实际上，波兰尼在描绘前市场社会时更多的是在描绘农业社会作为一个人类社会特定发展阶段的特征。从家庭关系、邻里关系及社区关系等社会结构因素，到人的生产与居住方式，再到人的人格特质与心理结构，波兰尼更多的是在描绘农业社会的特征，而未必就是前自由市场经济时代的制度特征。换句话说，即便不是自由市场经济，只要有工业革命的到来，这些传统也是要被破坏掉的。当然，工业革命本身的兴起是与自由市场制度密切相关的。如果着眼于长期，长达数十上百万年的人类经济史上只发生过两大重要事件：第一是发生在距今一万年前的农业革命，第二就是工业革命。所以，波兰尼考察的事件本身

---

① 内森·罗森堡、L. E. 小伯泽尔：《西方现代社会的经济变迁》，曾刚译，北京：中信出版社，2009，第57、115页。

就是人类经济史上数千年未有之"巨变"。工业革命直接表现为机器对人工的替代、无生命动力资源对有生命动力资源的替代,以及矿产资源等新型原材料对动植物资源的替代。同时,工业革命还意味着工厂制度的兴起和生产组织的革命、人口的迁移集聚及城市革命的发生,人的社会网络开始脱离传统亲缘关系而进入非人格化的交易合作关系,随之而来的还有生活方式和心理结构的巨大改变。所以,对波兰尼所珍视的原始文明的破坏,主要是由工业革命引发的,并非由自由市场制度本身塑造,而且这种转变是不可逆转的。

其次,波兰尼认为自由市场经济和工业革命导致了普通民众的贫困和严重的社会灾难,但这很难说是历史的真实情形。对于这一问题,波兰尼更多地进行了道德分析,而非经济分析。比如,他讲到劳动力和土地的商品化导致了对过去稳定生活的破坏及"流离失所",但他并未充分剖析其经济逻辑。他对社会灾难的描述不是依靠系统的经验证据,而主要是文学描述。这就难以判断英国或欧洲普通民众的生活在市场社会兴起后究竟是变好了还是变差了。

讨论这一问题之前,首先需要认识到普遍贫困是前工业社会的一般特征,而非特例。物质的大幅增长和相对充裕是工业革命之后的事情。杰克·戈德斯通认为:"贫困问题在前近代时期(前工业社会)也是全世界各地普遍存在的问题,无论是欧洲、非洲还是亚洲,没有可以遮风避雨的房屋、缺衣少食的贫困现象是广泛存在的。"[①] 因而,普遍贫困本身并非工业革命的结果。相反,

----

① 杰克·戈德斯通:《为什么是欧洲?:世界史视角下的西方崛起(1500—1850)》,关永强译,杭州:浙江大学出版社,2010,第87页。

长期来看正是工业革命大面积地消除了贫困，并使人们的生活水平达到了前所未有的水平。所以，需要慎重对待波兰尼的命题三。

真正的问题是：在自由市场经济与工业革命兴起的过程中，普通民众的贫困程度有所恶化吗？《剑桥欧洲经济史》相关专题的作者认为："这一公认的基本观点是：总体上，这一时期（1750—1850年）的市场环境对劳动者一方不利，工资趋近于保持在或接近于贫困生存线的水平。"[①] 罗伯特·艾伦则估算，这一世纪中包括英国在内的欧洲多数地方的城市工人实际工资出现了小幅下降。但是，这种趋势并没有持续。艾伦估计，从19世纪中期开始，欧洲城市工人的实际工资就出现了大幅上涨。[②]《剑桥欧洲经济史》也支持这种观点："大约在19世纪中期，在不列颠劳动力市场的发展中，出现了一个重要变化。……实际工资与国民收入同步上升。"[③] 从19世纪中叶到波兰尼出版《大转型》的1944年又过去了接近一个世纪的时间，而这一世纪中包括英国在内的欧洲普通民众的生活水平已获得大幅提高。工业革命的另一个效应是它不仅没有扩大贫富差距，反而有效缩小了贫富差距。格里高利·克拉克的研究结论是："在现代社会中，即便是

[①] 彼得·马赛厄斯、M. M. 波斯坦主编：《剑桥欧洲经济史（第七卷）：工业经济——资本、劳动力和企业》（上册），徐强等译，北京：经济科学出版社，2004，第115、194页。

[②] Robert C. Allen, "The Great Divergence in European Wages and Prices from the Middle Ages to the First World War," *Explorations in Economic History*, Vol. 38, No. 4 (2001), pp. 411-447.

[③] 彼得·马赛厄斯、M. M. 波斯坦主编：《剑桥欧洲经济史（第七卷）：工业经济——资本、劳动力和企业》（上册），徐强等译，北京：经济科学出版社，2004，第198—199页。

税前收入的分配也要比工业革命前更公平。"①

再次,波兰尼提出了重要的问题,但他并没有对这一问题进行正确的诊断,亦没有提出有效的解决方案。波兰尼在《大转型》开篇即以"自我调节的市场"是个"彻头彻尾的乌托邦"的观点来批评自由主义。但实际上,古典自由主义经济学家从来不认为,市场是不需要国家而能完全自我调节或自我运转的,他们都承认国家的必要性。这样,波兰尼的命题二就失去了意义。比如,亚当·斯密在《国富论》中用大量篇幅来讨论君主应该履行"保护本国社会的安全""设立一个严正的司法行政机构""建立并维持某些公共机关和公共工程"三大义务。② 这里所谓君主的三大义务,可以被理解为国家或政府的三项职能。再如,约翰·穆勒(即密尔)在《政治经济学原理》这一古典自由主义经济学集大成之作中,用整整一编来探讨"论政府的影响"。他分析了政府在保障安全与秩序以及制定与执行法律方面的重要角色,探讨了政府的一般职能与任选职能,强调了自由放任原则,但同时阐述了政府应当积极干预的诸种情形。③ 因此,他们并没有否认国家的必要性,反而认为对市场体系来说一定的政府规制是必需的。波兰尼反复提及的理论对手路德维希·冯·米瑟斯则这样说:"自由主义不是无政府主义,……没有强制措施,社会就会

---

① 格里高利·克拉克:《应该读点经济史:一部世界经济简史》,李淑萍译,北京:中信出版社,2009,第248页。
② 亚当·斯密:《国民财富的性质和原因的研究》(下卷),郭大力、王亚南译,北京:商务印书馆,1972,第254、272、284页。
③ 约翰·穆勒:《政治经济学原理:及其在社会哲学上的若干应用》(下卷),胡企林、朱泱译,北京:商务印书馆,1991,第365—571页。

面临危险；为了保障人们的和平与合作，必须制定人们共同遵守的规则，必须保留暴力和威慑手段，只有这样才不至于使任何人破坏社会秩序。"① 因此，波兰尼树起的靶子（无需国家的完全意义上的自我调节的市场）失去了意义。后来，现代自由主义经济学家们，比如其杰出代表约翰·梅纳德·凯恩斯，在国家干预的道路上走得更远。凯恩斯认为，政府具有克服有效需求不足和维护宏观经济稳定的责任，在具体政策上他主张的是财政政策与货币政策，并非直接干预市场交易或实现要素的去商品化。② 毫无疑问，现代自由主义经济学所主张的规制与干预是以保护财产权利和市场自由为前提的。

但是，波兰尼的新社会方案不仅包括市场不再由自发调节的机制支配，而且还要实现劳动力、土地与货币的去商品化。鉴于货币问题更为复杂，暂且不论。在波兰尼看来，劳动力去商品化的含义包括：诸种工作条件及"基本工资本身都不是由市场决定"；工会、国家、公众团体和"生产管理的实际组织"共同发挥作用；差别工资仍然存在，"但与直接货币收入无关的其他动机会比劳动的金钱报酬更为重要"。土地去商品化的含义包括："把土地归属于确定的制度机构"，土地作为基本要素"被移出市场的权限之外"；"大宗的食物和有机原材料……的价格不再交给市场来决定"；"财产的性质会发生深刻的变化……让源自财产权

---

① 路德维希·冯·米瑟斯：《自由与繁荣的国度》，韩光明等译，北京：中国社会科学出版社，1995，第77页。
② 约翰·梅纳德·凯恩斯：《就业、利息和货币通论》（重译本），高鸿业译，北京：商务印书馆，1999。

利的收入"不再不受限制地增长。① 如果要探讨这一方案的实质，波兰尼提供的是一个没有贴计划经济标签却具有浓厚的计划经济色彩的方案——尽管这种计划经济并不等同于斯大林时代苏联的计划经济模式。波兰尼尽管同时强调这一方案"不意味着市场的消失"，但就其论述篇幅与重点来看，这都属于次要方面。

对一个完整的市场体系而言，商品市场和要素市场都是不可或缺的。波兰尼尽管说要保留商品市场、"保证消费者的自由"，但他认为应该严格管制乃至取消部分要素市场——至少是劳动力、土地和货币市场。照此方案，从基本的经济学原理出发，完整的市场体系已经垮塌。通常认为，产权保护、财产制度加上契约自由、竞争机制是市场经济的两大原则。波兰尼的方案并不是要在尊重市场经济这两大基本原则的基础上强化政府规制或宏观调控，而是确定无疑地会破坏这两大基本原则。所以，既要按照波兰尼的方式进行规制和实现劳动力、土地与货币的去商品化，又要保留市场的基本功能，实际上是做不到的，两者必定会发生冲突。

从整体视角来看，波兰尼更重视市场与经济活动的社会后果，以及人在市场条件下的安全与保障。这一问题当然很重要。但是，波兰尼的经济分析整体上的弱点是几乎完全没有考虑到经济增长和经济绩效的因素——后者一般被视为经济学的核心问题。自斯密以来的多数主流经济学家都重视激励结构与经济增长、经济绩效之间的关系，而波兰尼的方案基本上忽视了这一问题。如果不考虑激励因素，甚至基本取消利润动机与经济激励，波兰尼的新

---

① 卡尔·波兰尼：《大转型：我们时代的政治与经济起源》，冯钢、刘阳译，杭州：浙江人民出版社，2007，第213页。

社会方案如何实现经济增长和改善经济绩效呢？这也是波兰尼的新社会方案的最大挑战。所以，波兰尼的命题八是难以成立的。

最后，从欧美发达工业国家的实践看，很难给波兰尼的理论找到一个合适的位置。欧美发达国家的经济与政策在波兰尼1944年出版《大转型》之前已发生了很多重要变化，从1944年到现在的变动程度亦很大。20世纪30—60年代是凯恩斯崛起并逐渐盛行的时代，与福利国家有关的社会政策也不断扩张。但是，70年代以后，由于上述政策导致的各种社会经济问题，新（古典）自由主义开始复兴。从最近的趋势看，尽管2008年金融危机引发了对新自由主义的广泛批评，但新自由主义仍然主导着当前欧美发达国家的基本政策。加雷斯·戴尔认为："从第二次世界大战结束到他（波兰尼）去世，《大转型》中提出的理论并不符合现实：尽管出现了强有力的国家干预，但资本主义达到了其有史以来的最大繁荣。"即便在金融危机之后，"2011年，新自由主义政策与意识形态依然是支配性的"。[1]

自从自由市场经济和工业革命兴起之后，欧美发达国家的总体趋势是国家扩张了，政府规制强化了，社会福利政策扩大了，宏观调控政策加强了。但这并不意味着波兰尼的理论得到了验证或者他的政策得到了应用。相反，很多实践都驳斥了波兰尼的理论。比如，很多政府规制不仅不是反市场的，反而是强化市场的；国家尽管扩张了，但总体上并未破坏既有的财产制度和市场制度；标志着社会保护的福利政策并没有介入生产领域，而

---

[1] Gareth Dale, "Double Movements and Pendular Forces: Polanyian Perspectives on the Neoliberal Age," *Current Sociology*, Vol. 60, No. 1 (2012), pp. 3-27.

是致力于通过再分配的做法来调节收入差距。汉内斯·拉切尔这样批评波兰尼："（二战后）资本主义从它的制度以及它积累和社会对抗的逻辑两方面都经历了一次重要的转型。但是，没有一种转变应该被理解为哪怕是部分地实现了卡尔·波兰尼关于经济会'重新嵌入'社会的愿景。实际上，我认为波兰尼所预测的大转型从来就没有发生。"所以，欧美发达国家战后的经济与政策变迁，不应该被理解为波兰尼意义上的市场从脱嵌到重新嵌入的过程。最直接地说，劳动力、土地与货币等基本要素的去商品化根本就没有发生，利润动机与经济激励仍然是市场的主要驱动因素。[①]

同样重要的是，即便是这些做法——这些做法离波兰尼的主张还相距甚远，也已经导致大量社会经济问题。政府干预、福利政策和宏观调控在试图解决旧问题的过程中造成了大量新问题。20世纪七八十年代以后，放松管制、去福利化和强化市场力量成为欧美发达国家经济改革的主流。[②]

市场、社会与国家的政治逻辑

与经济分析相比，波兰尼《大转型》的政治分析就更为薄弱

[①] Hannes Lacher, "The Slight Transformation: Contesting the Legacy of Karl Polanyi," in *Reading Karl Polanyi for the Twenty-First Century: Market Economy as a Political Project*, eds. Ayşe Buğra and Kaan Ağartan (New York: Palgrave Macmillan, 2007), pp. 49-64.

[②] 保罗·皮尔逊：《拆散福利国家：里根、撒切尔和紧缩政治学》，舒绍福译，长春：吉林出版集团，2007。

了。该书被布洛克等人高度评价为"超越经济主义的谬误",引入了"整体性社会科学的框架"。[①]但是,政治分析的欠缺,导致波兰尼这样一位充满实践关怀的经济社会学家,实际上无力针对他提出的问题提供完整的理论解释和有意义的解决方案。

一方面,尽管波兰尼提到了社会保护的反弹容易导致政治冲突,引发阶级政治的登场,以及造成自由市场与大众民主之间可能的对立,但《大转型》并没有对此进行多少政治分析。就这一论题而言,基本的政治分析至少应该包括两个问题:第一,自由市场与社会保护之间的双向运动将会触发何种政治过程?这种政治过程的逻辑是什么?第二,波兰尼的新社会将经由何种政治路径得以建设?新社会的政治逻辑是什么?但波兰尼对这两个问题都没有展开论述。如果存在波兰尼意义上的某种新社会的话,新社会一定是通过政治手段来建设的。所以,对一个严肃的政治经济学问题而言,脱离了实质性的政治分析,理论构建无异于空中楼阁。由于忽视了对自由市场与社会保护之间双向运动的政治分析,波兰尼的命题七充满了争议。

波兰尼分析框架中的一个核心问题是:社会保护机制在政治上何以可能?他论述的是社会与市场的关系。但是,社会是什么呢?社会如何采取行动呢?波兰尼的分析中,社会保护的反弹如何转换对市场的规制呢?实际上,这种反弹最多只能表现为政治冲突的形式。在现实世界中,社会本身无法规制市场,而只有国

---

① 弗雷德·布洛克、玛格丽特·R.萨默斯:《超越经济主义的谬误:卡尔·波兰尼的整体性社会科学》,载西达·斯考切波编《历史社会学的视野与方法》第三章,封积文等译,董国礼校,上海:上海人民出版社,2007,第49—88页。

家（或政府）才能规制市场。但是，国家与社会是两回事。那么，国家又是什么呢？国家能代表社会吗？这些都是只有政治分析才能回答的问题。

如果引入政治分析，波兰尼分析框架中的"市场—社会"模型应该要变为"市场—社会—国家"三方模型。在政治分析中，国家通常都居于核心位置。但国家并不天然地偏向社会，国家既有可能偏向社会，又有可能偏向市场，甚至还有可能偏向国家本身——基于国家理论的视角，国家完全可能脱离社会与市场而扮演一个自主自为的角色。[①]再进一步说，在国家与社会的关系上，国家既可能扮演保护社会的角色，又可能扮演侵害社会的角色。假定社会保护机制只有借助国家力量才能建立起来，那么国家介入社会与市场的关系之后是否可能强化社会保护机制呢？道格拉斯·诺斯和玛格丽特·列维都把国家视为一个寻求租金最大化的统治者，安东尼·唐斯和詹姆斯·布坎南都把政治家和官员视为寻求政治利益最大化的经济人。[②]如果这种视角值得借鉴的话，那么何种政治制度和政治过程能够促使国家提供社会保护而非侵害社会呢？如果波兰尼不能回应这些关键问题，他希望强化对市场的规制和提供社会保护的主张就缺少政治基础。

另一方面，波兰尼把加强规制作为促进自由的手段，但加强规制可能侵害自由，这取决于以何种方式加强何种规制。上文已

---

① 关于国家理论的讨论，参见朱天飚：《比较政治经济学》，北京：北京大学出版社，2006，第83—103页。
② 关于理性选择范式下的国家理论，参见丹尼斯·C.缪勒：《公共选择理论》（第3版），韩旭、杨春学等译，北京：中国社会科学出版社，2010。

指出波兰尼论述了加强社会保护的必要性,但他并没有充分论述这样做的途径和手段。实际上,这几乎不可避免地要借助国家主导的以强化集体控制的形式来实施。除此之外,人类迄今为止尚未发现别的方法。这就驳斥了波兰尼的命题九。政治学的常识是,国家提供的安全与秩序乃自由存在的必要条件,而19世纪的英国及其他欧洲发达地区基本上已经做到这一点。如果把自由定义为免于强制、免受专断权力之侵害的话,国家主导的集体控制的强化几乎注定会压缩个人自由的空间,甚或剥夺个人的自由权利。罗伯特·诺齐克就十分警惕类似波兰尼的方案,他说:"我们关于国家的主要结论是:能被证明为正当的就是一种最小国家,即仅限于防止暴力、偷窃、欺骗和强制履行契约等有限功能的国家;更多功能的国家都将被证明为非正当的,因为这样的国家会侵犯到个人不被强迫从事某些特定事情的权利……"[①]

上文已经提到,波兰尼所定义的自由是跟生产、交易与分配系统高度相关的,跟人的收入与社会保障联系在一起。这种自由主要不是指免于强制的自由,而是跟免于物质匮乏有关的自由。但是,大量相关研究认为,法律意义上的自由与个人保障意义上的自由,或者说免于强制的自由与免于物质匮乏的自由,两者是容易产生冲突的。换言之,当试图实现更大程度的后一种自由时,就或多或少会破坏前一种自由。实际上,哈耶克于同年发表的《通往奴役之路》已对这个问题进行过充分论述。他甚至警告,任何允诺此种"新自由"的道路到头来可能是一条"通往奴

---

① Robert Nozick, *Anarchy, State, and Utopia* (Oxford: Wiley-Blackwell, 2001), p. iv.

役之路"。①从波兰尼的新社会方案来看，上面这种担忧是有道理的。他的新社会方案包括了对财产权利、对经济自由、对价格体系、对生产组织的大幅度集体控制，这样做无论在何种意义上都会大大压缩法律意义上免于强制的自由。从政治层面说，上述两种自由可以兼容只是一种幻觉。

波兰尼对自由问题的政治分析不足，还表现为他一厢情愿的主观愿望和浪漫主义。他在《大转型》的最后一段以无比憧憬的口吻说："只要他是真诚地试图为所有人创造更多的自由，他就无须惧怕权力或计划会转而与他作对，并毁坏他以它们为工具正在建立的自由。这正是在一个复杂社会里自由的涵义，它给了我们所有我们需要的确定性。"②波兰尼这里使用了"真诚地"创造自由、"无须惧怕权力"等带有十足情感色彩的表述，但这些情绪化表述的背后缺乏政治分析的支撑。难道真诚地创造自由，就能得着自由？或者，无须惧怕权力，权力就不会侵犯自由？要知道，这是一部社会科学作品，而非一部文学作品。另外，"确定性"一词流露出波兰尼对市场风险的厌恶和对不确定性的抵制。确定性固然意味着更多的保障，但同时又意味着更多的控制。无论采用何种说辞，这里的控制最后不免沦为国家主导的某种集体控制的形式。如果进行政治分析，就会发现波兰尼的自由概念及其新社会方案很可能埋藏着通往极权主义的种子。

---

① 哈耶克：《通往奴役之路》，王明毅、冯兴元等译，北京：中国社会科学出版社，1997，第29—36页。
② 卡尔·波兰尼：《大转型：我们时代的政治与经济起源》，冯钢、刘阳译，杭州：浙江人民出版社，2007，第220页。

总之，上述两个部分已经对波兰尼的关键命题进行了讨论与批评。如果上述讨论与批评能够成立，那么波兰尼《大转型》一书的逻辑链条就出现了多处断裂，全书的主要观点就很成问题了。

集体控制与个人自由：危险的歧路？

波兰尼出版《大转型》的 1944 年正值欧洲的混乱年代。从个人经历来看，波兰尼生于 1886 年，从他出生到 20 世纪初正是欧洲各种思潮激荡的岁月。他 28 岁时欧洲爆发一战，他 31 岁时俄国爆发十月革命，他 43 岁时爆发了 1929—1933 年的世界经济大萧条，他 46 岁时希特勒在德国掌权，他 53 岁时又爆发二战。他出生时是奥匈帝国的国民，随后经历了奥匈帝国的解体，1933 年开始就流落到异国他乡，开始是英国，而后是美国和加拿大。在写作和出版《大转型》的过程中，波兰尼都没有正式、稳定和受人尊敬的学术岗位，出版《大转型》那年他已 58 岁。可以说，欧洲数十年的不稳定与动荡也映射在他个人的身上，他自己的人生与职业生涯也缺乏足够的保障和安全感。

当然，一位杰出知识分子的这种独特经历，恰到好处地推动了波兰尼对整个欧洲从 19 世纪到 20 世纪早期的政治经济变迁进行深刻的反思，但同时也塑造了他的个人倾向：与自由相比，他更注重安全与保障；与市场相比，他更倾向干预和规制；与经济相比，他更注重道德与伦理。因此，波兰尼能够敏锐地捕捉到 19 世纪文明可能的弊端，以及自由市场经济与工业革命造成的问题。总的来说，波兰尼具有非常敏锐的问题意识，所以《大转型》也产生了重要影响。

但是，《大转型》的主要命题在逻辑与论证上并不严谨，上文已经从经济和政治两个视角进行了分析与批评。实际上，人类迄今为止没有哪一种经济社会模式是完美的。人类在一个方面的进步往往伴随着另一方面的代价，自由市场经济与工业革命的兴起过程大体也是如此。在人类政治经济的重大变迁过程中，帕累托改进是一种很少出现的理想状态。巨大的政治经济变迁，往往伴随着巨大的结构性调整，这就很可能会导致谁受益、谁受损的问题，或者至少会导致谁受益较多、谁受益较少的问题。然而，无论怎样，与其他经济社会问题相比，经济增长与经济绩效始终是现代社会人类经济生活的核心问题。如果一部经济社会学著作忽视了经济增长与经济绩效的重要性，迟早会偏离合理的轨道。相反，一个经济体倘若能够维持相对较高水平的经济增长和经济绩效，不仅意味着物质与技术的巨大进步，而且意味着为所有社会阶层长期提高生活质量创造了可能。只要基于对欧美国家的长期考察，就会发现长期的经济增长和经济绩效基本上意味着普通民众生活质量的改善和社会经济平等程度的提高。

所以，波兰尼的贡献在于以他特有的方式指出了自由市场经济与工业革命造成的问题，但波兰尼的危险则在于他指引了一条既由于去市场化而难以实现经济增长与经济绩效，又由于强化的集体控制而无力保护个人自由的歧路。实际上，波兰尼同时代的几位杰出思想家已经敏锐地预见了这种可能的危险。

第八章

从保守主义民主理论到宪法工程学

由于《民主新论》在20世纪90年代就出版了首部中译本，乔万尼·萨托利早就是一位在中国名声显赫的政治学者了。不幸的是，2017年4月4日，他在意大利佛罗伦萨辞世。萨托利于1924年生于佛罗伦萨，先后出任佛罗伦萨大学教授、斯坦福大学教授和哥伦比亚大学讲座教授等，著述有《政党与政党体制》《民主新论》《比较宪法工程学》等数十种。[1] 由于对政治学研究的杰出贡献，萨托利分别于2005年和2006年荣膺欧洲政治研究联合会终身成就奖与美国政治科学学会终身成就奖。

---

[1] 三部代表作参见 Giovanni Sartori, *Parties and Party Systems: A Framework for Analysis* (Cambridge: Cambridge University Press, 1976); Giovanni Sartori, *The Theory of Democracy Revisited* (Chatham: Chatham House Publisher, Inc., 1987); Giovanni Sartori, *Comparative Constitutional Engineering: An Inquiry into Structures, Incentives and Outcomes* (Basingstoke: Palgrave Macmillan, 1994).

"没有真正的对手"的民主理论家

在萨托利身前，国际学术界的很多重量级学者都对他有着极高的评价。比如，著名民主理论家罗伯特·达尔称萨托利"对当代民主理论做出了富有生命力的、非常重要的和杰出的贡献"，共识民主理论代表人物阿伦·利普哈特认为萨托利在民主理论领域"没有真正的对手"。[1]《欧洲政治科学》杂志刊发的论文称萨托利是"20世纪最主要的政治科学家之一"。[2]

萨托利去世后，《佛罗伦萨每日新闻》称他为"杰出的政治科学家和公共知识分子"，意大利总理保罗·真蒂洛尼盛赞萨托利为人类的政治生活提供了路线图。[3]国际政治科学学会在悼词中这样说："萨托利对民主理论、政党体制与宪法工程学领域做出了持久的贡献。"[4]尽管乔万尼·萨托利并不拥有塞缪尔·亨廷顿那样的全球知名度，但一系列的杰出作品使其跻身20世纪最重要的政治理论家之列。实际上，他的政治理论对今日复杂多变而又面临重重挑战的世界政治仍然具有非凡意义。

对中国学术界，萨托利的影响更为特殊。20世纪90年代中

---

[1] 参见《民主新论》英文版第一卷的封底评论语：Giovanni Sartori, *The Theory of Democracy Revisited* (Chatham: Chatham House Publisher, Inc., 1987).

[2] Gianfranco Pasquino, "The Political Science of Giovanni Sartori," *European Political Science*, Vol. 4, No. 1 (2005), pp. 33-41.

[3] Editorial Staff, "Political Scientist Giovanni Sartori Dies at 92," *Florence Daily News, April 6, 2017*, http://www.florencedailynews.com/2017/04/06/political-scientist-giovanni-sartori-dies-92.

[4] "Giovanni Sartori in Memoriam (1924-2017)," International Political Science Association, April 10, 2017, https://www.ipsa.org/na/news/giovanni-sartori-memoriam-1924-2017.

期之前，国内关于民主的理论著作还很罕见。1993年，萨托利所著的《民主新论》（冯克利、阎克文译）率先由东方出版社出版，一时学界风行。该书脱销多年后，上海人民出版社于2009年接手，先后出版单行本和两卷本全译精装版，同样深受欢迎。2006年，商务印书馆出版了萨托利所著的《政党与政党体制》（王明进译），这部政党学经典很快被国内众多大学列为政治学必读书目。中国知网数据库显示，以"萨托利"为篇名或关键词的文献高达300多篇。这都说明了萨托利在中国学界的影响力。本章旨在对乔万尼·萨托利一生的主要著述及其学术贡献进行综述和评价。[①]

政党体制类型学与民主稳定性

自19世纪以来，政党与政党政治逐渐成为现代民主的重要组成部分，但关于政党与政党政治的理论研究姗姗来迟。1951年，法国政治学者莫里斯·迪韦尔热出版了《政党概论》一书，政党政治理论才获得重要突破。[②] 但到了20世纪60年代，乔万尼·萨托利认为，自迪韦尔热之后，欧美学界的政党政治理论就停滞不前了，所以他决定要在理论上建立一个新的关于政党和政党体制的分析框架。这就是1976年《政党与政党体制》一书的

[①] 萨托利用意大利语和英语两种语言写作，他的代表性作品均有英文版。

[②] Maurice Duverger, *Political Parties: Their Organization and Activity in the Modern State* (Hoboken: John Wiley & Sons, 1954).

由来。遗憾的是，萨托利这部原本规划的两卷本著作，由于第二卷手稿的失窃，最终只出版了第一卷。

《政党与政党体制》出版后很快就赢得了较高声誉，而后被奉为政党理论经典。时隔22年之后，该书获评1998年美国政治科学学会"杰出著作奖"。从结构上看，该书既聚焦于对政党本身的结构与功能的分析，又聚焦于对政党体制和政党间政治的分析。就理论范式而言，萨托利无疑受到了当时盛行的结构功能主义的影响。在由第二卷失窃书稿改写的论文中，萨托利还系统阐述了与政党类型、政党组织、政党功能有关的一整套理论。[1] 当然，该书的主要贡献不仅在于为政党与政党体制提供了一个新的分析框架，更在于贡献了两项富有创见的理论阐述。

首先，萨托利提出了一种新的政党体制类型学。迪韦尔热较早就区分了民主政体下的两党制与多党制。另一位法国学者让·布隆代尔后来又区分了四种政党体制，分别是两党制、两个半政党体制、有主导政党的多党制和没有主导政党的多党制。[2] 在此基础上，萨托利提供了一种新的类型学来区分民主政体下的竞争性政党体制，分别是主导党制、两党制、有限多党制或温和多党制、极端多党制或极化多党制、粉碎型体制或碎片化政党体制。[3]

---

[1] Giovanni Sartori, "Party Types, Organization and Functions," *West European Politics*, Vol. 28, No.1 (2005), pp. 5-32.

[2] Jean Blondel, "Party Systems and Patterns of Government in Western Democracies", *Canadian Journal of Political Science*, Vol. 1, No. 2 (1968), pp. 180-203.

[3] G. 萨托利：《政党与政党体制》，王明进译，北京：商务印书馆，2006，第177—183页。

跟同时代的政治理论家相比，萨托利提供了一个民主政体下谱系更完整的政党体制类型学。他不仅将主导党体制明确纳入竞争性政党体制类型，而且还将多党制区分为温和多党制、极化多党制和碎片化政党体制三种更精细的类型。萨托利认为，非竞争性政体下的霸权党体制与竞争性政体下的主导党体制应该得到有效区分，而这在过去是被忽视的。此外，温和多党制与极化多党制之间的差异过去也常常被忽视。萨托利明确区分了两者不同的政治逻辑——温和多党制通常是更稳定、更有效的政党体制类型，极化多党制通常是较不稳定、缺乏效能的政党体制类型。[1] 萨托利的政党体制类型学，既不像迪韦尔热20世纪50年代的类型学那样过分简略，又不像后来的政治学者艾伦·韦尔等人的政党体制类型学那么烦琐[2]，恰到好处地区分了真实的政党政治结构的不同类型。所以，至今仍有很多学者将萨托利20世纪70年代的这种政党体制类型学作为区分不同国家政党体制的标准。

　　萨托利这部1976年的作品还介绍了当时最新的关于政党有效数目的研究。这类研究的实质性突破发生在1979年，马库·拉克索与赖因·塔格培拉在这一年完善了"有效政党数目"的概念，他们试图借助这一概念用完全量化的方法来测量一个

---

[1] G.萨托利：《政党与政党体制》，王明进译，北京：商务印书馆，2006，第184—267页。
[2] 一种更新、更复杂的政党体制类型学，参见艾伦·韦尔：《政党与政党制度》，谢峰译，北京：北京大学出版社，2011，第148—155页。

国家的政党体制。[①]比如，计算"议会有效政党数目"的公式是 $N_s=1/\sum S_i^2$，其中 N_s 代表议会有效政党数目，S_i 代表议会中每个政党的席位比例，$\sum$ 代表加总。根据这一公式，学者们就能方便地计算出一国的议会有效政党数目。但是，有学者指出，这一计算公式很可能低估小型政党的角色，因而就难以真实地反映政党政治的结构。[②]比如，下面就是一则案例：

A 国　不同政党议会席位的比例为 70%：10%：10%：10%
　　　议会有效政党数目 = 1.92
B 国　不同政党议会席位的比例为 60%：40%
　　　议会有效政党数目 = 1.92

根据计算公式，两国的有效政党数目均为 1.92。从这一数据看，两国似乎都接近于两党制。但实际上，这一结果对反映真实的政党体制而言存在着重大偏差。按照萨托利的政党体制类型学，A 国是典型的主导政党体制，B 国则很可能是典型的两党制。从这一典型案例来看，萨托利提出的政党体制类型学能更真实、更准确地反映两国的政党政治结构。

其次，萨托利对极化多党制做出了开创性分析。在萨托利之前，学术界在理论上对极化多党制的重视程度是不够的。萨托利

[①] Markku Laakso and Rein Taagepera, "'Effective' Number of Parties: A Measure with Application to West Europe", *Comparative Political Studies*, Vol.12, No.1 (1979), pp. 3-27.

[②] Grigorii V. Golosov, "The Effective Number of Parties: A New Approach," *Party Politics*, Vol. 16, No. 2 (2010), pp. 171-192.

则明确指出，极化多党制是一种不利于民主稳定的政党体制。他总结了极化多党制的主要特征：（1）反体制政党的出现；（2）双边反对党的存在；（3）中间位置存在一个或一组政党；（4）政治的极化体制；（5）离心性驱动力对向心性驱动力可能的超越；（6）存在固有的意识形态型式；（7）不负责任的反对党的出现；（8）抬价政治或过度承诺的政治。[①]这些制度特征导致极化多党制难以形成有效的执政力量，民主政体的稳定性和有效性就会削弱。按照萨托利的说法，极化多党制并不必然导致政治上的自我毁灭，但这种政党体制应付重大危机的能力很低，因此更容易导致民主不稳定或民主崩溃。

萨托利对于极化多党制的理论分析意义重大。首先，他明确地把极化多党制作为政党体制的一种类型，使其在理论上和实践上都得到了前所未有的关注。其次，他系统论述了极化多党制跟民主稳定性和有效性之间的关系，甚至还阐明了从极化多党制到民主政体失败之间的逻辑链条。这样，防止极化多党制的兴起对民主政体来说就成了一个重要的政治问题。最后，借助对极化多党制的分析，他发现了民主政体运作过程中向心性竞争与离心性竞争的差异。在极化多党制条件下，政治竞争的离心性力量会超越向心性力量，构成民主政体走向不稳定的重要机制。[②]萨托利对民主体制下政党竞争的向心性特征与离心性特征的分析，开创

[①] G. 萨托利：《政党与政党体制》，王明进译，北京：商务印书馆，2006，第184—248页。

[②] G. 萨托利：《政党与政党体制》，王明进译，北京：商务印书馆，2006，第473—487页。

了一个研究民主稳定性的新视角，引领了很多后来的相关研究。①

当然，如果要以今天的社会科学规范来评价这部40年前出版的作品，《政党与政党体制》的主要缺憾是萨托利仅仅阐明了政党体制的不同类型及其基本特征，却没有提供一套系统的理论来解释为什么不同国家会出现不同的政党体制——特别是，同为民主政体下的竞争性政党体制为什么会出现显著的分化。与不同政党体制类型是什么这个问题相比，为什么不同国家会出现不同的政党体制类型这个问题，至少同样重要。或许正是萨托利作品的这种缺憾，后来激发了学术界与此有关的大量研究。②

保守主义民主理论的三大支柱

《民主新论》是萨托利在中国学界影响最大的一部作品。那么，在民主理论著作层出不穷的西方学界，萨托利声称要重建

---

① 后来，学术界出现了不少论述政治制度的向心性特征与离心性特征的作品。比如，考克斯1990年的研究区分了选举制度的向心效应与离心效应，参见 Gary W. Cox, "Centripetal and Centrifugal Incentives in Electoral System," *American Journal of Political Science*, Vol. 34, No. 4 (1990), pp. 903-935。比如，吉尔林与撒克2008年的研究区分了向心型治理与分权主义治理模式，参见 John Gerring and Strom C. Thacker, *A Centripetal Theory of Democratic Governance*, Cambridge: Cambridge University Press, 2008。再如，拙著区分了向心型民主政体与离心型民主政体，参见包刚升：《民主崩溃的政治学》，北京：商务印书馆，2014。

② Octavio Amorim Neto and Gary W. Cox, "Electoral Institutions, Cleavage Structures, and the Number of Parties," *American Journal of Political Science*, Vol. 41, No. 1 (1997), pp. 149-174; Rein Taagepera, "The Number of Parties as a Function of Heterogeneity and Electoral System," *Comparative Political Studies*, Vol. 32, No. 5 (1999), pp. 531-548.

"主流民主理论"的这部作品究竟价值何在？一般认为，20世纪西方最重要的民主理论家首推罗伯特·达尔。达尔要比萨托利作品更多、影响更大，但这不意味着萨托利的作品分量更低。实际上，尽管这两位民主理论家都是民主制度的坚定信奉者，但他们有着非常不同的意识形态。达尔更关注政治平等，萨托利更关注政治自由；达尔更强调什么是值得期待的民主理想，萨托利更强调什么是可以企及的民主现实；达尔是左翼阵营的民主理论大师，萨托利则是右翼阵营的民主理论大师。特别是，晚年的达尔更关注实质性政治平等问题，在政治论述上带有浓厚的理想主义与道德主义色彩，而萨托利在这方面始终秉承更为冷峻和务实的现实主义态度。总体上，这两位学者面对西方世界相似的政治情境，却阐述了差异巨大的民主理论。①

萨托利主张的是保守主义民主理论，这一理论有三大支柱：古典自由观、政治现实主义和精英民主论。萨托利的古典自由观，涉及对自由、民主与平等三种现代性价值之间张力的看法。他认为，如果民主意味着"权力属于人民"，那么这种民主的权力结构存在着两种危险：一是民主不足的危险，即"人民失去控制权，那么对人民的统治便会危险地同人民的统治毫不相干"；二是民主过度的危险，即以多数原则表现的民主权力过大，以致民主的统治沦为压制个人与少数派的力量。实际上，民主过度的危险跟

---

① 达尔有关民主理论的代表作参见罗伯特·达尔：《多头政体：参与和反对》，谭君久、刘惠荣译，商务印书馆，2003；罗伯特·A.达尔：《民主及其批评者》，曹海军、佟德志译，长春：吉林人民出版社，2006；罗伯特·A.达尔：《美国宪法的民主批判》，佟德志译，北京：东方出版社，2007；罗伯特·A.达尔：《论政治平等》，谢岳译，上海：上海人民出版社，2010。

"多数暴政"这一经典议题有关。那么,如何在理论上处置这一问题呢?萨托利的贡献是提出了著名的"有限多数原则"。这里的有限多数原则是指,即便是基于多数原则的政治权力也并非不受限制或不受制约的权力,而是必须尊重立宪主义原则与少数派权利。理由在于,在一次投票或选举中的多数不见得是永远的多数,他们在下一次投票或选举中完全有可能成为少数。如果民主的政治游戏想继续玩下去,就需要为那些在一次投票或选举中的少数派提供宪法和法律上的充分保护。萨托利这样说:"少数的权利是民主过程本身的必要条件。如果我们信奉民主过程,我们也必须信奉受少数的权利限制的多数统治。使民主作为一个不断发展的过程存在下去,要求我们保证全体公民(多数加上少数)拥有权利,这是民主的运行方式所必不可少的。"[1] 萨托利有限多数原则的观点,在实践上也构成了对多数暴政的一种防御机制。

  民主理论无可回避的问题是如何处理自由与民主之间的关系。在萨托利看来,两者的立足点就不同,"自由主义首先是要设法限制国家权力,民主则在国家权力中嵌入人民的权力";两者的诉求也不一样,"自由主义要求自由,民主主义要求平等";两者的政治主张由此也就不同,"前者特别关心政治约束、个人首创精神以及国家形式问题,后者则对福利、平等以及社会凝聚力特别敏感"。他所担心的正是当时西方知识界"民主观的错误"以及对自由与民主关系的混乱认知。萨托利主张的是一种古典自由的民主观。唯有自由主义之中的民主,才可能是真正的民主。这

---

[1] 乔万尼·萨托利:《民主新论(上卷):当代论争》,冯克利、阎克文译,上海:上海人民出版社,2015,第66—67页。

又关系到平等问题。萨托利这样说:"自由主义本身谨慎小心地认可法律-政治平等以外的平等,因为它对任何从上面免费赐予的平等都感到可疑。"如果民主政体下的大众想要谋求后一种平等,结果必然是政府权力范围的扩张和政府权力性质的改变,政府将获得一种与一个自由政府、法治政府所不相称的过度庞大与随意的权力,结果只能是"一个表面上假人民的名义行事"、貌似具有"绝对正当性"而实际上"会使一切保障荡然无存"的非民主政体。①

尽管萨托利是一位在欧洲大陆接受学术训练的政治学者,但他关于自由、民主与平等关系的观点更接近英美自由主义与立宪主义传统。萨托利熟练地引用英国思想家约翰·洛克、约翰·穆勒、阿尔伯特·戴雪等人的文献来佐证他自己的观点。至于在20世纪的思想场域中,萨托利的古典自由观跟著名思想家哈耶克的见解非常接近。训练有素的读者甚至能够在萨托利的字里行间发现哈耶克作品的影子。②实际上,《民主新论》的索引目录显示,哈耶克是所有20世纪学者中出现频率最高的一位。

第二个问题涉及政治现实与政治理想之间的关系。萨托利认同的是政治现实主义版的民主理论。尽管萨托利笃信自由民主作为一种政治理想的重要价值,但他同时也是一位用精致的现实主

---

① 乔万尼·萨托利:《民主新论(下卷):古典问题》,冯克利、阎克文译,上海:上海人民出版社,2015,第584—599页。
② 特别是哈耶克三部代表性作品,参见哈耶克:《通往奴役之路》,王明毅、冯兴元等译,北京:中国社会科学出版社,1997;哈耶克:《自由宪章》,杨玉生、冯兴元、陈茅等译,北京:中国社会科学出版社,1999;哈耶克:《致命的自负》,冯克利、胡晋华等译,北京:中国社会科学出版社,2000。

义手术刀解剖政治事实的冷峻分析师。这里的首要问题是，过度的理想主义和过度的理性主义可能会威胁到西方的自由民主政体。萨托利说："威胁着民主的不是理想主义，而是'劣等的理想主义'，是'至善论'。"这种至善论或乌托邦思潮，一方面对尚不完美的民主政体进行批判，另一方面则以建立"人间天国"为政治愿景。萨托利冷静地提醒道，这种至善论或乌托邦思潮所导向的政治行动，不仅无法建立人间天国，而且还会败坏人类在政治上已经取得的进步，可能会导向政府作为政治与道德权威控制一切的全能主义统治。[①]这样的见解很容易让人想起哈耶克1944年告诫欧洲知识界时引用的箴言："总是使一个国家变成人间地狱的东西，恰恰是人们试图将其变成天堂。"[②]

过度的理性主义也是值得警惕的思想倾向。萨托利认为："经验主义者倾向于从现实开始工作，而理性主义者倾向于把现实改造成'理性'的反映。"或者说，理性主义者的爱好是"根据理性重建现实"。英美式民主与早期欧陆式民主的一个重要差异，是前者更具经验主义民主色彩，后者更具理性主义民主色彩。"……经验主义的民主制度，不是用演绎方式，而是根据一些经验建立起来的，这些经验是，行之有效的政府才是重要

[①] 乔万尼·萨托利：《民主新论（上卷）：当代论争》，冯克利、阎克文译，上海：上海人民出版社，2015，第98—137页。
[②] 哈耶克：《通往奴役之路》，王明毅、冯兴元等译，北京：中国社会科学出版社，1997，第29页。

的，议院制①是功能不良的制度，比例代表制可能引起的问题更甚于它所解决的问题。"相反，"理性主义民主总是处在变成一种想象的民主的危险之中，它有可能离开现实太远，以致无力应付现实世界产生的问题"。②在萨托利看来，政治现实主义的民主观首先要兼顾人类社会的实际情形。具体地说，人性的弱点与不完善性，人与人政治分歧乃至冲突的可能性，完美社会的难以企及性，都是人类社会实际情形的一部分。这又会让人想起哈耶克从20世纪40年代开始对理性建构主义的持续批判。在哈耶克看来，如果不顾及人类社会的自生自发秩序和人类社会的不完善性，由政治权力单方面实施的政治社会工程最后往往会导致严重的灾难。③

如果说萨托利的古典自由观主要是受到了英美自由传统的影响，那么他的政治现实主义立场则主要是受到了欧陆思想传统的影响。从意大利的马基雅维里到德国的马克斯·韦伯和卡尔·施米特（这里当然还应该加上英国哲学家托马斯·霍布斯）都在很大程度上影响了萨托利。现实主义政治观总是提醒读者，政治不是道德，不是伦理，不是说教，不是浪漫主义的和谐状态；相反，政治关乎的是权力，是个体的支配问题与群体的生存问题，甚至

---

① 此处的"议院制"原文为assembly systems，笔者认为这里译为"议会系统"应该会更明确，原文参见 Giovanni Sartori, *The Theory of Democracy Revisited* (Chatham: Chatham House Publisher, Inc., 1987), p. 54。
② 乔万尼·萨托利：《民主新论（上卷）：当代论争》，冯克利、阎克文译，上海：上海人民出版社，2016，第88—96页。
③ 哈耶克：《经济、科学与政治：哈耶克思想精粹》，冯克利译，南京：江苏人民出版社，2000，第591—629页。

是群体与群体之间的冲突乃至战争。① 当然，政治现实主义的分析视角并不意味着放弃政治理想或政治上的价值观。特别值得提出的是，被视为现实主义传统中某种极端人物的卡尔·施米特更是认为，政治主要是区分敌我，所以政治始终带有某种"类似战争"的特质。尽管萨托利并不赞同施米特的观点（因为政治既可能是"战争政治"，又可能是"和平政治"），但他的政治观无疑受到了施米特的影响。② 既然民主是人类政治生活的一种方式，民主就不只是关乎政治理想的，而是需要面对复杂乃至冷酷的现实问题。民主政治不仅有共识与和谐的一面，而且有分歧与冲突的一面。唯有借鉴政治现实主义的视角，民主理论才不会步入过度理想主义与过度理性主义的政治误区。

第三个问题关系到平民主义民主与精英主义民主之争。尽管信奉民主原则，但萨托利对直接民主模式抱有深深的忧虑，或者说他对普通选民通过直接的多数投票能否达成优良的公共决策表示担忧。他这样自问自答："为什么多数原则是被人缓慢而不情愿地接受的呢？答案非常简单，多数的权利并不等于多数'正确'。"萨托利认为，人民主权与多数统治的原则固然重要，但它需要跟精英阶层的领导力、政治智慧与治国技艺结合起来，这样才能经

---

① 政治现实主义的经典文献参见尼科洛·马基雅维里：《君主论》，潘汉典译，北京：商务印书馆，1985；霍布斯：《利维坦》，黎思复、黎廷弼译，北京：商务印书馆，1985；马克斯·韦伯：《民族国家与经济政策》，甘阳选编，甘阳等译，北京：生活·读书·新知三联书店，1997；卡尔·施米特：《政治的概念》，刘宗坤等译，上海：上海人民出版社，2004。

② 萨托利如何理解政治的概念，参见 Giovanni Sartori, "The Essence of the Political in Carl Schmitt," *Journal of Theoretical Politics*, Vol. 1, No. 1 (1989), pp. 63-75; Giovanni Sartori, "What is 'Politics'," *Political Theory*, Vol. 1, No. 1 (1973), pp. 5-26。

由民主实现善治。考虑到总有人呼吁建立一种比现有西方民主政体更民主的民主政体，萨托利在书中不厌其烦地反复讨论平民主义民主与精英主义民主、直接民主与代议制民主的关系，以及全民公决式民主可能的利与弊。在萨托利看来，各种不同版本的反精英论者都冒着一种巨大的风险，即普通大众是否具备治国所必需的知识与技能。在提到全民公决式民主时，萨托利认为："如果这些前提是正确的，那就意味着公决式民主会可悲地迅速撞在无认知能力的暗礁上沉没。选举式民主则可以缓解这一问题，因为它不要求选民有知识和有能力。"他甚至还担心，具有浓厚直接民主色彩的全民公决式民主还会产生"加剧冲突"的风险。[①]

萨托利的精英民主论受到了两种思想传统的影响。一种是某种程度上以意大利为中心的精英主义传统。作为意大利裔的学者，萨托利对意大利学者加塔诺·莫斯卡、维尔弗雷多·帕累托、罗伯特·米歇尔斯等人的理论都非常熟悉。这些重要的思想家要么主张只有精英才能为治国提供必要的知识与技能，要么主张无论什么社会（民主的或威权的）都难以避免精英统治，任何社会几乎都无法走出"寡头统治铁律"。[②] 当然，在萨托利的民主理论框架中，精英治理并不等于不受人民主权制约的精英统治，而是大众统治与精英治国的某种结合。另一种是由来已久的代议制民主理论或竞争式民主论。1787 年的美国联邦党人认为，代议

[①] 乔万尼·萨托利：《民主新论（上卷）：当代论争》，冯克利、阎克文译，上海：上海人民出版社，2015，第 186—195、211 页。

[②] 精英主义理论的代表作，参见加塔诺·莫斯卡：《统治阶级》(《政治科学原理》)，贾鹤鹏译，南京：译林出版社，2002；罗伯特·米歇尔斯：《寡头统治铁律：现代民主制度中的政党社会学》，任军锋等译，天津：天津人民出版社，2003。

制民主或共和政体（而非直接民主）是一种更优良的政体。[1] 到1942年，约瑟夫·熊彼特则明确提出了竞争式民主论，民主其实是政治家经由选举方式竞争政治领导权的一种制度安排。这样的话，民主选举实际上并不是主张由普通选民来决定一个民主国家的公共决策，而是由普通选民来决定哪些人可以代表他们来决定一个民主国家的公共决策。萨托利这样说："简单地说，选举不制定政策；选举只决定由谁来制定政策。选举不能解决争端，它只决定由谁来解决争端。"[2]

政治制度主义与宪法工程学

萨托利的另一个主要关注点是宪法设计与政治制度安排对民主稳定性和有效性的影响。他这方面的代表作是首版于1994年、修订再版于1997年的《比较宪法工程学》。尽管很难说这部作品具有很高的独创性，但萨托利无疑算得上宪法工程学领域的最早开拓者与代表人物之一。[3] 该书主要是对选举制度与立法-行政关系这两项重要制度的理论分析。

萨托利认为："选举制度的重要性长期被低估。"反过来说，

---

[1] 汉密尔顿、杰伊、麦迪逊：《联邦党人文集》，程逢如等译，北京：商务印书馆，1980，第44—51页。

[2] 乔万尼·萨托利：《民主新论（上卷）：当代论争》，冯克利、阎克文译，上海：上海人民出版社，2015，第175页。

[3] 实际上，根据笔者的考察，萨托利很可能是第一位在政治学论文标题中使用"工程学"字样的学者，参见 Giovanni Sartori, "Political Development and Political Engineering," *Public Policy*, Vol. 17 (1968), pp. 261–298。

如果选举制度不重要，政治家们就不会就选举制度的选择进行激烈斗争了。[1]在政治学史上，迪韦尔热是最早提出选举制度可以影响乃至决定政党体制的学者。后来，"迪韦尔热定律"被他自己完整表述为："（1）比例代表制倾向于导致形成多个独立的政党……；（2）两轮绝对多数决定制倾向于导致形成多个彼此存在政治联盟关系的政党；（3）简单多数决定制倾向于导致两个政党的体制。"[2]受迪韦尔热研究的影响，很多学者都倾向于认为，多数决定制有利于塑造更强的政党体制，因而能够带来更好的政治问责制与更高的政府效能。相反，纯粹的比例代表制容易导致碎片化的政党体制，因而不利于塑造政府效能和民主政体的稳定性。然而，美国政治学者阿伦·利普哈特主张比例代表制要优于多数决定制。特别是，对族群-宗教分化程度高的社会来说，比例代表制的优势就更为显著。他还为此提供了跨国数据定量研究的证据。[3]

那么，萨托利如何分析不同选举制度的优劣呢？萨托利并不否认比例代表制可能具有很多优点，但他同时认为："比例性制

---

[1] Giovanni Sartori, *Comparative Constitutional Engineering: An Inquiry into Structures, Incentives and Outcomes*, second edition (Basingstoke: Palgrave Macmillan, 1997), pp. 27-28.

[2] Maurice Duverger, "Duverger's Law: Forty Years Later," in *Electoral Laws and Their Political Consequences*, eds. Bernard Grofman and Arend Lijphart (New York: Agathon Press, 1986), pp. 69-84.

[3] 萨托利与之对话的是利普哈特1984年的研究，参见 Arend Lijphart, *Democracies: Patterns of Majoritarian and Consensus Government in Twenty-One Countries* (New Haven: Yale University Press, 1984)。这项研究的最新升级版参见 Arend Lijphart, *Patterns of Democracy: Government Forms and Performance in Thirty-Six Countries*, second edition (New Haven and London: Yale University Press, 2012)。

度并非内在地优于多数决定制。"利普哈特 1977 年的一项早期研究认为，协和型民主模式（即后来的共识民主模式，比例代表制是其主要制度特征之一）更适合一个族群、宗教与语言呈现高度分化的社会。① 但后来，利普哈特未经严谨分析就把这种制度安排推而广之，认为比例代表制可以不加区分地适合绝大多数民主国家。萨托利认为，利普哈特最初的论点是对的，但后来的主张是错的。与利普哈特的观点相反，他认为比例代表制与大联合政府更容易引发政治僵局，从而使民主政治难以有效运转。②

那么，究竟何种选举制度最佳呢？萨托利对这一问题似乎态度暧昧。在他看来，每种选举制度都有其优势与弱点，具体制度细节设计的差异和政治社会情境条件的差异也会导致同一选举制度政治效应的不同。在萨托利看来，如果多数决定制能够塑造两党制和一党责任政府，那它就是最好的，但问题是这种情况并不总是发生；复合型的比例代表制往往能够实现代表性与治理能力的平衡，因而表现出色，但纯粹的比例代表制往往导致政治体系的碎片化；20 世纪中叶以来，混合制，即多数决定制与比例代表制的混合形式，已经成为选举制度改革的新选择，二战后德国选举制度改革的经验也证明了它的优势，但很难说俄罗斯、日本和意大利曾实行过的混合型选举制度改革取得了重大成功。然而，萨托利又总结道，如果一定要挑出一种最佳选举制度，那就应该

---

① 阿伦·利普哈特：《多元社会中的民主：一项比较研究》，刘伟译，上海：上海人民出版社，2013。

② Giovanni Sartori, *Comparative Constitutional Engineering: An Inquiry into Structures, Incentives and Outcomes*, second edition (Basingstoke: Palgrave Macmillan, 1997), pp. 69-73.

是混合制，因为混合制具有足够的灵活性，能够在代表性与有效性之间达成平衡。但他同时认为，没有什么选举制度是适合情形各异的一切国家的标准处方。只有具体的政治情境，才能确定何种选举制度是最优的（或者毋宁说是最适合的）制度选择。[1]

《比较宪法工程学》研究的第二项制度是立法权与行政权的关系，即狭义上的政府形式。那么，何种政府形式有利于民主的稳定性和有效性呢？美国政治学者胡安·林茨1990年在《总统制的危害》一文中认为，总统制下的总统和议会均由选举产生，可能导致双重合法性冲突，由此引发行政机关与立法机关之间的政治僵局。因此，总统制与议会制相比，更不利于民主的稳定。[2]但唐纳德·霍洛维茨指出，林茨这项研究选择的总统制案例主要集中在拉丁美洲，议会制案例主要集中在欧洲，因而存在地区偏差。[3]斯科特·梅因沃林的研究发现，总统制与多党制的结合更容易导致民主政体的不稳定，而总统制与两党制的结合，比如美国，往往有利于民主的稳定。[4]

该书有2/3的篇幅涉及议会制与总统制大论战，但萨托利的

---

[1] Giovanni Sartori, *Comparative Constitutional Engineering: An Inquiry into Structures, Incentives and Outcomes*, second edition (Basingstoke: Palgrave Macmillan, 1997), pp. 73-75.

[2] Juan J. Linz, "The Perils of Presidentialism", *Journal of Democracy*, Vol. 1, No. 1 (1990), pp. 51-69; Juan J. Linz, "The Virtues of Parliamentarism", *Journal of Democracy*, Vol. 1, No. 4, 1990, pp. 84-91.

[3] Donald L. Horowitz, "Comparing Democratic Systems," *Journal of Democracy*, Vol.1, No.4 (1990), pp. 73-79.

[4] Scott Mainwaring, "Presidentialism, Multiparty Systems, and Democracy: The Difficult Equation," *Comparative Political Studies*, Vol. 26, No. 2 (1993), pp. 198-230.

思路不同于其他很多学者。他首先强调，一个国家政府形式的成因，并非来自制宪者精通理论优劣之后的有意选择，而是一个特定历史演进过程的产物。比如，美国选择总统制的一个重要原因是美国没有国王，而欧洲很多国家的议会制都是君主立宪制下首相与内阁权力不断强化的结果。因此，萨托利不是在理想的政治真空中讨论政府形式的优劣，而是认为需要把特定的政府形式置于一个国家特定的历史情境之中去考察。

在萨托利看来，总体上总统制是一种表现差劲的政府形式，经常遭遇政变与民主衰退，而美国只是一个特殊的例外，但美国是一个重要的例外。萨托利认为，美国总统制成功的原因主要有三个：一是美国社会的意识形态分歧较小；二是政党力量与政党纪律较弱；三是单议席选区制使国会议员与地方选区（而非与政党）之间的政治联系更为紧密。正是这些因素为美国的总统制注入了稳定性与灵活性。所以，萨托利担心，美国的总统制模式恐怕难以被成功复制或出口他国。对于总统制盛行且一度表现不佳的拉丁美洲，他还进一步追问：如果拉丁美洲国家改行议会制，就能解决拉丁美洲面临的政治问题吗？萨托利认为，拉丁美洲如果继续存在着较高程度的政治分歧与碎片化的政党体制，即便改行议会制，这种议会制民主政体恐怕也难以达成优良的治理绩效。在这一分析中，萨托利不唯独重视宪法设计与政治制度的角色，还强调了政治社会情境的重要性。[1]

---

[1] Giovanni Sartori, *Comparative Constitutional Engineering: An Inquiry into Structures, Incentives and Outcomes*, second edition (Basingstoke: Palgrave Macmillan, 1997), pp. 83-97.

与总统制相比，议会制通常是被学界盛赞的一种政府形式。萨托利则认为，由于内阁、议会与政党之间关系的不同模式，同样是议会制国家，其实际政治运作的差异是很大的。萨托利甚至提到，纯粹的议会制民主政体在历史上也曾有过糟糕的表现。[1]既然总统制与议会制皆有缺憾，那么两者的混合形式（半总统制）是否表现更为出色呢？萨托利认为，与容易导致政治僵局的总统制相比，半总统制由于总统、总理与内阁、国会之间的制度安排更具灵活性，因而能更好地避免政治僵局。这是半总统制的制度优势。但他又审慎地提醒道，这并不意味着半总统制就不会导致政治冲突与宪法僵局。[2]

既然如此，究竟什么是最佳的政府形式呢？萨托利认为，很多国家其实面临着政府形式选择上的困境——即便其有机会选择。"拉美国家被建议采取议会制，但那正是法国人弃之如敝屣的。许多英国人对他们两党制的束缚感到沮丧，但大多数意大利人却认为英国模式是最棒的。"然而，如果一定要回答这个问题，萨托利还是偏向于半总统制。但他这样表述自己的观点："我的论点不是半总统制是'最佳的'，而是'更适用的'。"同时，他还认为，有时候"半总统制也是一种较脆弱的制度"。这种进行反复的优劣分析的学术讨论，似乎完全不能满足那些喜欢明确答案

---

[1] 比如，有研究认为议会制民主政体的失败率也是很高的，参见 Matthew Soberg Shugart and John M. Carey, *Presidents and Assemblies: Constitutional Design and Electoral Dynamics* (Cambridge: Cambridge University Press, 1992), pp. 38-43。

[2] Giovanni Sartori *Comparative Constitutional Engineering: An Inquiry into Structures, Incentives and Outcomes*, second edition (Basingstoke: Palgrave Macmillan, 1997), pp. 101-140.

的读者。实际上，萨托利在后续篇章中还提出了一种更大胆但饱受争议的新的政府形式——"交替总统制"。其大体设想是，制度设计本身鼓励议会制，鼓励国家权力以议会和内阁为核心进行运作，但当这种议会制运转不畅时，作为备用制度的总统制就以一种替代性方案出场。萨托利说："只要议会制能够运转，它就能保持下去。但是，如果它不能达到给定的标准，议会制的引擎就会被切换掉，总统制的引擎就会代替它。这一想法是——在每一立法机构的过程中——设置了胡萝卜来对绩效做出奖励，而对不当行为进行惩罚。"[1]

萨托利对于政府形式的理论分析充满了思辨的力量，每位认真阅读他作品的读者都会从中受益。但与此同时，他的具体观点在学术界也充满了争议。比如，最新研究认为，在第三波民主化中，多党制加总统制的制度组合在拉丁美洲的表现并不算逊色。[2] 当然，这种模式在拉丁美洲的长期表现，仍然需要时间来观察。至于萨托利对交替总统制的大胆设想，学术界的争议就更大了。一个显而易见的批评是，一个民选总统（既可能是虚位的，又可能是实权的）与一个由议会产生的总理在实际政治运作中究竟如何协调呢？一个民选总统或许有很大的政治动力让议会运作陷入困境，以便自己能够接管政治权力。[3] 考虑到总统与总理在

---

[1] Giovanni Sartori, *Comparative Constitutional Engineering: An Inquiry into Structures, Incentives and Outcomes*, second edition (Basingstoke: Palgrave Macmillan, 1997), pp. 135-137, 153-160.

[2] Carlos Pereira and Marcus André Melo, "The Surprising Success of Multiparty Presidentialism," *Journal of Democracy*, Vol. 23, No. 3 (2012), pp. 156-170.

[3] Giuseppe Di Palma, "How to Design Democracies," *The Review of Politics*, Vol. 57, No. 3 (1995), pp. 570-573.

政党政治中的实际位置，或许这个问题就更复杂了。此外，这种政府形式可能在设计上过于复杂，操作难度比较大。正如萨托利本人提醒的："我们通常在批评我们所生活其中的政体时头头是道，但往往会错误地评估其替代方案以及这种方案所能期待的益处。"[①]

但无论怎样，萨托利都是宪法工程学领域的一位重量级学者。首先，萨托利是最早将政治工程学、制度工程学概念引入了主流政治学研究的学者之一，强调了宪法与政治制度的某种人为设计性质。在萨托利的分析框架中，作为一种激励结构，宪法设计与政治制度的不同会导致政治后果的不同。萨托利的研究还揭示，每种基本政治类型中的具体制度设计也同样重要。比如，纯粹的比例代表制往往导致糟糕的政治后果，但复合型的比例代表制可以实现代表性与政府效能之间的平衡。在《比较宪法工程学》一书的末尾，萨托利不厌其烦地提醒读者："起草宪法是一项工程学性质的任务。"[②] 其次，萨托利强调，宪法与政治制度都只能在特定的情境中发挥作用，宪法设计的实际政治效应往往无法脱离特定的历史社会条件。在萨托利看来，政治学者与其重视宪法文本是否完美，不如考察一部宪法在真实的政治情境中能否得以有效实施和运转。这就需要考虑宪法设计与历史社会情境的匹配性问题。在讨论选举制度和政府形式时，他都强调了一个民主国家

[①] Giovanni Sartori, *Comparative Constitutional Engineering: An Inquiry into Structures, Incentives and Outcomes*, second edition (Basingstoke: Palgrave Macmillan, 1997), p. 135.

[②] Giovanni Sartori, *Comparative Constitutional Engineering: An Inquiry into Structures, Incentives and Outcomes*, second edition (Basingstoke: Palgrave Macmillan, 1997), p. 201.

的背景条件的重要性。最后，萨托利的早期作品就关注民主政体的稳定性和有效性，这也是他后来的宪法工程学研究所关注的主题。如何维系或改善民主政体的稳定性和有效性，这在萨托利看来仍然是当代民主理论与宪法工程学的核心问题。①

萨托利政治理论的遗产

任何试图用一篇论文来总结乔万尼·萨托利一生主要著述及其学术贡献的做法，都会面临某种困境。如果试图面面俱到，就容易浅尝辄止；如果想要深入剖析，就只能聚焦少数议题；如果专注于对萨托利著述本身的解读，就无法兼顾其政治背景与同时代的学术争论。本章的基本策略是尽可能以萨托利的三部代表作为核心，聚焦其主要观点和核心逻辑，同时兼顾萨托利的学术传统和同时代的思想争论，并在此基础上扼要评析萨托利的学术贡献。简而言之，萨托利是20世纪70年代政党理论的集大成者、80年代保守主义民主理论的代表人物以及90年代以来新制度主义政治学与宪法工程学研究的有力推进者。此外，萨托利对比较政治学的方法论领域也有重要贡献。②

---

① 拙文第一部分讨论了宪法工程学的一般理论问题，参见包刚升：《民主转型中的宪法工程学：一个理论框架》，《开放时代》2014年第5期。

② 参见萨托利两篇被广泛引用的重要论文 Giovanni Sartori, "Concept Misformation in Comparative Politics," *American Political Science Review*, Vol. 64, No. 4 (1970), pp. 1033-1053; Giovanni Sartori, "Comparing and Miscomparing," *Journal of Theoretical Politics*, Vol. 3, No. 3 (1991), pp. 243-257.

很多人主要关心的是，从政党理论到保守主义民主理论再到宪法工程学研究，萨托利对于今日世界政治具有何种意义。今日欧美发达国家既承受着福利国家、大政府和公债危机的重压，又面临着全球化导致的贫富分化和人口结构中族群宗教多样性增强的难题，还遭遇了民主治理有效性的挑战。今日发展中的新兴民主国家既面临着能否完成民主转型和实现民主巩固的挑战，又要回答如何从民主走向善治的问题。面对这林林总总的问题，今日的世界政治该向何处去？民主又该向何处去呢？

本章的最后部分无意重述萨托利的主要理论，或者就学术规范与论证逻辑来重新评价萨托利的学术贡献。这里仅仅想讨论萨托利的政治理论对今日世界政治所具有的意义。尽管很难说萨托利能够给今日世界政治的诸种问题提供完美处方，但是他的政治理论或许能为应对这些问题提供有益的借鉴。比如，萨托利提醒道，不仅要考虑一种政体民主与否，还要追问应该寻求何种民主，唯有能够约束国家权力、捍卫公民自由和保护少数权利的民主政体才是理想的民主。如今欧美国家的公债危机，在很大程度上是国家在民主政体下不知节制扩张的结果。民主政体下不知节制的过度平等化和过度福利化，最终就可能会促使民主政体走向它自己的反面。此外，唯有代议制民主才能融合人民主权与精英治理、多数原则与专家治国的优点，从而能实现从民主到善治。如今很多欧美国家频繁启动全民公决，并将过半数的全民公决投票作为决定重大政治事项的基本规则。从萨托利的民主理论出发，频繁采用全民公决的做法在政治上是有欠审慎的。

又如，萨托利认为，不仅要考虑一种政体民主与否，还要关注民主政体的稳定性和有效性。另一个问题是，就制度视角而言，从选举制度到政党体制，再到立法-行政关系，究竟何种制度模式更有可能塑造稳定而有效的民主政体？在萨托利看来，民主是现代政治的必需品，民主同时必须具备稳定性和有效性，而宪法设计与政治制度安排又在其中扮演着重要角色。对于今日西方民主政体，萨托利的一个批评是："至今为止，西方民主制度的总趋势一直是向着散乱的丧权、虚弱和麻木的方向发展。因为在相当一段时间里，增长中的权力一直是各式各样一刀切式的'否决权'，阻止行动权。"[1] 这比弗朗西斯·福山批评美国的民主体制走向"否决型体制"提前了20多年时间。[2] 无论对发达民主国家还是对发展中民主国家，如何借助制度设计等政治工具来提高民主政体的稳定性和有效性仍然是一个现实问题。

再如，萨托利提醒道，民主作为政治生活的一种方式，既可能意味着以共识、和谐与合作为特征的和平政治，又可能意味着以分歧、对抗和暴力为特征的冲突政治。既然分歧与冲突是现实政治的一部分，那也就是民主政治的一部分，所以民主政体并非天然地高枕无忧。从这一视角来看，如何保卫民主是民主政治本身必须面对的实际问题。对今日欧美政治来说，当阶级政治、族群政治、宗教政治等政治分歧显著上升时，带有浓厚道德主义或理想主义的、一味强调"政治正确"的传统做法或许略显幼稚。实际上，这种政治

---

[1] 乔万尼·萨托利：《民主新论（上卷）：当代论争》，冯克利、阎克文译，上海：上海人民出版社，2016，第197页。

[2] Francis Fukuyama, *Political Order and Political Decay: From the Industrial Revolution to the Globalization of Democracy* (New York: Farrar, Straus and Giroux, 2014), pp. 488-523.

方案已经无法解决或调和欧美国家（特别是欧盟国家）国内政治分歧的上升。此时，自由民主政体唯有跟政治现实主义联姻，才能为保卫民主政体、保卫民族国家、保卫既有政治文明的成果提供有效的解决方案。特别是对二战之后承平日久的西方世界来说，抛弃过度理想主义或浪漫主义的"政治正确"观点正当其时，而萨托利现实主义版的保守主义民主理论应该得到复兴。

或许，这正是这位已经逝去的杰出政治学家留给这个世界的思想遗产。

第九章
"福山的菜单"与政治现代化的逻辑

美国学者弗朗西斯·福山的作品《政治秩序与政治衰朽》原著[①]自2014年9月出版以来，引起了广泛关注。福山的这部书中沿袭了《政治秩序的起源》[②]一书的解释框架，强调了有效国家的重要性，并发展出一套政治发展优先次序的理论。此外，他还直接批评美国正在出现政治制度的功能失调和政治衰朽。在国内学界，有学者认为这意味着福山"政治观点的转变"，但同样有

[①] 福山的原著系 Francis Fukuyama, *Political Order and Political Decay: From the Industrial Revolution to the Globalization of Democracy* (New York: Farrar, Straus and Giroux, 2014)，中译本参见弗朗西斯·福山：《政治秩序与政治衰败：从工业革命到民主全球化》，毛俊杰译，桂林：广西师范大学出版社，2015。笔者认为，中译本将 political decay 译为"政治衰败"，用词过重，可译为"政治衰朽"，正好保留了王冠华、刘为在塞缪尔·P.亨廷顿的《变化社会中的政治秩序》（上海人民出版社，2008）一书中对 political decay 的翻译。

[②] 弗朗西斯·福山：《政治秩序的起源：从前人类时代到法国大革命》，毛俊杰译，桂林：广西师范大学出版社，2012。原著系 Francis Fukuyama, *The Origins of Political Order: From Prehuman Times to the French Revolution* (New York: Farrar, Straus and Giroux, 2011)。

人认为福山的观点并未发生"180度大转变"。①

那么,福山的政治观点是否发生了重大转变?《政治秩序与政治衰朽》一书的主要观点到底是什么?他又提供了何种逻辑和经验证据?如何从理论和历史两个维度来考察福山这项研究的贡献与不足?这是本章试图回答的问题。

从"历史的终结"到政治现代化的菜单

让福山声名鹊起的"历史终结论",最初始于他1989年在《国家利益》杂志上发表的文章《历史的终结?》。由于1991年苏联的解体,福山的作品不仅成了富有吸引力的政治宣言,而且还被证明具有充分的政治预见力。1992年,福山又将其扩充为一部通俗的学术作品《历史的终结及最后之人》,该书出版后迅速走红。

福山的核心观点是,自由民主制度也许是"人类意识形态发展的终点"和"人类最后一种统治形式",并因此构成了"历史的终结"。这并不意味着自由民主制度"不存在不公正或严重的社会问题",但它没有"根本性的内在矛盾",这个时代"找不出比自由民主理念更好的意识形态",所以"历史终结了"。②

---

① 杨光斌:《福山政治观点的转变说明了什么——"政治制度衰败论"揭示了美国否决型政体的真相》,《北京日报·理论周刊》2014年10月27日第21版;刘擎:《福山没有"180度大转变"》,《文汇报·文汇学人》2014年11月7日第16版。
② 弗朗西斯·福山:《历史的终结及最后之人》,黄胜强、许铭原译,北京:中国社会科学出版社,2003,"代序"第1—14页。

如果说上述观点是福山 1.0 版本，那么经过 20 多年沉淀之后，关于政治秩序的研究则构成了福山关于人类政治命运思考的 2.0 版本。简单地说，福山认为政治发展或政治现代化有一份最佳"菜单"，这份菜单的三项标准配置是有效国家、法治和民主问责制。倘若前者强调的是自由民主制度的必然性，那么后者则是增加了有效国家和法治两个新要素。笔者认为，这既是福山对苏联解体后世界不同地区实际的政治变迁所做的一种回应，又是他基于最近 20 多年比较政治和国家理论领域的学术进展所做的一种调整。

对很多第三波民主转型国家来说，法治建设的不足已成为实现民主转型与巩固的重大障碍。很多比较政治学者都认为，"有民主而无法治"的新兴民主政体往往只够得上"选举民主政体"或"准民主政体"的标准，而无法成为"自由民主政体"。由于法治缺位，拉丁美洲、非洲、苏联和东欧、亚洲的不少国家都无法完成民主转型，而只能拥有某种充满瑕疵的、不稳定的政体类型。拉里·戴蒙德提出的"两不像政体"和史蒂文·列维茨基提出的"竞争性威权主义政体"都跟这些转型国家的法治不彰有关。[①] 福山当然注意到了这类研究成果。

此外，国家理论自 20 世纪 80 年代以来获得了长足的进展，国家建设与民主转型的关系开始受到学界重视。有学者认为，不

[①] Larry Diamond, "Thinking About Hybrid Regimes," *Journal of Democracy*, Vol. 13, No. 2 (Apr. 2002), pp. 21-35; Steven Levitsky and Lucan A. Way, *Competitive Authoritarianism: Hybrid Regimes After the Cold War* (Cambridge: Cambridge University Press, 2010).

少国家在民主转型问题上阻力重重，主要源于构建有效国家的困难。随着查尔斯·蒂利、西达·斯考切波等人的国家理论研究成果的涌现，以及丹克沃特·罗斯托、胡安·林茨等人关于现代国家作为民主转型前提条件的观点的提出，民主转型中的国家问题日益凸显。[1]福山本人自 2004 年以来也发表了几项与国家构建、国家能力有关的研究，其基调是：国家构建是很多社会政治发展的重要维度，有效的国家构建往往是一个国家完成民主转型的前提条件。[2]

政治现代化菜单的三要素

正是在此基础上，一份"福山的菜单"开始浮出水面。延续《政治秩序的起源》的基本观点，福山认为："构成一个政治秩序的是三种基本类型的制度：国家、法治与问责制的机制。"再进一步说，"一个立足于国家、法律和问责制三者平衡基础上的政

---

[1] 前者参见彼得·埃文斯、迪特里希·鲁施迈耶和西达·斯考克波编：《找回国家》，方力维等译，北京：生活·读书·新知三联书店，2009。后者参见 Dankwart A. Rustow, "Transitions to Democracy: Toward a Dynamic Model," *Comparative Politics*, Vol. 2, No. 3 (Apr. 1970), pp. 337-363；胡安·J. 林茨、阿尔弗莱德·斯泰潘，《民主转型与巩固的问题：南欧、南美和后共产主义的欧洲》，孙龙等译，杭州：浙江人民出版社，2008，第 16—39 页。

[2] 参见 Francis Fukuyama, "The Imperative of State-Building," *Journal of Democracy*, Vol. 15, No. 2 (Apr. 2004), pp. 17-31；弗朗西斯·福山：《国家构建：21 世纪的国家治理与世界秩序》，黄胜强、许铭原译，北京：中国社会科学出版社，2007；Francis Fukuyama, "Democracy and the Quality of the State," *Journal of Democracy*, Vol. 24, No. 4 (Oct. 2013), pp. 5-16。

治制度，对所有社会而言，无论在实践上还是在道德上都是必需之物"。①

在福山的菜单中，第一项配置是国家。借鉴马克斯·韦伯的定义，他认为，"国家是确定地域范围内一个等级制的、中央化的组织，它垄断了合法的暴力"。此外，现代国家还应该是"非个人化的"，超越了统治者的个人、家族与私人关系，或者说超越了世袭制传统，并能克服很多社会盛行的恩惠-庇护主义做法。有效的现代国家至少应该包含三个要素：一是合法地垄断暴力，这意味着国家具有控制暴力冲突的能力；二是发展一套韦伯意义上的官僚制度或行政系统，这是国家的物理载体；三是实际运行规则实现对世袭制和庇护主义的超越，整个系统能基于非个人化的一般规则来运转。对利比亚、尼日利亚、印度等国来说，福山认为它们政治上的关键问题是缺少一个有效国家。需要澄清的是，福山明确地说，他对有效政府的强调并不意味着他偏好威权政府形式，也不意味着他偏好"更大的"福利国家或"大政府"。②

福山的菜单把法治视为第二个要素。"我把法治定义为一系列的行为规则，这些规则反映了一个社会内部的广泛共识，能够约束一个社会中甚至最有权力的行为者——无论是国王、总统还是总理。"福山还特别强调："如果统治者能够改变法律以适应自己所需，法治就不会存在——即便这些法律是无差别地适用于社会的其他所有成员的。"他指出，法治不同于法制，法治的基本特征应该包

---

① Francis Fukuyama, *Political Order and Political Decay: From the Industrial Revolution to the Globalization of Democracy* (New York: Farrar, Straus and Giroux, 2014), pp. 23, 37.

② Francis Fukuyama, *Political Order and Political Decay: From the Industrial Revolution to the Globalization of Democracy* (New York: Farrar, Straus and Giroux, 2014), pp. 23, 38-39.

括能有效地约束统治者，拥有独立的司法体系，以及法律面前人人平等。

民主问责制在福山的菜单中是第三个要素。福山认为："问责制意味着政府对整个社会的利益做出回应而非仅仅顾及政府自身的利益。""今天，问责制通常都被视为程序的问责制，也就是通过周期性的自由和公正的多党制选举，公民们能够选择和约束他们的统治者。"这样一来，问责制就等同于民主问责制或民主制。

借助这一标准菜单（有效国家、法治和民主问责制），一个社会就能实现两个看似矛盾的目标之间的平衡：一方面，国家要拥有足够的权力与能力来确保和平、执行法律和提供必要的公共产品；另一方面，国家的权力在法治和民主问责制的制度框架内受到有效制约。在福山来看，这就是善治的条件。①

那么，从《历史的终结？》到政治秩序的研究（2011年的《政治秩序的起源》和2014年的《政治秩序与政治衰朽》），福山的政治观点是否发生了重大转变呢？应该说，从福山1.0版到福山2.0版，最大的转变是他由过去单一地重视自由民主制度，转向了既重视民主制度又重视有效国家。早在2005年，福山就主张"国家性优先"。"一个新的问题——以失败国家或脆弱国家的形式——正在出现，从索马里、海地到阿富汗、伊拉克，正在成为贫困、侵犯人权、难民和恐怖主义的源头。……在你拥有民主或经济发展之前，你必须首先拥有一个国家。"② 福山的这一观点

---

① Francis Fukuyama, *Political Order and Political Decay: From the Industrial Revolution to the Globalization of Democracy* (New York: Farrar, Straus and Giroux, 2014), pp. 24-25.

② Francis Fukuyama, "'Stateness' First," *Journal of Democracy*, Vol. 16, No. 1 (Jan. 2005), pp. 84-88.

来自他对不少转型国家遭遇的国家失败、族群冲突、宗教冲突和政治失序等现象的观察。

尽管如此，福山的"历史终结论"并未发生重大转变。福山在 2014 年 6 月发表的题为《民主依然挺立在历史的终结处》的文章中承认"许多现存的民主国家运转不良"，也认为自己此前对政治发展的实质问题尚有认知上的缺憾，但就更基本的方面而言，"我的'历史的终结'论被证明错了吗？或者退一步说，即使不是错的，它需要进行重大的修正吗？我认为，我的根本思想仍然是基本正确的"①。因此，从福山 1.0 版到福山 2.0 版，与其说是政治观点的转向，不如说是政治观点的修正。在 25 年前"历史终结论"的基础上，福山如今给自己的理论体系打上了一个"有效国家"的理论补丁。按照刘瑜富有感染力的说法，"与其说《政治秩序的起源》是对《历史的终结及最后之人》一书的推翻，不如说是对它的救赎"②。

政治发展的次序论：孰先孰后？

容易引发争议的是，福山 2.0 版不仅在民主制度外增加了有效国家和法治两大要素，而且把有效国家的优先性置于民主制度

---

① Francis Fukuyama, "At the 'End of History' Still Stands Democracy," *Wall Street Journal*, June 6, 2014.
② 刘瑜：《重新带回国家——重读福山（下）》，《东方早报·上海书评》2014 年 7 月 13 日第 B06、B07 版。

之前。或者说，福山试图阐明一种政治发展的次序论。他这样说："次序在很大程度上会起作用。那些民主先于现代国家构建的国度，与那些从绝对主义时代继承现代国家的国度相比，在实现高质量的治理方面存在更大的问题。民主先行之后的国家构建也是可能的，但它经常需要新兴社会行动者的动员和强有力的政治领导力来实现这一点。"福山还提到，一个有效有为的国家可能与民主之间存在着紧张关系。特别是，对于那些尚未完成民族构建和尚未形成有效民族认同的国度，或者那些存在深刻的族群、宗教、语言或地区分裂的国度，"威权主义条件下通常能更有效地塑造强有力的民族认同"。[1]

福山以普鲁士-德国、英国、美国、希腊和意大利五国为例来论证自己的观点。在发展有效国家或高效廉洁的国家行政系统方面，这五个国家可以分为三个梯队：普鲁士-德国表现最佳，英国与美国表现次之，希腊与意大利则表现不佳。福山认为差异在于：普鲁士-德国早在民主之前就进行了国家建设并发展出了有效的官僚制系统；英国和美国的民主先于国家构建，从而导致了基于恩惠的官僚制和基于庇护主义的政治系统，但随后两国对此进行了成功的改革；希腊和意大利的特点是民主的发展先于现代国家和官僚制的发展，从而也导致了基于恩惠的官僚制和基于庇护主义的政治系统，但两国似乎无力超越这种模式。

---

[1] Francis Fukuyama, *Political Order and Political Decay: From the Industrial Revolution to the Globalization of Democracy* (New York: Farrar, Straus and Giroux, 2014), p. 30. 福山在 2013 年 10 月的论文中已阐述这样的观点，参见 Francis Fukuyama, "Democracy and the Quality of the State," *Journal of Democracy*, Vol. 24, No. 4 (Oct. 2013), pp. 5-16.

福山坦承他关于官僚制与民主发展次序论的观点借鉴了马丁·谢夫特的研究。① 福山这样阐述这一逻辑："当一个韦伯式的国家在威权主义之下得到巩固，围绕国家所形成的'绝对主义联盟'随后就会防止国家成为政治家施以恩惠的一种资源。……另一方面，如果一个社会在这种（国家）现代化发生之前就开放了民主选举权，国家本身会沦为政治家的一项资产，后者可以用公共职位作为诱饵来动员选民。"② 后者的结果就是基于恩惠的官僚制和基于庇护主义的政治系统，使腐败成为整体政治生态的一部分，有效行政体系与有效现代国家的构建就难以完成。因此，有效国家先于民主的发展，要好过民主先于有效国家的发展。

福山还把政治发展的次序论应用于发展中国家，并强调了有效国家的优先性。《政治秩序与政治衰朽》一书就讲到了利比亚正在进行的政治转型。"此时此刻，利比亚最基本的问题就是它缺少国家——也就是一个能在其领土范围内垄断合法暴力以维持和平和执行法律的中央权威。"就西欧、北美以外的经验而论，东亚的发展绩效优于拉丁美洲，拉丁美洲的发展绩效优于撒哈拉以南非洲。原因正是："今天最成功的非西方社会恰恰就是那些在先于接触西方之前拥有最发达的本土制度的社会。"③ 这里的本

---

① Martin Shefter, *Political Parties and the State: The American Historical Experience* (Princeton: Princeton University Press, 1993).
② Francis Fukuyama, "Democracy and the Quality of the State," *Journal of Democracy*, Vol. 24, No. 4 (Oct. 2013), pp. 5-16.
③ Francis Fukuyama, *Political Order and Political Decay: From the Industrial Revolution to the Globalization of Democracy* (New York: Farrar, Straus and Giroux, 2014), pp. 3, 31-32. 整体上可以参见该书的第二部分。

土制度主要是指国家制度，也就是官僚系统与有效国家的发育程度。对今天的很多转型国家来说，政治发展的一个巨大挑战仍然是缺少一个有效的现代国家。

那么，福山所阐述的这套政治发展次序论合乎逻辑吗？首先，福山假设有效国家、法治和民主问责制三者的发展存在明确的先后次序关系，这一点可能就会遭到质疑。一方面，国家作为一种制度安排，与法治和民主问责制这两种制度安排之间，存在着许多叠加的成分。比如，国家如果仅仅单向度地追求垄断暴力和扩张专制性权力的话，就注定无法超越世袭制及基于恩惠和庇护主义的做法，因而就无法发展出高效廉洁的现代国家。在工业革命时代之前，中国被福山视为前现代国家建设的代表。相比而言，普鲁士-德国高效清廉的官僚系统和有效现代国家的塑造，绝不仅仅是与国家维度上的制度安排有关。实际上，普鲁士的法治传统对韦伯式现代国家的塑造起了关键的支撑作用。法治传统会通过两种途径强化有效的现代国家：一是官僚系统内部更有可能塑造一般性的规则，而这对于超越私人关系和庇护主义至关重要；二是最高的政治权力会受到某种约束，可以防止其任意妄为，反过来也会有助于塑造高效廉洁的现代国家。

再如，法治和民主问责制这两种制度安排通常必须以某种最低限度的国家构建为基础。从逻辑上讲，缺少统一国家权威的封建主义体系亦有可能存在某种程度的法治。但现代社会的法治则必须以国家和国家构建为前提。同样，民主问责制的制度安排本身要以国家为前提。因此，现代法治和民主问责制必须叠加在基本的国家制度之上。由此可见，有效国家、法治和民主问责制三种制度的成长未必是互相分离的先后次序关系。

另一方面，某些时空条件下，国家建设、法治建设与民主建设具有同时性。福山认为，一些社会面临着国家建设与民主建设的双重任务，而国家建设具有优先性。① 但是，国家建设在逻辑上的优先性，不代表国家建设与民主建设一定是两个完全分离的独立过程。相反，两者可能是一个同步建设、互相影响的政治过程。当民主建设出现问题时，国家建设可能会陷入更大的困境。笔者在《民主崩溃的政治学》一书中认为，民主建设过程中宪法设计与制度安排的不当会削弱国家能力，从而降低构建一个有效现代国家的可能性。这意味着，民主本身的制度安排会影响国家能力的高低与国家构建的成败。②

其次，福山认为，威权主义政体可能是一种更有利于塑造有效现代国家的制度安排。必须承认，对一些国家来说，上述观点有可能是成立的。但是，一部分有效的现代国家是在威权主义政体下完成构建的，跟威权主义政体比民主政体总体上更有利于现代国家构建，却是两回事——前者无法推导出后者。

福山提到的利比亚恰恰是一个绝佳的反例。在 2011 年利比

---

① Francis Fukuyama, *Political Order and Political Decay: From the Industrial Revolution to the Globalization of Democracy* (New York: Farrar, Straus and Giroux, 2014), p. 506. 笔者于 2013 年也提出了这样的观点，参见包刚升：《国家重建、组织化暴力与政治转型——1911—1937 年中国民主转型为什么会失败？》，载陈明明（主编）：《复旦政治学评论（第 13 辑）：比较视野中的现代国家建设》，上海：上海人民出版社，2013，第 1—18 页。

② 包刚升：《民主崩溃的政治学》，北京：商务印书馆，2014。

亚启动民主转型之前，该国已经历了卡扎菲 42 年的威权统治，此前亦非民主政体。利比亚此次启动民主转型，遭遇的重大困难是利比亚国家制度建设的薄弱。但是，卡扎菲长期的威权统治不仅无助于利比亚建立一个有效的现代国家，反而是利比亚构建现代国家的重大阻力。有学者认为，在卡扎菲时代的利比亚，"卡扎菲就是制度本身"，他主要依靠军队与私人恩惠关系进行统治，维系其权威的是"暴力与恐惧"。[1] 所以，单纯的威权统治有时反而会削弱国家构建。福山恐怕没有考虑到这一层的逻辑。

威权主义有利于现代国家构建还有另一种幻象。对多族群、多宗教、贫富悬殊或等级严重分化的社会来说，国家认同或民族认同的塑造有时需要借助暴力手段和威权统治来完成。对这样的社会来说，民主的政治参与和政治竞争有可能加剧不同社会集团之间的冲突，甚至引发严重的政治暴力；威权统治借助武力和政治高压手段，通过压制不同社会集团的政治诉求，可能在客观上有助于国家认同或民族认同的塑造，从而推进国家构建。但挑战在于，这种做法有时只是掩盖了问题，并没有真正解决问题。威权统治这个高压锅一旦打开，原本存在的各种政治分歧就会表面化，各种基于族群、宗教、语言和地区的政治认同就会上升。有的国家就在这一过程中走向四分五裂。一个例子就是历史上的南斯拉夫，今天的利比亚可能也存在这种担忧。所以，经历威权统治的社会一旦启动民主转型，通常都会经历一个重新构建国家

---

[1] Mieczysław P. Boduszyński and Duncan Pickard, "Tracking the 'Arab Spring': Libya Starts from Scratch," *Journal of Democracy*, Vol. 24, No. 4 (Oct. 2013), pp. 86-96.

的过程，而这种政体转型驱动的国家重新构建本身也充满不确定性。

再次，按照福山的观点，如果一个社会的政治发展按照最优次序进行，那么其发展绩效就应该更好，但经验证据未必支持这一观点。比如，以普鲁士-德国跟英国、美国的比较为例，倘若说普鲁士-德国的官僚制质量要强于英、美两国，似乎有些道理。但是，如果要说普鲁士-德国的政治现代化和发展绩效要超过英、美两国，肯定是不妥当的。德国20世纪上半叶的政治史呈现出高度的不稳定性，德国初次尝试的自由民主政体（1918—1933年的魏玛共和国）不仅无法实现政治稳定，而且还导致了法西斯极权统治。另外，如果考察长时段的经济与发展绩效，可以认定普鲁士-德国并非工业革命的首创者，而只是工业革命的卓越模仿者。真正带领人类超越马尔萨斯陷阱的是英国，而非德国。到了20世纪，美国成为人类经济、技术与新产业革命的领导者，德国与美国相比并无优势可言。

最后，福山的政治发展次序论似乎是在构建另一个乌托邦，即每个社会都应该遵循政治现代化的一条最优路径。但从经验上看，不同社会的政治现代化道路实际上呈现出丰富的多样性。那些在政治与经济上都获得巨大成功的国家，政治现代化路径也是各不相同的（即便它们可以算殊途同归）。另一个实践问题是，每个社会面临的具体情境是不一样的。对这样各不相同的社会来说，重要的不是应该遵循某条唯一的最优政治发展路径，而是寻求合乎政治逻辑的合宜做法。

美国政治制度的衰朽？

与塞缪尔·亨廷顿讨论发展中世界的政治衰朽不同，福山关注的则是美国的政治衰朽。那么，如何理解政治衰朽呢？亨廷顿最著名的一个观点是：如果政治参与扩张过快，而政治制度不能有效容纳这种政治参与，就会出现政治衰朽。当然，他主要讨论的是发展中世界的政治。[①] 福山则认为，任何政治制度都是对特定环境做出回应的产物，但环境总是在变化，而社会在整体上是趋于保守的。"政治制度一旦无法适应不断变化的环境，便会发生政治衰朽。"[②] 所以，政治制度不能适应变化的环境，是政治衰朽的核心问题。[③]

福山论述美国政治制度衰朽[④]的观点，使他格外引人瞩目。既然历史终结于自由民主制度，而美国通常被视为自由民主制度的典范，为何美国又同时出现了政治衰朽呢？应该如何全面理解福山关于美国政治衰朽的观点呢？

在该书中，福山对美国的批评主要集中在几个方面。首先是美国某些政府部门出现了显著的功能失调。他主要分析了美国森

[①] 塞缪尔·P. 亨廷顿：《变化社会中的政治秩序》，王冠华、刘为等译，上海：上海人民出版社，2008。

[②] 弗朗西斯·福山：《政治秩序的起源：从前人类时代到法国大革命》，毛俊杰译，桂林：广西师范大学出版社，2012，第 7 页。

[③] Francis Fukuyama, *Political Order and Political Decay: From the Industrial Revolution to the Globalization of Democracy* (New York: Farrar, Straus and Giroux, 2014), pp. 461-466.

[④] 福山的一篇文章标题为 "The Decay of American Political Institutions"，直译为"美国政治制度的衰朽"。这里的 political institutions 既可以指整体的政治制度，又可以指具体的政治机构。从福山的行文看，他讲的政治衰朽，很多时候是指具体政治机构的衰朽。

林管理服务局的案例，认为该机构已经从一个高效的政府机构沦为政治衰朽的样本，原因则包括受到立法机构的过多干预从而导致机构自主性的丧失，以及官僚机构本身的自我膨胀与异化。此外，基于美国政府绩效的评估报告，福山认为美国官僚系统的有效性正在削弱。[1]

其次是美国盛行的利益集团政治和"再世袭化"。福山多次提及，美国是一个"法庭与党派的国家"，亦即美国立法（政党—国会）和司法系统的力量甚至压倒了行政系统的力量。这也使美国的利益集团、院外游说集团对美国政治的影响力超过了恰当的限度。有数据表明，美国院外游说的中介服务机构数量自20世纪70年代至今出现了大规模膨胀。在此过程中，美国政治精英们的自我利益日益凸显。福山甚至指出："看来我可以公允地说，20世纪下半叶美国已经出现了再世袭化的问题。"[2]

最后是美国政治中的否决者统治问题。否决者和否决点是政治学者乔治·泽比利斯最早系统论述的概念。[3] 借助这些研究，福山认为美国政治已经沦为否决者统治，而这已严重损害美国政治的效能。否决者统治的一个关键制度是美国的总统制模式。如同胡安·林茨等人对总统制提出的批评[4]，福山认为在美国总统制

---

[1] Francis Fukuyama, *Political Order and Political Decay: From the Industrial Revolution to the Globalization of Democracy* (New York: Farrar, Straus and Giroux, 2014), pp. 455-466.

[2] Francis Fukuyama, *Political Order and Political Decay: From the Industrial Revolution to the Globalization of Democracy* (New York: Farrar, Straus and Giroux, 2014), pp. 467-479.

[3] George Tsebelis, *Veto Players: How Political Institutions Work* (Princeton: Princeton University Press, 2002).

[4] Juan J. Linz, "The Perils of Presidentialism," *Journal of Democracy*, Vol. 1, No. 1 (Winter 1990), pp. 51-69.

模式下，行政系统与立法系统的关系已经陷入某种困境。美国从不信任政府的政治传统，到设置过多的分权制衡机构，再到政府（特别是行政系统）最后的无所作为，正好成为一个自我实现的预言。所以，他认为，美国应该抑制否决者统治的制度安排，强化立法机构与行政机构的一致行动能力，甚至是引入"议会制风格的机制"。[1]

鉴于福山对美国政治衰朽的批评，有人认为他正在否定美国的制度模式，甚至是否定自由民主模式。有人甚至这样问：难道"历史的终结"将以政治衰朽告终吗？然而，这些看法恐怕是对福山的误读。一方面，福山讨论的美国政治衰朽是指具体政治制度的衰朽，而不是整体制度的衰朽，更非文明模式的衰朽。福山说，与奥斯瓦尔德·斯宾格勒、阿诺德·汤因比和贾雷德·戴蒙德等人关注"整个社会或文明的系统衰落"不同，"我这里感兴趣的这种衰朽是与具体制度（机构）运作有关的，它与更广阔的系统或文明的进程可能有关，也可能无关"。他还指出了这样的情形："一个特定的制度（机构）会衰朽，而其他与之相关的制度（机构）却运转良好。"超越美国而着眼于整个西方世界，福山继续说："现代民主国家存在的政治衰朽，意味着这种平衡了国家、法律和问责制的政体作为政体模式有某种致命的缺陷吗？无疑，这不是我的结论。……我不相信，现有民主国家存在系统性的'治理能力危机'。"[2] 所以，福山的观点是很清

---

[1] Francis Fukuyama, *Political Order and Political Decay: From the Industrial Revolution to the Globalization of Democracy* (New York: Farrar, Straus and Giroux, 2014), pp. 488-523.

[2] Francis Fukuyama, *Political Order and Political Decay: From the Industrial Revolution to the Globalization of Democracy* (New York: Farrar, Straus and Giroux, 2014), pp. 462, 546.

楚的。

另一方面，更重要的是，福山认为政治衰朽是所有政治制度的常态。"所有社会——无论威权还是民主——随着时间推移都会出现衰朽。"这一点从中国古代的汉王朝，到奥斯曼帝国，再到今天的美国，无一例外。政治制度通常是应对环境变化的产物，但当环境继续变化时，政治制度有可能无法做出调整。因此，美国出现的政治衰朽绝非特例。此外，政治衰朽并非全然是坏事——"政治衰朽在很多方面都是政治发展的条件：旧的必须倒下，以便为新的让路。"[①] 换言之，政治衰朽有时构成了政治发展的条件。

因此，福山对美国政治衰朽的批评，一方面是在基本面上对融合了有效国家、法治与民主问责制的自由民主制度模式及其治国能力表示认可，另一方面是对其尚存的制度缺陷及可能的问题提出担忧。实际上，福山这种反思美国政治现状的做法，不过是给苏格拉底的名言——"未经审视的生活是不值得过的"——提供了新的注脚。

对"福山的菜单"的理论反思

福山政治秩序研究的一个总体特征是，他试图把极其简洁的理论框架融入宏大的历史叙事过程，以此来解释人类社会政治发

[①] Francis Fukuyama, *Political Order and Political Decay: From the Industrial Revolution to the Globalization of Democracy* (New York: Farrar, Straus and Giroux, 2014), pp. 462, 546.

展的基本问题。应该承认，福山的两卷政治秩序作品的论说与叙事方式有着明显的优点。一方面，他的理论框架极其简洁，强调了有效国家、法治和民主问责制三要素。另一方面，继在《政治秩序的起源》中对从史前社会到法国大革命之间的人类政治变迁进行阐释之后，福山在《政治秩序与政治衰朽》中讨论了从法国大革命到当代世界之间200多年的政治演进，使横跨广阔时空维度的叙事与其理论框架之间实现了有意义的（尽管不是完美的）对接。

即便如此，简洁解释框架加宏大历史叙事的组合，从研究方法上讲是有很大风险的。一个常见的问题是，作者能否娴熟准确地驾驭如此大时空范围内的议题和素材？一个更主要的挑战则在于，理论上的解释框架与经验上的历史叙事之间是否具有严格的契合性？当然，就这类宏大历史叙事的作品而言，对其提出适合处理狭小议题的社会科学论文的严格要求是不合时宜的。但无论如何，高质量作品和普通作品之间的分野仍然在于论证的逻辑是否严密。

从议题上讲，《政治秩序与政治衰朽》必须处理好两个基本问题。第一个问题是需要为不同社会在政治发展（有效国家、法治与民主问责制）方面的差异提供理论解释。如果要成为一部严肃的社会科学作品，该书必须能系统地解释为什么不同社会在政治发展方面存在显著差异。但是，福山并未做到这一点。大致来说，福山倾向于用军事竞争解释有效国家，用宗教传统解释法治，用社会动员解释民主问责制。当然，福山这里的很多观点借鉴了一些重要的先行研究。比如，军事竞争塑造有效国家的观点主要来自查尔斯·蒂利。① 但问题是，还存在着很多竞争性的乃至对立的理论解释。因此，福山这种论证显得比较粗糙。按照更为严格的研究规范，福山对有效国家、法治与民主问责制三个议题上的重大理论争论都需要做出回应，论证也应该借助更为系统的证据，而非个案式的解释性叙事。

第二个问题是需要解释不同社会的政治发展与整体绩效之间的对应关系及其背后的逻辑。合宜的政治秩序作为经济绩效与繁荣的条件，这一点已经为很多先行研究所论证。② 而福山的基本观点要能够成立，他必须系统地论证不同政治制度组合与发展绩效之间的因果关系。从制度组合上说，具备有效国家、法治与民主问责制三项完整组合的社会，总体上绩效应该高于不具备三项完整组合的社会。从制度次序上说，优先发展有效国家的社会总体上绩效应该高于尚未发展有效国家的社会，或者说有效国家先行的模式要优于法治或民主先行的模式。但是，福山并未系统地论证上述观点。比如，上文业已提到，普鲁士-德国跟英国、美国之间发展绩效的比较就不支持福山的理论预设。更重要的是，作为一部试图解释人类政治发展的宏大作品，学界期待看到更为系统的论证。比如，无论在欧美发达国家阵营，还是在后发展国家阵营，政治制度组合、政治制度发展次序与整体发展绩效之间究竟是何种关系？那些率先成为富裕社会的国家样本，是否整体

---

① Charles Tilly, *Coercion, Capital and European States, A.D. 990-1992* (Hoboken: Wiley-Blackwell, 1993).
② 参见曼瑟·奥尔森：《权力与繁荣》，苏长和、稽飞译，上海：上海人民出版社，2005；Daron Acemoglu and James A. Robinson, *Why Nations Fail: The Origins of Power, Prosperity, and Poverty* (London: Profile Books, 2012).

上符合福山的政治制度发展次序论？这些问题都需要借助系统的经验证据来回答。

此外，从体系上讲，《政治秩序与政治衰朽》一书的内容结构与他的解释框架并没有构成严格的对应关系。福山的解释框架有三个要素，加上他希望论述的另一主题——政治衰朽，应该构成四个专题：有效国家、法治、民主问责制和政治衰朽。但是，福山在书中没有系统地论述法治问题，论述民主的篇幅也很小，正文中只有10%左右的篇幅论述了民主问题，对政治衰朽的分析主要也仅涉及美国而没有系统讨论其他国家。这并非求全责备，而是反映出福山的这部作品在经验证据与解释框架之间的对应性上存在不足。

当然，无论怎样，福山的《政治秩序与政治衰朽》已经成为一部影响力很大的著作，21世纪以来没有多少作品对社会科学知识普及所做的贡献能够与之相比。如同《政治秩序的起源》，福山的这部作品同样展现了他作为学者和公共知识分子的宏大抱负。尽管福山试图解释与阐述人类政治现代化和政治秩序的这一努力并不完美，甚至还存在着一定的缺憾，但他的这种学术努力无疑为理解人类社会的政治命运提供了新的视角和可能。如何解释人类政治发展的基本问题？学术界看来还有很长的路要走。

第十章

共识民主理论有"共识"吗?

国内学术界在介绍国外重要理论时有时缺少批判性考察,共识民主理论即是一例。阿伦·利普哈特提出的共识民主理论不仅极大地影响了比较政治领域的学术研究,而且还影响了一些国家的政体转型和宪法设计,该理论因此被视为最近数十年国际民主理论界最重要的进展之一。然而,这一理论却存在很多问题。本章试图以利普哈特的代表作《民主的模式》为主要对象,在借鉴国际学术界前沿研究的基础上,立足于研究方法,从概念界定、研究设计、经验证据与因果机制四个具体方面入手,对共识民主理论进行系统的检讨和反思。

共识民主理论的兴起

共识民主理论的早期版本——协和型民主理论的兴起,很大程度上与如何在分裂社会构建稳定的民主有关。阿伦·利普哈特首次较为系统地阐发了这一理论，他提出了协和型民主的四个基本特征：（1）大型联合内阁；（2）局部自治；（3）比例代表制；（4）少数群体否决权。①1984—1999年，利普哈特又把协和型民主理论发展成共识民主理论。他区分了共识民主模式与多数民主模式，并论证了共识民主具有更好的政府绩效。②在他的研究的带动下，这一领域产生了很多相关的学术成果。因此，共识民主理论被视为最近数十年民主理论的重要进展之一，国际学术界甚至已经形成了"协和主义学派"。同样重要的是，从南非的转型方案，到英国北爱尔兰地区的和平协定，再到伊拉克战后的宪法设计，很多国家的政治转型都受到了协和型民主理论的影响。有学者认为，协和主义学派已经成为从政治学研究影响政治实践的成功"营销"案例。③

基于这些背景，利普哈特大胆地认为学术界存在一种"共识"，即共识民主模式更有利于分裂社会民主的稳定性。那么，这种"共识"真的存在吗？实际上，学术界对协和型民主理论的批评从未平息过，有不少学者对这种理论提出疑问和挑战。但

---

① Arend Lijphart, "Consociational Democracy", *World Politics*, Vol. 21, No. 2 (1969), pp. 207-225; Arend Lijphart, *Democracy in Plural Societies: A Comparative Exploration* (New Haven: Yale University Press, 1977).

② 参见同一本书的两个版本：Arend Lijphart, *Patterns of Democracy: Government Forms and Performance in Thirty-Six Countries* (New Haven: Yale University Press, 1999); Arend Lijphart, *Patterns of Democracy: Government Forms and Performance in Thirty-Six Countries*, second edition (New Haven and London: Yale University Press, 2012).

③ Ian S. Lustick, "Lijphart, Lakatos, and Consociationalism," *World Politics*, Vol. 50, No. 1 (1997), Fiftieth Anniversary Special Issue, pp. 88-117; Paul Dixon, "Is Consociational Theory the Answer to Global Conflict? From the Netherlands to Northern Ireland and Iraq," *Political Studies Review*, Vol. 9, No. 3 (2011), pp. 309–322.

是，国内学术界在介绍利普哈特的共识民主理论时缺少充分的批判性考察。利普哈特的《民主的模式》已在国内出版并产生了很大影响，而国内的学术论文总体上以介绍与借鉴利普哈特的共识民主理论为主。①从中国知网数据库的查询结果来看，在本章内容刊发之前，仅有杨光斌的一篇以批评利普哈特为主的学术论文。②因此，国内学术界对共识民主理论的批判性研究是远远不够的。

利普哈特的共识民主理论的代表作是《民主的模式》。③本章试图以《民主的模式》为主要对象，在借鉴国际前沿研究的基础上，立足于研究方法，从概念界定、研究设计、经验证据和逻辑机制四个具体方面入手，对共识民主理论进行系统的检讨和反思。笔者认为，利普哈特的共识民主理论存在显著的瑕疵，用共

---

① 程同顺、高飞：《什么是协合民主？——兼与多数民主比较》，《学海》2009年第3期；李鹏：《共识民主与21世纪民主化的"第四波"》，《云南社会科学》2010第4期；侯赞华：《利普哈特共识民主理论探析》，《天津行政学院学报》2011年第13卷第3期；陈炳辉：《多数民主与共识民主——利普哈特的民主理论》，《江淮论坛》2012年第1期；寇鸿顺：《论利普哈特共识民主理论对多元分裂社会的整合》，《河南师范大学学报（哲学社会科学版）》2010年第6期。

② 杨光斌：《评利普哈特的"共识民主模式"》，《江苏行政学院学报》2007年第5期。

③ 《民主的模式》原著第一版出版于1999年，第二版出版于2012年。利普哈特在第二版做了两个调整：一是将36个国家中的哥伦比亚、委内瑞拉和巴布亚新几内亚3个国家更换为阿根廷、乌拉圭和韩国；二是把定量分析的时间周期从1945—1996年扩展至1945—2010年。尽管如此，第二版中研究变量的定义和衡量、研究方法以及研究结论并没有实质性的变化，利普哈特认为总体上"第一版的结论得到了更强的验证"。基于这种情况，考虑到原著第一版的中译本《民主的模式》于2006年出版后在国内学术界具有很大的影响力，本章决定以第一版作为主要对象，展开对共识民主理论的学术批评。两个中译本分别参见阿伦·利普哈特：《民主的模式：36个国家的政府形式与政府绩效》，陈崎译，北京：北京大学出版社，2006；阿伦·利普哈特：《民主的模式：36个国家的政府形式和政府绩效（第二版）》，陈崎译，上海：上海人民出版社，2017。

识民主理论指导政体转型与宪法设计将会带来误导性。

共识民主模式真的存在吗？

利普哈特认为，传统的政治学过度地将英国威斯敏斯特模式视为民主的标准样板，"将民主单纯地等同于多数民主模式"，其核心是"多数人的统治"，而共识民主模式的核心是"尽可能多的人的统治"。共识民主模式旨在鼓励更广泛的人参与政府、就公共政策达成普遍的一致，而不仅仅是将政治权力集中在多数人手中。他进一步用两个维度和10个制度特征区分了多数民主模式和共识民主模式，见表10-1。在他看来，"多数民主模式是排他性的、竞争性的和对抗性的，而共识民主模式则以包容、交易和妥协为特征"。[①]

表10-1 两种民主模式的制度特征

两个维度	制度特征	
	多数民主模式	共识民主模式
行政机关-政党维度	一党多数内阁	多党联合内阁
	行政机关优势地位	行政机关与立法机关权力平衡
	两党制	多党制
	多数决定选举制、非比例代表制	比例代表制
	利益集团的自由竞争多元主义	利益集团的合作主义

---

① Arend Lijphart, *Patterns of Democracy: Government Forms and Performance in Thirty-Six Countries* (New Haven: Yale University Press, 1999), pp. 1-3.

（续表）

两个维度	制度特征	
	多数民主模式	共识民主模式
联邦制-单一制维度	中央集权的单一制政府	地方分权的联邦制政府
	一院制立法机关	两院制立法机关
	柔性的、不成文的宪法	刚性的、成文的宪法
	法院没有违宪司法审查权	法院有违宪司法审查权
	依赖行政机关的中央银行	独立的中央银行

然而，共识民主模式的概念本身却存在瑕疵。从概念形成的背景来说，利普哈特认为政治学的研究传统把民主等同于多数民主模式的判断是没有依据的。相反，政治学界关于总统制与议会制、选举制度、政党制度、央地关系及民主模式多样性的研究由来已久。民主很少会被认为就是英国威斯敏斯特模式。比如，阿尔蒙德早在 1956 年就区分了民主的三种模式：盎格鲁-撒克逊政治制度、欧洲大陆政治制度以及斯堪的纳维亚政治制度。[①] 达尔在此前也提出过一种划分标准，他根据选举制度和行政-立法关系的不同区分了四种主要模式：（1）英国模式，即议会制与简单多数决定制的组合；（2）欧陆模式，即议会制与比例代表制的组合；（3）美国模式，即总统制与简单多数决定制的组合；（4）拉丁美洲模式，即总统制与比例代表制的组合。此外，他把选用半总统制或混合型选举制度的不同组合统称为（5）混合模式。[②] 实

---

① Gabriel A. Almond, "Comparative Political Systems," *The Journal of Politics*, Vol. 18, No.3 (1956), pp. 391-409.

② 罗伯特·A. 达尔，《论民主》，李风华译，北京：中国人民大学出版社，2012，第 109—119 页。

际上，达尔已经呈现了一种简洁而准确的民主模式类型学。

从语义辨析来看，此前的民主理论研究通常会认为民主本身就兼容了多数原则和共识原则。没有多数统治，就没有民主。但是，没有对少数群体的权利和利益的保护，也不会有民主。乔万尼·萨托利就认为，"共识管理恰恰是任何（或所有）民主治理的本质"，"多数意志的统治也受到对少数派权利尊重的限制"。[①] 因此，即便是多数民主模式，也不是像利普哈特所说的那样，就意味着对少数群体的权利和参与的忽视。

更重要的是，共识民主和多数民主如果要成为有意义的类型学概念，就应该有一定比例的国家能符合这两种民主模式的理想类型。但是，按照利普哈特界定的标准（参见表 10-1），几乎很少有国家能被纳入这两种模式的理想类型。在图 10-1 中，多数民主模式应该落在第一象限，共识民主模式应该落在第三象限。但实际上，在总共 36 个样本国家中，第一象限的国家仅有 12 个，第二象限的国家有 11 个，第三象限的国家仅有 8 个，第四象限的国家有 5 个。（对于两个象限边界上的国家，精确数据请参考原著附录 A。）36 个国家中仅有 20 个国家，即 55.6% 的国家勉强符合利普哈特定义的两种民主模式，而有 16 个国家，即其余 44.4% 的国家不能归入共识民主或多数民主模式。如果再进一步考察两种民主模式的理想类型，比如把图 10-1 中同时满足"行政机关-政党维度">1 和"联邦制-单一制维度">1 视为多数民主的理想类型，把同时满足"行政机关-政党维度"<-1 和"联

---

① Giovanni Sartori, *Comparative Constitutional Engineering: An Inquiry into Structures, Incentives and Outcomes* (Basingstoke: Palgrave Macmillan, 1994), pp. 71-72.

邦制-单一制维度"<-1 视为共识民主的理想类型，那么总共只有英国、新西兰和瑞士 3 个国家符合这两种模式的理想类型，比例仅为 8.3%，这一比例非常之低。而大量国家都属于利普哈特自己所说的"多数-共识混合类型"，比如他就把美国视为"多数-共识混合类型"的经典样本。总之，图 10-1 显示这 36 个国家的分布是高度分散的。杨光斌也指出，很多"民主国家兼具上述两种民主模式的一些特征为一体"。① 因此，共识民主与多数民主是不是有意义的类型学概念？是否真的存在共识民主与多数民主模式的分野？这一问题本身就存在疑问。

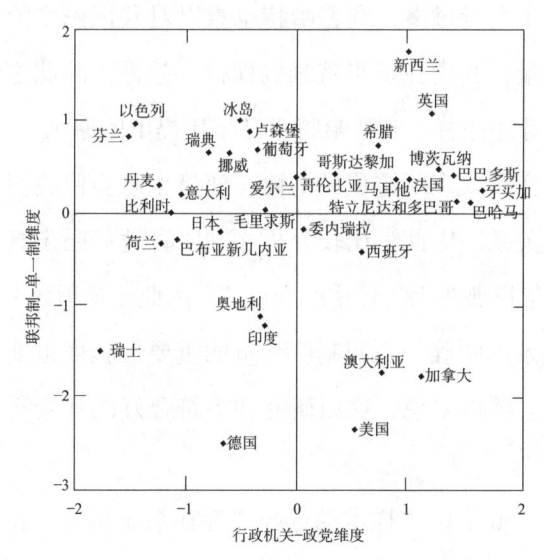

图 10-1 共识民主模式与多数民主模式的国家分布

〔资料来源：Arend Lijphart, *Patterns of Democracy: Government Forms and Performance in Thirty-Six Countries* (New Haven: Yale University Press, 1999), p. 248, Fig. 14.1〕

---

① 杨光斌：《评利普哈特的"共识民主模式"》，《江苏行政学院学报》2007 年第 5 期。

研究方法大师的研究设计问题

尽管利普哈特是比较政治研究方法的重要学者，但《民主的模式》一书在研究设计上存在着显著的瑕疵，主要问题包括：第一，存在变量过多的问题。利普哈特界定共识民主模式是一个变量逐步增加的过程。他的早期著述认为协和型民主有4个制度特征，1984年认为共识民主有8个制度特征，1999年和2012年认为共识民主有10个制度特征。用10个制度变量区分共识民主和多数民主模式，本身就会带来上面已经讨论过的国家类型划分问题。由于变量过多，利普哈特也难以对共识民主给出精确的定义和衡量，其内在逻辑就难以保持一致性。除此之外，这样的研究设计还违背了利普哈特自己早年提出的原则："比较分析必须避免变量太多所造成的危险，变量太多会使我们发现不了受控制的关系。因此，比较分析必须明智地局限于真正关键的变量，而忽视那些无足轻重的变量。"[1]因此，这项研究就容易导致因果关系不明确，不同制度变量的重要性程度也变得模糊不清。所以，严格来说，这项研究并不符合好的社会科学研究的标准。

第二，36个国家样本的选择亦存在系统偏差。在《民主的模式》第一版中，利普哈特实施定量研究的时期是1945—1996年，选择样本国家的条件是至少维持了19年稳定的民主政体（1977—1996年），而1945—1996年间较不稳定的民主政体被排

---

[1] Arend Lijphart, *Democracy in Plural Societies: A Comparative Exploration* (New Haven: Yale University Press, 1977).

除在外。这样，较长时间维持稳定的民主政体这一标准，已经跟对不同民主模式政治绩效的衡量产生自相关。比如，比例代表制是共识民主的核心机制，这一研究设计就排除了比例代表制及极化多党制导致民主不稳定的样本。而现有研究表明，纯粹比例代表制及极化多党制更容易导致民主政体的不稳定。[1]

第三，利普哈特的研究结论依赖《民主的模式》中第15—16章的定量研究，但这一定量研究在变量设计上亦存在问题。利普哈特并没有事先确定哪些国家为共识民主模式，哪些国家为多数民主模式，他只是确定了每个国家在"行政机关-政党"和"联邦制-单一制"两个维度上分别的数值，然后把两个数值高低作为两个自变量的赋值，分别与两组、10多个政府绩效因变量的数字进行双变量回归分析，如表10-2所示。基于这种变量设计的两个回归分析，只能判断一国一个维度上的制度特征与政府绩效之间的相关性，而无法判断两个维度的制度组合与政府绩效之间的相关性。但是，利普哈特是基于两个维度来界定共识民主与多数民主模式的。那么，为什么利普哈特不事先确定每个国家在"共识-多数"民主模式谱系中的类型呢？实际上，由于涉及制度变量太多，他无法明确界定哪些国家是共识民主模式，哪些国家是多数民主模式。

---

[1] Juan J. Linz and Alfred Stepan (eds.), *The Breakdown of Democratic Regimes* (Baltimore: The Johns Hopkins University Press, 1978); Alan Siaroff, "The Fate of Centrifugal Democracies: Lessons from Consociational Theory and System Performance," *Comparative Politics*, Vol. 32, No. 3(2000), pp. 317-332.

表 10-2　利普哈特定量分析的研究设计

统计项目	自变量：制度变量	因变量：绩效变量
回归分析 1	36 个国家"行政机关–政党维度"的数值	①宏观经济管理与控制暴力方面的政府绩效变量 ②民主的品质与代表性方面的政府绩效变量
回归分析 2	36 个国家"联邦制–单一制维度"的数值	①宏观经济管理与控制暴力方面的政府绩效变量 ②民主的品质与代表性方面的政府绩效变量

从双变量回归分析的检验结果来看，这两个不同维度上的制度变量对应的政府绩效是不同的。比如，在《民主的模式》第 15 章，以"行政机关–政党维度"作为自变量对宏观经济管理与控制暴力因变量进行回归分析时，利普哈特的结论是"共识民主国家的绩效至少要比多数民主国家略胜一筹"；以"联邦制–单一制维度"作为自变量对同样的政府绩效指标进行回归分析，结论却是"所有的相关关系都非常脆弱，仅有一个重要的例外"。这意味着影响宏观经济管理与控制暴力绩效的是"行政机关–政党维度"上的制度特征，而非"联邦制–单一制维度"上的制度特征。同样的问题也出现在该书第 16 章，在考察对民主的品质与代表性的绩效相关性时，利普哈特的结论是"共识民主（在行政机关–政党维度上）的确发挥了重要的作用"，而"共识民主在另一个维度（联邦制–单一制维度）上"的检验，却"得不到多数令人感兴趣的结果"。这意味着两种民主模式的"联邦制–单一制维度"的制度特征对政府绩效不会产生任何实质性的影响。

另一个显著的问题是，一定比例的国家在两个维度上会位于"共识–多数"谱系中的不同位置。如果以《民主的模式》附录

A的数值为依据，以0为界限，借助1971—1996年的数值，就会发现36个国家中有17个国家在"行政机关-政党"和"联邦制-单一制"两个维度上的位置是相反的，比例高达47.2%。这意味着，这17个国家在一个维度上被视为共识民主模式，而在另一个维度上被视为多数民主模式。基于这样的变量设计，通过双变量回归分析得到的检验结果是毫无意义的。

经验证据可靠吗？从个案到统计

利普哈特在《民主的模式》第15章中考察了两种模式在宏观经济管理与控制暴力方面的绩效，结论是在上述方面"共识民主国家的绩效优于多数民主国家，尤其是在控制通货膨胀方面的绩效十分突出"，但是，"相关关系并不显著"。他在第16章中考察了两种模式在民主的品质与代表性方面的绩效，结论是在上述方面共识民主"对几乎所有反映民主品质的指标以及民主的宽容性、温和性都产生了重大的影响"。尽管如此，学术界却提供了与其结论不一致的大量经验证据。

第一个方面是来自单个国家的反面证据。利普哈特在《民主的模式》中把比利时称为较纯粹的共识民主模式的典范。然而，该书出版之后，比利时的民主质量由于比例代表制和极化多党制而出现了显著的衰退。列文·德温特等人考察了比利时从两党制向极化多党制的转型，认为比利时已经从政治稳定走向政治的巴尔干化。①而民主评级机构政体项目 2008 年则下调了比利时的民主评级，这在西欧国家中极为罕见。② 21 世纪 10 年代早期，比利时曾出现长时间无法组建内阁的局面。比如，在 2011 年 12 月 6 日的内阁成立之前，比利时已经连续 541 天没有联邦内阁。③ 这都表明比利时这个共识民主模式的"模范生"已陷入政治困境。如果不改变共识民主模式，比利时恐怕难以走出这种困境。

另一个备受质疑的案例是印度。利普哈特此前曾专文论述印度民主属于协和型民主模式，特别是建国初期的尼赫鲁时期。④ 这种观点在学术上非常勉强。利普哈特认为，在一党主导体制下，国大党本身就是"大型联合政府的基础"，因为国大党包括了"印度社会的所有主要部分和主要利益"。这种解释把尼赫鲁时期国大党一党绝对多数内阁等同于"大型联合内阁"，这在概念上是很成问题的。利普哈特还认为，尽管印度在选举上实行的是简单多数决定制，但由于印度少数族群的地理聚居，加上为表列种姓和表列部落保留的席位，印度的选举制度就具有比例代表制的特征。这种解释也混淆了多数决定制和比例代表制这两种选

---

① Lieven De Winter, Marc Swyngedouw and Patrick Dumont, "Party System(s) and Electoral Behaviour in Belgium: From Stability to Balkanisation," *West European Politics*, Vol. 29, No. 5(2006), pp. 933-956.

② "Authority Trends, 1946-2013: Belgium," Polity IV, 2014, https://www.systemicpeace.org/polity/bel2.htm.

③ "Belgium swears in new government headed by Elio Di Rupo," BBC NEWS, December 6, 2011, https://www.bbc.com/news/world-europe-16042750.

④ Arend Lijphart, "The Puzzle of Indian Democracy: A Consociational Interpretation," *American Political Science Review*, Vol. 90, No. 2 (1996), pp. 258-268.

举制度的界限。此外，利普哈特还认为印度的少数族群拥有高度的自治权和否决权。固然，建国之初印度的少数族群拥有一定程度的自治权，但当时印度的联邦制实际上是高度中央集权的准联邦制，国大党控制的联邦议会甚至有权决定各邦的地域划分和调整，这意味着少数族群的自治权和否决权都是十分有限的。因此，与其说尼赫鲁时代的印度民主类型是共识民主模式，不如说就是较为标准的多数民主模式。① 威尔金森也认为尼赫鲁时期的印度并非协和型民主模式，但20世纪60年代中期以后印度民主的协和型特征强化了。然而，这个过程也伴随着族群冲突和暴力的显著增加。威尔金森认为，印度强化的协和型民主特征反而激化了族群和宗教冲突。②

还有大量的国别研究揭示：原先具有较强协和型特征的民主模式由于运转不畅而不得不转型，甚至出现了民主政体的崩溃。比如，梅尔认为，利普哈特的祖国荷兰在20世纪40—60年代形成的协和型民主特征，到60年代末以后就逐渐消逝了。③ 有学者认为，到20世纪90年代，荷兰已彻底"告别协和主义模式"。④ 莱恩等人则通过对法兰西第四共和国和第五共和国的比较研究得出结论：多数民主模式在法国运转得更好，而共识民主则运转

---

① 包刚升：《民主崩溃的政治学》，北京：商务印书馆，2014，第191—192页。
② Steven Ian Wilkinson, "India, Consocialtional Theory, and Ethnic Violence," *Asian Survey*, Vol. 40, No. 5 (2000), pp. 767-791.
③ Peter Mair, "The Correlates of Consensus Democracy and the Puzzle of Dutch Politics," *West European Politics*, Vol. 17, No. 4 (1994), pp. 97-123.
④ Hans Keman, "Introduction: Politics in the Netherlands after 1989: A Final Farewell to Consociationalism?" *Acta Politica*, Vol. 43, No. 2-3 (2008), pp. 149-153.

不畅——第四共和国就是一个典型。①意大利具有共识民主模式特征的政治制度安排也备受质疑，有81%的意大利人对该国的民主质量与绩效表示不满，认为应该改革这些制度安排。②此外，在利普哈特的不同著述中被引证的多个协和型民主案例，包括黎巴嫩、塞浦路斯、马来西亚等，先后都出现过民主崩溃，类似的经验证据还有很多。③

第二个方面是来自比较研究的反面证据。《民主的模式》出版后，不少学者就质疑共识民主模式的经济表现。利普哈特认为共识民主国家的宏观经济绩效（特别是"通货膨胀率"与"失业率"）优于多数民主国家，安德森则认为这两个指标主要是统合主义与中央银行独立性带来的结果。如果控制住这两个变量，共识民主模式就会比多数民主模式具有更高的通货膨胀率和失业率。而统合主义与中央银行独立性未必就是共识民主模式的制度安排。④塔维茨认为，共识民主国家在公共部门扩张方面更无节制，因而容易导致更大的政府规模，而多数民主国家倾向于维持强化市场

---

① Jan-Erik Lane and Svante Ersson, "French Politics: The Virtues of Majoritarian Democracy," *French Politics*, Vol. 1, No. 1(2003), pp. 119-134.

② Gianfranco Pasquino, Philip G. Cerny, Martin Lodge, Alistair Cole, Mark Donovan, Franz Fallend and Rosa Mulé, "Book reviews," *West European Politics*, Vol. 23, No. 3 (2000), pp. 231-240.

③ Ayelet Harel-Shalev, *The Challenge of Sustaining Democracy in Deeply Divided Societies: Citizenship, Rights, and Ethnic Conflicts in India and Israel* (Lanham: Lexington Books, 2012).

④ Liam Anderson, "The Implications of Institutional Design for Macroeconomic Performance: Reassessing the Claims of Consensus Democracy," *Comparative Political Studies*, Vol. 34, No. 4 (2001), pp. 429-452.

型的制度。①

另一个问题是共识民主真的更宽容、更温和吗？波利策认为，利普哈特至少忽略了对移民政策和公民权身份指标的衡量。在这两个方面，共识民主模式肯定不如多数民主模式。②阿明吉翁基于对公众态度及社会经济政策的研究，认为共识民主模式并非一种更好、更温和、更慷慨的民主。③哈赫韦迪恩等人则论证了西欧共识民主模式与民粹主义政党兴起的相关性。④在两个维度上，共识民主都有利于民粹主义政党的兴起，而这往往会对民主的质量产生负面影响。他们认为，共识民主尽管包容性和妥协性更强，但问责制与回应性更差。

那么，从经验上说，协和型民主或共识民主（经常被称为"权力分享模式"）能否更有效地控制族群冲突呢？在这一方面，共识民主理论的著名反对者是霍洛维茨，他的经验研究表明共识民主理论甚至会强化族群冲突（其逻辑在下节还会讨论）。施内克纳通过对欧洲六国的比较研究认为，共识民主或权力分享模式本身未必能解决族群冲突。权力分享模式能否解决族群冲突，取决于两个条件：第一是这些国家本身需要满足一些特定的条件，

---

① Margit Tavits, "The Size of Government in Majoritarian and Consensus Democracies," *Comparative Political Studies*, Vol. 37, No. 3 (2004), pp. 340-359.

② Pablo Policzer, "Book Review: Patterns of Democracy: Government Forms and Performance in Thirty-Six Countries," *Canadian Journal of Political Science / Revue canadienne de science politique*, Vol. 33, No. 4 (2000), pp. 837-838.

③ Klaus Armingeon, "The Effects of Negotiation Democracy: A Comparative Analysis," *European Journal of Political Research*, Vol. 41, No. 1 (2002), pp. 81-105.

④ Armèn Hakhverdian and Christel Koop, "Consensus Democracy and Support for Populist Parties in Western Europe," *Acta Politica*, Vol. 42, No. 4 (2007), pp. 401-420.

第二是具体的制度安排和设计同样非常关键。斯利拉姆等人基于对非洲国家国内冲突的研究认为,权力分享模式既无法达成短期目标,即结束暴力和武装冲突,亦无法达成长期目标,即防止冲突的重新兴起。对这些非洲国家来说,关键取决于能否构建强大的、可持续的国家,而权力分享模式的制度安排通常会有悖于这一目标。[1]因而,共识民主模式更难解决非洲国家国内的政治冲突。

共识民主理论还遭到了来自大型定量研究的挑战。在一项相关研究中,塞尔韦和坦普尔曼利用101个国家的106个政体数据,以比例代表制-多数决定制、议会制-总统制、联邦制-单一制三项具体制度作为分别的制度自变量,以政治暴力作为因变量,进行了大样本的定量分析。[2]他们发现,在单一族群社会,上述制度安排的差异对政治暴力水平没有影响;在族群分裂程度高的社会,比例代表制和议会制与高水平的政治暴力正相关,而联邦制与政治暴力水平的相关性更不确定。这项研究也认为共识民主模式不仅不能解决高度分裂社会的族群冲突,反而会加剧族群冲突,会加重政治暴力。这项研究在样本规模和研究方法的严格程度上都要优于利普哈特的《民主的模式》。所有这些都从经验证据角度对共识民主理论构成了实质性的挑战。

---

[1] Ulrich Schneckener, "Making Power-Sharing Work: Lessons from Successes and Failures in Ethnic Conflict Regulation" *Journal of Peace Research*, Vol. 39, No. 2 (2002), pp. 203-228.

[2] Joel Selway and Kharis Templeman, "The Myth of Consociationalism? Conflict Reduction in Divided Societies," *Comparative Political Studies*, Vol. 45, No. 12 (2012), pp. 1542-1571.

理论逻辑与因果机制的反思

为什么利普哈特的共识民主理论无法得到经验证据的支持呢？这是由于共识民主模式的理论逻辑和因果机制存在漏洞。协和型民主最初是要回答如何在多元分裂社会构建稳定民主的问题。一直以来，很多学者把高度的社会分裂（特别是族群、宗教和语言等亚文化分裂）视为民主的不利条件。但是，同样是政治文化和社会结构分裂的社会，为什么有些国家民主稳定而另一些国家民主不稳定呢？利普哈特1969年的论文提出了一个解释变量：政治精英的行为。高度分裂的政治文化和社会结构意味着大众是分裂的，但如果精英能够达成合作与共识，则可能构建稳定的民主政体。利普哈特认为，协和型民主机制就是一种更能促成精英联盟的制度模式。"协和型民主意味着精英联盟利用政府来设法把一个政治文化分裂的民主转变为一个稳定民主。"[①] 因此，在协和型民主的早期版本中，精英联盟是一个关键概念。

在后来相当长的时间里，利普哈特的研究基本沿袭了这样的逻辑。在1984年的专著中，他仍然认为："多数民主模式对同质性社会来说是最适合和最能运转的，而共识民主模式则较适合于多元分裂社会。"[②] 但是，他当时已经流露出把共识民主模式发展成一种宏大理论的雄心。而到了1999年，在《民主的模式》第

[①] Arend Lijphart, "Consociational Democracy", *World Politics*, Vol. 21, No. 2 (1969), pp. 207-225.

[②] Arend Lijphart, *Democracies: Patterns of Majoritarian and Consensus Government in Twenty-One Countries* (New Haven: Yale University Press, 1984), pp. 3-4.

3章中，利普哈特就直接认为："共识模式显然也适用于社会分化程度不像上述国家那样高的异质性国家，甚至在同质性较高的国家中共识模式也不失为威斯敏斯特模式的合理而有效的替代性选择。"[1] 尽管这一个观点是对过去观点的巨大跨越，但他并没有为此提供新的因果机制解释。

在利普哈特的早期著述发表后，就有学者注意到，精英的合作意愿是其逻辑链条的关键一环。巴里认为，按照利普哈特的逻辑，只要政治精英能够达成妥协、合作与共识即可，未必需要借助他所设想的协和型民主机制，而他所设想的协和型民主机制未必就能够实现精英之间的合作与妥协。[2]

那么，共识民主机制能促成精英合作吗？这方面最有力的挑战者是霍洛维茨。霍洛维茨从"制度安排—激励机制—精英行为"的逻辑出发，认为利普哈特的核心逻辑缺少微观基础的支持。利普哈特假设，多元分裂社会的政治精英之所以能够实现权力分享、亚文化单元自治以及大型联合内阁，是因为他们具有政治家才能或者他们具有企图进入政治联盟的动力。霍洛维茨认为，这种理论忽略了激励机制的重要性，没有区分多数派与少数派政治精英激励因素的差异。为什么多数派政治领导人有动力与少数派政治领导人分享权力呢？利普哈特的解释是，他们这样做是为了避免共同的毁灭，但事实上，多数派与少数派的政治领导人面临

---

[1] 阿伦·利普哈特：《民主的模式：36个国家的政府形式与政府绩效》，陈崎译，北京：北京大学出版社，2006，第22—31页。

[2] Brian Barry, "Political Accommodation and Consociational Democracy," *British Journal of Political Science*, Vol. 5, No. 4 (1975), pp. 477-505.

的激励与约束条件是不一样的。霍洛维茨认为，如果面临严重社会分歧的政治领导人试图超越族群界限，去跟其他族群的政治领导人妥协，那么他们自己可能会付出高昂的政治代价。比如，他们在自己族群内部会遭到政治竞争者的攻击，甚至会被后者取代。这种族群内部政治机制与族群间政治机制的互动，导致大型政治联盟难以形成。此外，霍洛维茨的另一个有力批评是，利普哈特的共识民主机制只关心选举之后的政治联盟机制，而完全忽略选举之前的政治联盟机制。实际上，共识民主机制特别是比例代表制不利于达成选举之前的政治合作。或者说，共识民主模式无法为不同族群集团在选举之前达成政治联盟与合作提供激励机制。因此，缺少对政治精英实现政治合作的激励机制的分析，是利普哈特的重大逻辑问题。如果政治精英没有妥协的激励因素，政治联盟就不会存在，共识民主机制只能成为一种幻象。[1]

第二个逻辑问题是，共识民主机制中的联邦制安排究竟会对族群冲突产生何种影响？利普哈特认为，政治权力为不同群体所分享，有助于解决"赢家通吃"的问题；亚文化单元自治及少数群体的否决权，则有利于实现更包容的政治。在这一方面，联邦制是共识民主机制的一种重要安排。但是，相反的逻辑认为，高度分权的联邦制会增加族群冲突的可能性，甚至会强化族群和地区分离主义的趋势。比如，霍洛维茨的相关研究明确指出"联邦主义会强化或激化族群冲突"，从而更容易弱化国家认同和诱发

---

[1] Donald L. Horowitz, "Constitutional Design: Proposals versus Processes," in *The Architecture of Democracy: Constitutional Design, Conflict Management, and Democracy*, ed. Andrew Reynolds (Oxford: Oxford University Press, 2002), pp. 19-25.

国家分裂。①安德森的研究指出，联邦制给予地区政府和地方政治力量以更多机会和资源去支持分离主义运动，会削弱中央政府对于地区政治的控制，从而"激发地区独立的渴望"。②

第三个不能回避的逻辑问题是共识民主机制对政府效能的影响。在权力分享与政府效能之间，利普哈特强调的是前者，但他并没有充分考虑政府效能的问题。政治学的研究传统认为，比例代表制及极化多党制容易导致政府效能的低下。从逻辑上讲，强大的政党及多数派政党执政或稳定的多数派政党联盟执政，对于政府效能和民主稳定性非常重要。如果民主的政府本身不稳定，更迭过于频繁，其政府效能必然是低下的。萨托利亦指出，共识民主制度的每种优点"都对应着相当的或者甚至更大的缺点"。比如，大型联合内阁容易"模糊责任"和导致政治"僵局"，立法与行政之间、小型政党之间过度的权力分享会导致权力运行的困难，纯粹的比例代表制则完全难以运作，而"把少数派的否决权作为限制权力的主要的和常规的手段"也会导致严重的问题。总之，共识民主机制可能导致政治权力的瘫痪。③

综上所述，尽管共识民主理论具有重大影响，而且利普哈特在2012年新版《民主的模式》中仍然向"那些首次设计民主宪法或考虑民主改革的国家"推荐"更有吸引力的"共识民主方

---

① Donald L. Horowitz, *Ethnic Groups in Conflict* (Oakland University of California Press, 1985), p. 603.

② Lawrence M. Anderson, "Exploring the Paradox of Autonomy: Federalism and Secession in North America," *Regional & Federal Studies*, Vol. 14, No. 1 (2004), pp. 89-112.

③ Giovanni Sartori, *Comparative Constitutional Engineering: An Inquiry into Structures, Incentives and Outcomes* (Basingstoke: Palgrave Macmillan, 1994), p. 71.

案①，但这本身并不代表这种理论的严谨性。基于对利普哈特研究方法的批评，本章从四个方面系统地质疑了共识民主理论。这种理论在概念界定、研究设计、经验证据和因果机制上均存在显著的问题。对那些处在政治转型过程中的国家来说，不加鉴别地把共识民主理论作为政体转型及宪法设计的模版，将会带来误导性。利普哈特的共识民主理论既非一项完善的学术研究，更非一种适合所有国家的政治处方。

基于这些研究，笔者试图推动学术界特别是国内学术界对利普哈特的共识民主理论进行学术反思和重新评价。更重要的是，笔者还意在说明国内学术界在介绍国外重要理论时，不仅要重视其观点本身，而且更应该重视其理论逻辑与研究方法。

---

① Arend Lijphart, *Patterns of Democracy: Government Forms and Performance in Thirty-Six Countries*, second edition (New Haven and London: Yale University Press, 2012), p. 296.

第十一章

难道种族清洗是民主的阴暗面？

族群冲突或族群清洗的概念，对国内知识界可能有些陌生。很多中国人这方面的背景知识来自两部电影：一部是《卢旺达饭店》，另一部是《辛德勒的名单》。前者以卢旺达一家国际饭店经理保罗·路斯沙吉那的个人经历为线索，呈现了1994年该国胡图族大规模屠杀图西族的残酷历史。

该影片以一个胡图族政治宣言的广播片段作为开头："听众朋友们，当人们问我：为什么我仇恨所有的图西族人？我说：'去读读历史吧！'图西族曾经勾结比利时殖民者，他们强占我们胡图族的土地，他们用鞭子抽打我们。现在，这些图西族反叛分子回来了。他们就是蟑螂，他们就是杀人犯。卢旺达是我们胡图族的土地。我们才是这块土地上的多数，他们则是少数，是叛国者与侵略者。我们要粉碎他们的横行，我们要清除卢旺达爱国阵线反叛分子。"这一段简短的播音，把胡图族对图西族的仇恨及两族间的历史恩怨描绘得淋漓尽致。这场族群清洗最终导致了数十万图西族人的死亡，堪称人类历史上最黑暗的一页。

《辛德勒的名单》则是20世纪90年代的一部关于纳粹德国屠杀犹太人的经典影片。故事发生在被德军占领的波兰城市克拉科夫，德国商人奥斯卡·辛德勒通过贿赂德国军官，使他所建工厂中雇用的1 100名犹太人得以幸存。这部电影的背景是纳粹德国对本国境内和占领区的犹太人实行种族灭绝政策，近600万犹太人死于有计划、有组织的种族灭绝行动。今天，我们很难想象这惨绝人寰的一幕是20世纪真实历史的一部分。

作为政治现象的种族清洗与族群冲突

　　当然，像这样的种族清洗事件在人类历史上非常罕见，但普通的族群冲突与族群暴力事件时有发生。特别是20世纪中叶以来，族群冲突更是成为世界很多地区国内政治冲突的重要形式。族群政治研究的权威学者唐纳德·霍洛维茨认为："族群冲突是一个世界性的现象。"[①]2003年出版《族群暴力的地理学》的学者莫妮卡·托夫特则更明确地说："现在几乎2/3的武装冲突都包含了族群因素。……族群冲突是武装冲突的最主要形式，在较短时期内甚至较长时期内大概都不会缓和。……仅在二战之后，就有数百万人因为身为特定族群的一员而丧失生命。"[②]

---

① Donald L. Horowitz, *Ethnic Groups in Conflict* (Oakland: University of California Press,1985), p. 3.
② Monica Duffy Toft, *The Geography of Ethnic Violence: Identity, Interests, and the Indivisibility of Territory* (Princeton: Princeton University Press, 2003), p. 3.

除了卢旺达 1994 年所发生的族群清洗，20 世纪 60 年代尼日利亚所发生的族群内战、20 世纪下半叶因族群与宗教原因爆发的两次苏丹内战、20 世纪 90 年代前南斯拉夫地区的内战与局部族群清洗，以及在印度、土耳其、印度尼西亚、利比里亚、缅甸、布隆迪等许多国家发生的程度不等的族群-宗教暴力事件，都是这一世界性现象的一部分。在所有的族群冲突中，族群清洗与族群内战是最为暴烈的形式，而与一般的族群内战相比，族群清洗或族群灭绝更加惨无人道，是国际法意义上的"反人类罪行"。

尽管族群冲突是全球性的重要政治现象，但这一议题并未引起国内社会科学界的应有重视。除马戎、唐世平、李安山等几位学者及其研究团体以外，国内关于族群冲突的原创性研究还比较少。[1] 因此，美国著名政治社会学家、加利福尼亚大学洛杉矶分校教授迈克尔·曼的专著《民主的阴暗面：解释种族清洗》在国内的翻译出版，对推动国内学界了解这一领域的前沿研究、激发国内学界对这一议题的兴趣，应该有着重大意义。[2] 迈克尔·曼是一位声名显赫的社会科学家，他最具代表性的著述是四卷本巨

---

[1] 相关研究，参见马戎：《理解民族关系的新思路——少数族群问题的"去政治化"》，《北京大学学报（哲学社会科学版）》2004 年第 6 期；Shiping Tang, "The Onset of Ethnic War: A General Theory," *Sociological Theory*, Vol.33, No. 3(2015), pp.256-279；熊易寒、唐世平：《石油的族群地理分布与族群冲突升级》，《世界经济与政治》2015 年第 10 期；李安山：《论民族、国家与国际政治的互动——对卢旺达大屠杀的反思》，《世界经济与政治》2005 年第 12 期。

[2] 这部著作的英文版与中文版分别参见 Michael Mann, *The Dark Side of Democracy: Explaining Ethnic Cleansing* (Cambridge: Cambridge University Press, 2004)；迈克尔·曼：《民主的阴暗面：解释种族清洗》，严春松译，北京：中央编译出版社，2015。

著《社会权力的来源》。该书用"政治权力—军事权力—经济权力—意识形态权力"四个变量的框架解释人类社会权力的性质及其演进,被视为历史社会学的当代经典。[1] 他提出的专断性权力与基础性权力的区分,更是深入人心,成为理解现代国家构建与国家能力的关键概念。[2] 所以,迈克尔·曼这部最新译著的出版理应得到国内学界的关注。

迈克尔·曼论民主与种族清洗

那么,这部作品到底讲了什么?试图用三言两语来总结这部 800 页的厚重著作(英文原著约 600 页),很可能会失之偏颇,但好在作者在时空跨度巨大的历史分析背后,有着相对明确的解释框架与逻辑主线。作者的研究主题正如副书名所示:解释种族清洗(或译为"解释族群清洗")。所以,他感兴趣的不是一般的族群冲突,而是族群冲突的极端情形——族群清洗,即一个族群成员把另一个族群成员从他们认定为自己的地区清除出去。族群清洗的具体方式又可以分为两类:谋杀性族群清洗与非谋杀性族群清洗。迈克尔·曼主要想解释的是为什么会发生大规模的谋杀性族群清洗。

---

[1] 迈克尔·曼:《社会权力的来源》(全四卷),郭忠华等译,上海:上海人民出版社,2015。
[2] Michael Mann, "The Autonomous Power of the State: Its Origins, Mechanisms and Results," *European Journal of Sociology*, Vol. 25, No. 2, Tending the Roots: Nationalism and Populism (1984), pp. 185-213.

这部作品开宗明义，第1章直接提出了解释族群清洗的理论框架，这一框架由8个论点构成。其中，论点1是全书的主要观点与核心逻辑，从论点2到论点8则是更具体地解释这种逻辑起作用的过程与机制，构成对主要论点的支撑。

迈克尔·曼的主要论点几乎注定会引来争议。他说："蓄意谋杀性清洗是现代现象，因为它是民主的阴暗面。"① 当然，作者并不想背上民主反对者的恶名，他接着马上说："我也不想否认民主是一种理想，我赞同这种理想。"但作者认为，在多族群社会，民主政体可能会导致多数族群对少数族群实施基于族群界限的"多数暴政"，其可能的最严重后果就是谋杀性族群清洗。现代性与民主，是该书用于解释族群清洗的两个关键词。就前者而言，"种族清洗本质上是现代现象"，"它属于我们的文明，属于我们自身"。就后者而言，"民主意味着由人民当家作主"，而"人民"在现代社会有两种意涵：一是指普通大众或多数人，二是指民族、民族或种族集团。在一个多族群社会中，如果从族群意义上定义人民的话，那民主就是多数族群的统治，反过来就变成了对少数族群的排斥。这样，如果多数统治等同于多数族群的统治，就会在多族群社会造成不同族群之间的对立。这种政治统治模式，再加上大众的政治动员，就会导致一种可怕情形的发生，即不同族群之间彼此将对方视为"敌人"。作者这样说："如果由这样一种人民来当家作主，会给其他不同族群的人民带来什么呢？回答通常是令人不快的——尤其是当一个族群形成大多数的

---

① 迈克尔·曼：《民主的阴暗面：解释种族清洗》，严春松译，北京：中央编译出版社，2015，第2页。

时候，因为它随后即可实行民主却又专制的统治。"因此，在一个多族群社会，当民主被视为多数族群的统治时，就有可能"鼓励对少数族群实行清洗的行为"。这大致上就是迈克尔·曼的核心逻辑。

现有的比较政治研究通常较少专门关注族群清洗，但一般意义上的族群冲突和族群暴力则是最近一二十年的热门研究话题。不少英美高校甚至已经将"多族群社会的政治""族群政治与族群冲突"这样的主题列入了研究生课程。一种比较流行的观点认为，多族群社会启动民主转型以后，原先被威权体制压制的政治诉求会被释放出来。对现代化程度不高的多族群社会来说，族群身份很可能会成为政治动员的基础。所以，这样的社会通常不会形成基于阶级身份或意识形态的主导政党，而是会形成基于族群身份的主导政党。如果该社会历史上族群恩怨关系非常复杂，或者存在油田或贵金属资源等利益争夺点，不同族群集团和族群政党之间的竞争可能会非常激烈，乃至会向暴力化方向发展。不少多族群社会启动民主转型之后出现的族群冲突和族群暴力现象，往往是在这样的背景下发生的。像20世纪60年代尼日利亚独立以后，很快从族群冲突走向族群内战，大致也是这个逻辑。当然，这只是一种可能性。不过，关于族群政治的现有主流研究并没有那么悲观。实际上，并非所有的多族群社会启动民主转型之后都会导致严重的族群冲突与族群暴力。比如，两位著名的政治学者阿伦·利普哈特与唐纳德·霍洛维茨尽管观点分歧很大，但他们都相信，合理的宪法设计与制度安排或可大大缓解多族群民主社会族群冲突的可能性。类似的问题，本章后面还会有所分析。

何种因果机制？何种案例？

让我们再回到这部作品。迈克尔·曼接着用 7 个更加具体的论点阐述了这种逻辑起作用的过程与机制。后面的 7 个论点可以简略地总结如下。论点 2：族群敌意或种族敌意往往出现在族群性压倒阶级性的社会中，而这一点正是现代现象。论点 3：蓄意谋杀性族群清洗的危险区出现在两个族群都宣称对同一块土地拥有主权且他们又准备为此付诸行动时。论点 4：导致走向谋杀性族群清洗边缘的两种情形是——实力较弱一方相信可以获得外部援助而不愿屈服，或者实力较强一方具有足够的军事优势和意识形态合法性，从而认为可以无风险地制造一个单族群国家。论点 5：越过边缘真正走向谋杀性族群清洗，往往发生在有争议的领土上，国家已经激进化与族群化，并常常以地缘政治不稳定和战争为背景。论点 6：蓄意谋杀性族群清洗极少是施害行为人的初衷，而是其他方案无法奏效之后的备用方案。论点 7：蓄意谋杀性族群清洗通常有三类施害者的共同参与，他们是统治精英、准军事组织的好战分子和大量普通的核心支持者。论点 8：普通人大规模卷入谋杀性族群清洗，往往是社会结构赋予了他们参与的动机。

在阐明主要观点与解释框架后，这部作品的经验研究部分用了 4 个主要案例、若干次要案例和 2 个相反案例来进行论证。4 个主要案例分别是奥斯曼土耳其帝国 1915—1916 年在亚美尼亚实施的族群清洗、纳粹德国及其盟友实施的犹太人种族灭绝行动、前南斯拉夫地区内战中的族群清洗，以及发生在卢旺达的族群清洗；次要案例包括几个新大陆殖民导致的族群清洗案例和三个阶级清洗案例；反面案例包括印度和印度尼西亚的族群冲突而非族群清洗案例。

作者认为，第 1 章中的 8 个论点所包含的核心逻辑与过程机制在上述这些案例中以不同的方式得到了验证。同时，作为社会科学家的迈克尔·曼还谦和地认为，由于社会类型的复杂性，"我的论点不可能是科学法则"。言下之意，不是每个案例都完美地符合他在他第 1 章中所提出的由 8 个论点构成的这套理论。

一种理论可能的价值与缺憾

毋庸置疑，《民主的阴暗面》这一作品在国内翻译出版有其独特的价值。一方面，族群政治自 20 世纪 90 年代以来越来越成为全球政治中的重要问题，而且族群政治还常常与宗教、语言、地区等因素交织在一起。族群政治既关系到战争与和平这样涉及人类基本生存的问题，又关系到国家构建、民主转型和治理绩效这样的发展性问题。可以预见，族群冲突与族群暴力在未来相当长的时间内仍然会是全球性的重要政治问题，而国内学界对这一重要议题的关注程度是不够的，对相关前沿研究的译介是欠缺的，原创性研究则更少。迈克尔·曼基于特定的视角，阐述了一套为什么会导致族群清洗的理论，至少为我们提供一个可能的视角。所以，译介出版这样一部作品是必要的。

另一方面，民主在国内学界和公共领域是一个容易引起激烈争论的概念，但现有的多数争论仍然是围绕观念进行的，"民主好"或"民主坏"常常是主要的争论点。但民主政体的实际运转要比好或坏的两分复杂得多，这就更需要深入民主的经验世界中去观察和研究。暂且不论迈克尔·曼的理论逻辑是否严密，但当他把民主与族群冲突、族群暴力乃至族群清洗联系在一起时，至少给国内学界一个必要的提醒：民主在提供诸种积极价值的同时，是否可能存在着某种隐秘的"阴暗面"？特别是在历史恩怨复杂的多族群社会背景下，民主是否有可能会导致某种人们始料未及的严重后果？这个问题值得深思。在笔者看来，这对民主的支持者尤为重要。支持民主，不应该无视或否认民主可能的弊端。只有对这种弊端的逻辑和化解之道有恰如其分的认知，才更有可能成为坚定的民主派。

《民主的阴暗面》于2004年在剑桥大学出版社出版之后，引发了国际学术界的很多评论。《美国社会学杂志》、《美国历史评论》和《和平研究杂志》等著名期刊为其刊发了书评或书讯。尽管如此，这部作品同时也引起了很多争论与学术批评。比如，民族与族群政治的著名期刊《民族与民族主义》2006年第3期甚至专门刊文对该书进行辩论，包括4位学者的学术批评与作者迈克尔·曼本人的回应。《加拿大社会学杂志》在线版2005年5—6月号则刊发了历史学家丹尼尔·戈登措辞尖锐的批评文章，作者本人则在同一期做了针锋相对的回应。一部学术著作激起很多讨论与争论，证明这部作品受到了学术界的关注。但要对这部作品的实际质量进行评判，只能根据学术标准。

用"社会科学的三板斧"来检验

笔者喜欢用自己戏称的"社会科学的三板斧"来衡量一部学术专著质量的高低：概念是否清晰？逻辑是否严密？经验证据是否支持这种逻辑？

先讨论一下概念与逻辑问题。迈克尔·曼给这项研究取了一个非常吸引眼球的标题：民主的阴暗面。但是，到底什么是民主的阴暗面？什么是作者定义的民主？民主导致族群清洗又是何种逻辑？这些问题都值得深究。从字里行间可以看出，作者更多地从实质性定义而非程序性定义来理解民主，民主就是人民的统治。在作者看来，民主既是普通大众的多数政治，又是大众动员的政治。两者的结合，在多族群社会可能导致基于族群界限的"多数暴政"，其极端情形就是族群清洗。然而，问题是，并非所有多族群的民主政体都导致了严重的族群冲突，更没有普遍地出现族群清洗。美国著名政治学者阿伦·利普哈特在《民主的模式》一书中把他研究的36个稳定民主国家分为三类：多元社会、半多元社会和非多元社会。其中18个多元社会或半多元社会中的绝大多数都没有发生过族群清洗。[①] 其实，作者自己也承认："我不是在说民主国家施行种族清洗是例行现象，这样的例子是很少的。"因此，既然多族群社会的民主政体并不一定会导致严重的族群冲突或族群清洗，就不应该得出"民主导致族群清洗"的论断。即便遵循作者的逻辑，一个更有意义的问题或许应该是：到

---

① 阿伦·利普哈特：《民主的模式：36个国家的政府形式和政府绩效》，陈崎译，北京：北京大学出版社，2006，第38—42页。

底是何种民主，或者民主与何种条件的结合，更容易导致族群清洗？

问题的另一面是：威权或极权政体并未避免严重的族群冲突或族群清洗。比如，作者自己就这样说："本书第 7 章至第 11 章中讨论的纳粹政权等是专制政府，不是民主制国家。"这就是说，对犹太人实施种族灭绝的纳粹德国当然不是民主政体。如果做前后时期的比较研究，就会有更有趣的发现。德国魏玛共和国时期尽管出现了反犹主义的思潮，但并未导致德国国内出现针对犹太人的大规模族群暴力事件，更不用说什么族群清洗了。正是魏玛民主政体崩溃之后，希特勒掌权的纳粹德国才逐步走上了实施犹太人种族灭绝政策的道路。因此，当民主政体缺位时，多族群社会照样可能（甚至更容易）导致严重的族群冲突或族群清洗。

由此可见，对多族群社会来说，民主政体既非导致族群清洗的充分条件，又非导致民族清洗的必要条件。如果暂且忘掉高度"标题党"化的书名，迈克尔·曼其实在第 1 章中还表述了一个更为完整的观点：对防止可能的族群清洗来说，稳定的民主政体优于稳定的威权政体，稳定的威权政体优于新兴的民主政体。他这样写道："新近走向民主化的政权比稳定威权主义的政权施行蓄意谋杀的种族清洗的可能性更大。"他又说："稳定的按制度化运作的民主制政权，要比正在进行民主化或者威权主义的政权较少可能实施蓄意谋杀性清洗。它们已保证了不仅是多数人参加选举和多数人统治，而且还确保了宪法对少数人的保护。"如果把这一完整的观点跟书名做比较，估计会让众多读者感到不解与困惑。

不仅如此，迈克尔·曼还表达了一个更加令人困惑的观点："实际真正在施行谋杀性清洗的政权绝非民主的，因为那将造成术语上的自相矛盾。……事实上随着升级的展开，所有施行清洗的政权都变得越来越不民主。民主的阴暗面就是在自由主义或社会主义的民主理想行进中产生的畸变歪曲。"这几乎明确无误地承认，是非民主政体而不是民主政体实施了族群清洗。这里所谓的"民主的阴暗面"，其实是指民主的扭曲与变形的状态。那么，这还是民主吗？尽管作者声称民主与族群清洗之间的关系并非静态的和简单的，但他同时也认为："鉴于这些复杂关系，我们在当今世界的民主与种族清洗之间找不到一种简单的全面覆盖的关系。"这几乎就是在推翻自己的主要论点！

同时，民主的概念也是一个问题。迈克尔·曼在界定民主政体时有些过于简化。作者对民主的理解突出了两个基本特征：一是多数统治，二是大众动员。但他忽略了民主作为一种现代政治体制的其他维度。众所周知，法国思想家托克维尔和英国思想家约翰·穆勒对于民主可能导致"多数暴政"早有论述。由此，学界的一般共识是：从"民主政体"迈向"好的民主政体"还需要两种机制。第一，民主需要被纳入宪政与法治的框架之中。既恪守多数决定的规则，又保护少数群体的权利，这才是宪政与法治约束下的民主，也是"民主"能成为"好民主"的重要条件。意大利政治学家乔万尼·萨托利则认为，保护少数派的权利也是捍卫民主政体本身的需要，而现代民主制只能是有限的多数统治，其中的逻辑并不复杂。① 第二，民主通常都还有分权制衡的制度安排。因而，民主政体下的多数派权力并非不受制约的绝对权力，而往往要受分权制衡机制的约束。这也是一种防止多数派滥用权力的机制，或者说是一种防止可能的多数暴政的机制。比如，在总统制条件下，立法权与行政权之间通常都有着明确的分权制衡；在议会制条件下，固然议会多数有权决定政府组成和基本政策，但在实际政治过程中多数派政府的权力也受到诸多制约。所以，在现代民主政体下，多数派的权力通常不会演变为绝对的权力。这也是现代民主政体的应有之义。

再来讨论经验证据的问题。作为一项社会科学研究，最具说服力的做法是：经验证据所呈现的事实与作者提出的主要论点、理论逻辑是严格契合的。否则，这项研究一定会遭到质疑。《民主的阴暗面》这个书名及作者在第 1 章所呈现的逻辑给人的预期是，作者将在案例或历史研究部分展示：在多族群社会的背景下，民主政体是如何导致严重的族群冲突或族群清洗的。换句话说，作者提供的主要族群清洗案例应该是发生在民主政体之下的，而不是发生在非民主政体之下的。如果要进行两种政体的对比研究，作者应该提供这样的经验证据：系统地看，多族群社会的民主政体更容易导致族群清洗，而非民主政体更不容易导致族群清洗。

但令人失望的是，作者提供的 4 个主要族群清洗案例全部是非民主政体，绝大多数次要案例也都是非民主政体。根据民主评级机构政体项目提供的 1800 年以来的各国政体评级数据，很

---

① 乔万尼·萨托利：《民主新论（上卷）：当代论争》，冯克利、阎克文译，上海：上海人民出版社，2015，第 63—67 页。

容易获得4个主要族群清洗案例所涉国家当时的民主评级。[①] 该机构把最民主的政体评级为10分，最不民主的政体评级为-10分，从而构成了一个共21分（即从10分到0分，再到-10分）的民主评级谱系。根据迈克尔·曼的估计，奥斯曼土耳其帝国1915—1916年在亚美尼亚实施的族群清洗，导致120万~140万亚美尼亚人遇害。按照政体项目的评级，1907年之前奥斯曼土耳其帝国的政体评级是-10分，是十足的威权政体；1908年发生革命之后，政体评级上升至-4分；1909—1917年的政体评级为-1分。无疑，1908年以后奥斯曼土耳其帝国的民主程度在提高，但仍然在0分以下，远够不上民主政体的标准。所以，1915—1916年发生族群清洗时，奥斯曼土耳其帝国的政体至多被视为具有民主色彩的威权政体，或者是民主程度较低的两不像政体。再往后看，经历了1919年开始的凯末尔革命之后，1923年土耳其的政体评级又降至-6分，重新沦为较为标准的威权政体。实施种族灭绝、导致约600万犹太人死亡的纳粹德国，从1933年到1945年希特勒倒台之前，其政体评级是-9分，接近于非民主政体的最低分。迈克尔·曼在书中也明确指出，纳粹德国是专制政府，不是民主制政府，但他认为这一个偏离的案例。前南斯拉夫地区出现族群清洗时，这一地区的政体评级摇摆在-7分至-5分之间，根本算不上什么民主政体。最后一个主要案例卢旺达1991—1999年的政体评级在-7分和-6分之间波动，当然亦非民主政体。但作者认为，胡图族对图西族的族群大屠杀

[①] Monty G. Marshall and Ted Robert Gurr, "Political Regime Characteristics and Transitions, 1800-2013," Polity IV, https://www.systemicpeace.org/polity/polity4.htm.

跟"胡图力量"（Hutu Power）提出的"伟大的大多数"和"大多数人的民主"等政治口号有关，因为这些口号激起了"群众的支持"。所以，作者由此竟认为卢旺达的案例比其他案例更好地论证了"谋杀性种族清洗是民主的阴暗面"。然而，政治口号与政体实践完全是两回事。即便是一个十足的独裁者，亦有可能大声呼喊民主的口号，甚至进行大规模的政治动员。无论如何，20世纪90年代的卢旺达远非一个民主国家。

因此，迈克尔·曼的主要族群清洗案例没有一个是发生在民主政体之下的。实际上，这部作品的次要案例大体也是如此。限于篇幅，其他案例及其逻辑问题无法在此展开讨论。迈克尔·曼可能会这样辩解：这是民主的阴暗面，或者是民主的扭曲。但问题在于：当民主发生大幅度扭曲时——或者是民主政体业已崩溃（比如纳粹德国），或者是出现了民主元素但尚未建成民主政体（比如奥斯曼土耳其帝国），或者是根本算不上民主政体（比如卢旺达与前南斯拉夫地区），族群清洗的账能算在民主的头上吗？单就作者提供的多数案例而言，与其说导致族群清洗的是"民主的阴暗面"，还不如说是"民主的反面"——"民主的反面"自然就不是民主政体。当然，导致族群清洗的完整逻辑，要比这里的讨论更为复杂。总之，作者试图用非民主政体下的族群清洗来论证"族群清洗是民主的阴暗面"，是一种逻辑上的硬伤。

"大胆地假设，小心地求证。"这是胡适先生的治学箴言。现代社会科学的基本方法是提出假说、阐明逻辑并以经验证据来进行论证。但是，任何一个理论假说的提出都充满了风险。迈克尔·曼的这项研究应该也不是例外，所以，"族群清洗是民主的阴暗面"这一假说估计还会继续遭到质疑和挑战。但无论怎样，迈克尔·曼这部作品关注的是一个极为重要的议题，对不同国家族群清洗的具体过程分析亦富有洞见，对历史资料的应用与分析也达到了令人惊叹的高度。从这个角度讲，国内社会科学界应该严肃地对待这样一部作品——无论迈克尔·曼说对了，还是说错了。

第十二章

从德谟咯葛看民主的危机

自特朗普2016年11月当选美国总统以来,一个挥之不去的问题就是:特朗普这位被美国民主党人和自由左翼人士视为有着"威权人格"的新总统,是否会成为美国民主的威胁呢?哈佛大学政府系两位颇具影响力的教授史蒂文·列维茨基和丹尼尔·齐布拉特也为这个问题所困扰。他们试图回答这一问题的作品,就是后来的《纽约时报》畅销书《民主是如何死的》。[1]

民选领导人会威胁民主吗?

笔者在《民主崩溃的政治学》中曾区分民主政体"死亡"的三种类型:从民主到军事政变、从民主到内战,以及从民主到

---

[1] Steven Levitsky and Daniel Ziblatt, *How Democracies Die* (New York: Crown Publishing, 2018).

行政政变。① 很多人往往更关注军事政变是如何搞垮民主的，比如，20世纪下半叶的拉丁美洲和非洲就发生了一系列的军事政变，但列维茨基和齐布拉特更关注民主政体是如何被民选领袖搞垮的——从民主到行政政变的民主崩溃类型。他们这样说："自从冷战结束以来，多数民主崩溃并不是由将军和士兵所引发的，而是由民选政府本身所引发的。"换言之，"民主不是死在将军们的手中，而是死在民选领导人的手中"。

问题是，究竟什么样的民选领导人会威胁民主本身的存续呢？早在2 000多年前，柏拉图和亚里士多德都认为，民主政体的重要威胁来自德谟咯葛（demagogue），这个词一般被译成"民粹领袖"。在两位古希腊哲人的笔下，这当然算不上一个好词。德谟咯葛往往是极富煽动力的政治人物，他们善于许下许多动听的诺言，取得一大批轻信群众的追随，总是号称代表群众或者人民，并把反对者斥责为人民的敌人。他们还常常鼓动穷人攻击富人，挑唆群众推翻精英，借助这诸种手段控制政治权力，甚至最后还颠覆了民主政体。② 这样，德谟咯葛就从民选的领导人变成了威权主义的领袖。在哈佛大学的课堂上，80多岁高龄的哈维·曼斯菲尔德教授讲授柏拉图和亚里士多德时，还总喜欢把德

---

① 包刚升：《民主崩溃的政治学》，北京：商务印书馆，2014，第17—18页。
② 关于德谟咯葛或民粹领袖，柏拉图与亚里士多德均有论述，至于他们的文本中是否提及或出现德谟咯葛的字样，很大部分取决于后人的翻译。参见 Plato, *The Republic of Plato*, edited and translated by Allan Bloom, Second Edition (New York: Basic Books, 1991), pp. 240-249; Aristotle, *Aristotle's Politics*, edited and translated by Carnes Lord (Chicago: University of Chicago Press, 2013).

谟咯葛作为一个重点内容来进行分析。①

在列维茨基和齐布拉特看来，特朗普就是当代美国民主的德谟咯葛——当然，这是一个富有争议的观点，许多美国共和党人一定认为这是无稽之谈，或者是美国民主党攻击特朗普这位共和党总统的新标签。他们还进一步认为，各种民主政体，包括经常被政治学界视为"例外"的美国民主政体，都很难避免德谟咯葛的出现。不同民主政体的差异主要在于，在德谟咯葛出现以后，它们是如何应对的。或者说，为什么在有的民主政体之下，德谟咯葛不仅兴起了，而且还执掌大权，甚至最终颠覆了民主政体，比如乌戈·查韦斯在委内瑞拉，而在有的民主政体之下，类似的情形却没有发生，比如20世纪二三十年代的比利时？从逻辑上说，德谟咯葛想要取代民主政体，需要跨越两个关键障碍：第一，德谟咯葛要通过选举完成从一般的民粹活动家到实际的掌权者的转变；第二，已然实际掌权的德谟咯葛还要采取一系列手段来削弱民主政体下各种支持民主的力量、机构与制度，最终完成完全的去民主化。

民粹领袖如何突破民主的防火墙

可以想见的是，没有哪一个运转中的民主政体会任由一个正

---

① Harvey Mansfield, "Harvey Mansfield on Donald Trump and Political Philosophy," Conversations with Bill Kristol, December 19, 2016, https://conversationswithbillkristol.org/transcript/harvey-mansfield-xi.

在兴起或已经掌权的德谟咯葛胡来。既然是民主政体，一定存在着一套制约德谟咯葛或潜在威权领袖的政治力量（比如民主派的精英与选民）、政治机构（比如政党、议会、司法机构）与政治制度（比如宪法、选举规则与分权制衡框架）等。列维茨基和齐布拉特喜欢将这些支持民主的力量、机构与制度称为民主的"护栏"或民主的"守门人"，[①]而我更乐意将它们统称为民主的"防火墙"。

尽管列维茨基和齐布拉特的这部作品主要关注的是美国民主，但他们其实是声名鹊起的比较政治学者。其中，列维茨基是"竞争性威权主义"这一概念的主要论述者和拉丁美洲政治专家，齐布拉特是欧洲政治专家及《保守派政党与民主的诞生》一书的作者。[②]因此，他们的优势在于，能利用比较政治学的学科背景，时时以其他国家的历史经验做参照，评判当今美国民主政体面临的可能风险。在他们的分析框架中，美国不再是一个"例外"。

正如上文分析的，民主政体下的德谟咯葛想要执掌大权，需要跨越的第一道防火墙是完成从边缘地带的民粹活动家向中心地带的掌权者的转变。无论是 20 世纪 30 年代德国的希特勒，还是 20 世纪 90 年代委内瑞拉的乌戈·查韦斯，首先都必须完成这样的转换。列维茨基和齐布拉特的一个有趣发现是，德谟咯葛进入政治舞台中心并最终控制政治权力，通常都是在建制派的配合下

[①] Steven Levitsky and Daniel Ziblatt, *How Democracies Die* (New York: Crown Publishing, 2018), pp.9-20.

[②] Steven Levitsky and Lucan A. Way, *Competitive Authoritarianism: Hybrid Regimes After the Cold War* (Cambridge: Cambridge University Press, 2010); Daniel Ziblatt, *Conservative Parties and the Birth of Democracy* (Cambridge: Cambridge University Press, 2017).

完成的。正因有建制派的支持、联盟或背书，德谟咯葛才获得他们所需要的足够强大的政治力量。这是德谟咯葛从权力边缘走向权力中心的重要机制。

这里所谓的建制派，就是德谟咯葛兴起之前一国政治生活中的主要政治家、主要政党与政治精英们。这些民主派的政治力量，本来应该是民主政体的守卫者。但是，当德谟咯葛兴起时，当极端主义（无论是极左还是极右）崛起时，如果建制派政治家或政党觉得这是一支可资利用的政治力量，并且是易于控制的政治力量，这些建制派就有可能选择跟新兴的德谟咯葛和极端派建立政治联盟。但这种政治联盟对民主政体来说可能恰恰是一个"致命的联盟"。正是主流建制派的背书，使德谟咯葛得以获得从权力边缘切入权力中心的政治机会。本来，如果所有主要建制派都选择排斥德谟咯葛和极端派，后者就无法获得在权力中心崛起的政治机会。在此过程中，建制派的一个幻觉是，他们总认为可以控制刚刚兴起的德谟咯葛与极端派，但德谟咯葛的特质决定了他们一旦获得机会，就会反过来胁迫或控制建制派，甚至干脆消灭建制派。希特勒和查韦斯尽管身处不同的大陆、相隔半个多世纪，但他们起初都是在主流建制派的支持下获得掌权机会的。

相比德国和委内瑞拉，20世纪二三十年代的比利时与芬兰，甚至是2016年的奥地利，同样面临着新兴的德谟咯葛的潜在威胁。但是，这几个国家的民主建制派对可能威胁民主政体的德谟咯葛保持着足够高的警惕性。他们尽管做法各异，但总体上都能够跟极端派保持政治距离，能够将民主共同体的长期利益置于短期的政党利益之上，能够在必要时组建超越意识形态的民主派大联盟。这种做法就为民主政体提供了一道坚实的防火墙，使民主政体即便在内忧外患的情境下也能获得维系民主生存所需的政治能量。这里的逻辑在于，当德谟咯葛兴起之时，尽管他们看上去引人瞩目，甚至声势浩大，但实际上，考虑到民主政体下沉默的大多数，德谟咯葛代表的政治力量起初往往就是极端主义的少数派。当建制派组建民主派大联盟时，这极端的少数派是很容易被击败的。反过来，如果有建制派试图在政治上借助、仰仗、利用甚至控制德谟咯葛与极端派，那么这恰恰为德谟咯葛最终开启控制政治权力的模式提供了一种现实的可能性。

在列维茨基和齐布拉特看来，特朗普不仅是一位典型的德谟咯葛，而且已经突破了美国民主的第一道防火墙，已然完成了从民粹领袖向美国总统的完美转型。这两位学者为什么认为特朗普是一位德谟咯葛呢？需要提醒的是，如今这在美国仍然是一个争议很大的观点。[①] 在他们看来，现代民主政体下的德谟咯葛有四个关键特征，包括"拒斥民主的游戏规则""否定政治反对者的合法性""容忍或者鼓励暴力""随时准备中止反对者包括媒体的政治自由"，而特朗普至少部分符合德谟咯葛的关键特征。列维茨基和齐布拉特提出的问题是，美国历史上也曾经兴起过几位著名的德谟咯葛，包括 20 世纪早期有意介入政治领域的著名企业家亨利·福特和 20 世纪中期美国极右翼参议员约瑟夫·麦卡锡等，

[①] 美国主流知识界普遍的态度是批评特朗普，但也有少数著作是为特朗普辩护的，参见 Victor Davis Hanson, *The Case for Trump Paperback*, (New York: Basic Books, 2019). 关于华人知识界对特朗普的不同观点，参见思想编辑委员会：《解读川普现象（思想42）》，台北：联经出版社，2021。

但为什么他们都没能突破美国民主的第一道防火墙？

他们认为，特朗普能获得共和党提名并当选总统的关键变量有两个。一是美国总统初选制度已经发生了重大变化，由过去的全国和地方性政党领袖、政党精英提名和决定本党总统候选人（相当于政治家之间的一种同行评审机制）演变为后来的普通铁杆党员投票决定总统候选人的更民主的方式。一条重要的历史经验是，德谟咯葛往往更难获得精英的支持，更容易获得普通群众的支持。二是共和党的政治立场变得更趋于极端化，所以如今的共和党更乐意跟德谟咯葛和极端派的政治力量进行合作。这相当于主流建制派为德谟咯葛从边缘走向中心提供了政治背书。当然，美国保守派共和党人一定会认为，这两位哈佛大学教授不过是美国民主党的盟友而已，所以才持有这样的看法。

互相包容与克制的重要性

那么，接下来的挑战就是，美国民主的第二道防火墙能否阻遏特朗普这位"可能的威权主义者"？什么是美国民主的第二道防火墙呢？经过对许多发展中国家民主衰退的案例研究，包括秘鲁、土耳其、委内瑞拉、俄罗斯、菲律宾和马来西亚等，列维茨基和齐布拉特发现，德谟咯葛上台以后在搞垮民主的具体做法上尽管各有不同，但其实他们普遍遵循一套相似的原则：制造仇恨，将政治对手称为"人民的敌人"或"叛国者"；批评、压制或控制新闻媒体；限制民主政体下原本约束行政权的各种机构与人物的活动范围，包括政党、议会与法官；削弱安全部门与情报机构的独立性，让它们服务于国内的政治斗争目标；利用各种可能的政治危机扩大政治权力或行政机构的自由裁量权，甚至不惜主动制造政治危机来使威权化的行为合理化和常态化；最终改变基本的政治规则，去除原本民主政体加诸民选领导人身上的种种约束，完成原先体制的威权化。

跟所有上述国家相比，美国的民主政体当然要稳固得多。一种流行的观点认为，美国民主的优势在于美国拥有一部共和制的、分权制衡的、联邦制的以及后来民主成分逐渐增加的古老宪法。1999年的一项调查甚至发现，有85%的美国人深信宪法是美国在政治和其他方面获得成功的主要原因。列维茨基和齐布拉特认为，对美国民主的长期稳定来说，宪法固然是重要的，但仅有宪法是远远不够的。一个直接的逻辑挑战就是，很多跟美国有着类似宪法的拉丁美洲国家根本无法抵御德谟咯葛的兴起以及随后发生的民主衰退。

所以，这两位学者认为，对美国民主来说，非成文规则或非成文民主规范往往发挥着更重要的作用。而在所有非成文规则中，最重要的是两种规范：互相包容与克制。互相包容是指，无论你执政还是在野，只要政治对手遵守宪法和基本规则，那么你就应该接受他是合法的政治参与者。这意味着，他在此范围内的政治参与和政治竞争行为都应该被尊重和包容。这样，政治上的竞争对手就不是"敌人"，也不是"叛国者"。在这种情境下，一个政治家或政党的策略并不是要摧毁对手，而只是要赢得这场或那场选举与投票的胜利。政治家们普遍同意的是，政治对手当然拥有不同意的权利。

克制是指，政治行为者（无论执政还是在野）即便在行使宪法或法律赋予他的权力时，仍然抱有节制或自我约束的心理。比如，以民主政体下的总统为例，按理说，他可以做任何法律所没有限制他做的事情。但实际上，一位懂得克制的总统在行使自己的权力时，要小心翼翼地评估其实际影响。当一位总统以非常节制的方式行使权力，不过度使用自己的权力，尊重已有的惯例与传统，尊重彼此的边界时，我们就说这位总统是克制的。反过来，对国会来说，克制也是一个重要的民主规范。举例来说，按照美国宪法，当反对党控制参议院多数时，参议院几乎可以否决总统提名的任何内阁成员或法官人选，但在最近一个时期以前的很长时间里，反对党控制的参议院几乎很少否决总统提名的内阁成员和法院人选，因为这在习惯上被认为是总统的权力。即便反对党控制的参议院占有优势，也不轻易干预总统的人事决定，这也是一种克制。

美国历史上民主政体的稳定性跟这种非成文规则，跟互相包容与克制的民主规范关系很是密切。但不幸的是，在列维茨基和齐布拉特看来，美国的这种民主规范如今正在弱化。列维茨基和齐布拉特认为，特朗普并不是美国民主规范弱化的原因，而是美国民主规范弱化的症状。换言之，不是特朗普的崛起导致了美国民主出现问题，而是美国民主出现问题才导致了特朗普的崛起。实际上，自纽特·金里奇成为国会议员的20世纪70时代晚期开始，美国民主就出现政党极化逐渐加剧的趋势。到20世纪90年代以后，这种趋势更加明朗化了。这就大大削弱了美国民主的不成文规则或民主规范。当然，他们总体上认为，共和党相比民主党要对美国政党政治极化负更大的责任。而特朗普当选总统及其执政以来的种种言行，在两位作者看来，已经加速败坏了美国民主的不成文规则，比如特朗普指责美国主流媒体为"假新闻"、对其他政治家进行人身攻击、要求情报部门对他个人表示效忠等。正因如此，两位作者忧心忡忡地认为，在可预见的将来，尽管美国民主发生急剧衰退的可能性还很低，但美国民主的防火墙很有可能会被继续削弱，所以，未来能否修复美国的民主是摆在所有美国人面前的挑战。

政治家行为与结构性约束条件

尽管只有300多页的篇幅，《民主是如何死的》却是一部寓意深刻的作品，为我们洞悉现代民主运作的关键机理提供了独特洞见。与此同时，这算得上一部应景之作。由于特朗普现象本身就打破了许多美国人的预期，该书刚问世就登上了《纽约时报》畅销书的榜单，进而成为一部对美国政治实务更具影响力的作品。著名的《外交事务》杂志称，这部作品为我们"敲响了美国民主的警钟"。《今日美国》则认为，"作者们展示了曾经堪称最佳民主政体的脆弱性，也警告了那些本来以为可以在某种程度上毫发无损地吸纳威权主义者的政治家"。著名知识分子弗朗西斯·福山这样评价道："两位专长于世界其他地区民主崩溃研究的前沿政治科学家，用他们的知识来告诉美国人，他们的民主今天所面临的风险。"①

尽管这是一部在美国影响巨大的作品，但不无值得商榷之处。第一个特别值得反思的地方是，这部作品分析民主崩溃，主要基于政治过程与政治行为的视角，问题是，结构性因素在他们的分析框架中究竟占据何种位置呢？这一点似乎不甚明了。列维茨基和齐布拉特的研究关注的是，德谟咯葛是如何在一个民主政体中兴起的，又是如何穿越民主的防火墙，最终取代民主政体的。然而，任何政治过程和政治行为都是在特定的结构性约束条件下发生的。他们的分析也强调了美国的政党极化、族群结构和经济不平等等因素的重要性，但这不是他们的分析重点。如果更多地关注政治过程中的民主规范，政治家行为和政党选择，那么就容易给人留下这样一种印象：民主之所以垮台，就是因为民主派政治家、精英和政党不能恪守民主规范，不能守卫民主。这个观点，很像是民主之所以失败是因为民主本身的无力，听上去仿佛是用"结果"解释"结果"，而非用"原因"解释"结果"。

相比而言，笔者在《民主崩溃的政治学》一书中对于民主为什么会崩溃，提供的则是一套完全结构化的解释。简而言之，高度的选民政治分裂导致严重的政治冲突，而离心型民主政体无法塑造有效的国家能力，两者的结合倾向于导致民主政体的崩溃。②列维茨基和齐布拉特提到的重要因素，比如政党极化，其实跟笔者所说的选民政治分裂是一个关系密切的概念。他们提到的政治

---

① 参见《民主是如何死的》一书的封底：Steven Levitsky and Daniel Ziblatt, *How Democracies Die* (New York: Crown Publishing, 2018).

② 包刚升：《民主崩溃的政治学》，北京：商务印书馆，2014。

停摆、阻挠议事等，也跟笔者所说的离心型民主政体概念有关。因此，问题随之产生：在解释民主崩溃或"民主是如何死的"这个问题上，到底结构性因素和过程性因素分别占据着何种份额？两者又是如何互相影响的？如何平衡两者的关系？这似乎仍然是社会科学领域的一个未解之谜。

美国左翼与右翼的不同政见

另一个同样非常值得反思的地方是，列维茨基和齐布拉特在政治上几乎完全持有美国民主党人或自由左翼人士的立场。这或许是作者本身没有充分意识到的一个问题。一个原因在于，根据《纽约时报》的报道，如果说如今的美国一流大学是学术的象牙塔，那么这其实是一座左倾之塔。大学教授和知识分子在意识形态上普遍倾向于自由左翼，已经跟美国社会的整体意识形态分布产生了较大的偏差。在整个美国社会，保守主义右翼的比重要高得多，而自由左翼在大学的比重明显更高。最直接的一个例证是，在2016年总统大选中，哈佛大学和麻省理工学院所在的马萨诸塞州剑桥市仅有4.75%的人投票支持特朗普，其余则投票支持民主党候选人希拉里，而全美数据是46.1%的选民投票支持特朗普。列维茨基和齐布拉特身为工作在剑桥市的哈佛大学教授，同样有着明显的党派倾向性。

但是，如果这两位学者跟支持共和党的福克斯电视台前新闻主播塔克·卡尔森对话，卡尔森一定会质问他们：能否将特朗普称为德谟咯葛？当然，这个判断争议很大。有一定比例的美国共和党人认为，今日美国面临着许许多多的新问题和新挑战，但民主党只知道恪守"政治正确"的教条，只知道扩大政府开支和增加社会福利，只知道开放移民和推动文化多元主义，却无力为美国的社会问题提供长远的实质性的解决方案。有人会认为，特朗普尽管"口无遮拦"，甚至有时言行粗鄙，但他敢于打破政治常规，为解决美国面临的结构性问题提供新思路和新方案。

列维茨基和齐布拉特则肯定不会支持这样的观点，他们跟特朗普之间甚至有点"势不两立""水火不容"。在分析美国政治政党时，两位学者常常假定民主党通常做得更对而共和党通常做得更错，导致美国政党极化的责任也更多在于共和党。所以，他们的结论是，需要做出重大改变是共和党而不是民主党。美国保守派和共和党肯定会认为这种观点失之偏颇。举例来说，民主党的政治行为又何尝不是美国政治极化的一部分呢？比如，两位作者在书中认为，反对党一旦控制众议院多数，尽管理论上就可以启动总统弹劾，但总统弹劾案的不成文规则是要得到两党议员的普遍支持。然而，最终没有产生什么结果的2019—2020年特朗普总统弹劾案，恰恰就是民主党控制众议院后单方面发动的。在众议院的投票环节，不仅没有发生共和党议员支持议案的情形，而且还有极少数民主党议员倒戈。按照共和党人的观点，这一总统弹劾案显然是民主党败坏了美国的民主规范。所以，只站在民主党的立场来批评一位不按常理出牌的共和党总统，是否本身就是美国政治极化的一部分呢？我曾经听另一位同样投票支持民主党的哈佛大学政治学教授这样讲：特朗普是一位成功的总统还是一位失败的总统，恐怕需要20年时间才能回答这个问题。这种观点无疑要包容和中立得多。

但无论怎样，这些吹毛求疵的理论反思并不妨碍这部作品的价值。过去，美国的民主常常被视为一个例外。但在两位作者的眼中，美国的民主并没有脱离比较政治学所能提供的理解人类政治与政体演化的一般框架。如何防止德谟咯葛在民主政体下崛起并取代民主政体，仍然是西方现代政治的重大议题。就更宏大的视野而言，美国政治的重要性还在于，它为我们提供了一个在全球化时代如何平衡好市场经济、族裔和文化多样性、民主政体三者关系的国家样本。① 那么，这套脱胎于18世纪七八十年代美国独立战争和制宪会议的政治模式，到底能否适应21世纪重大的政治、经济、人口变迁带来的挑战呢？这不光是给美国提出的问题，也是给人类提出的问题。对这个问题的回答，或许会决定未来很长一段时期内人类社会的政治前景。

---

① 相关内容，参见包刚升：《民主的逻辑》，北京：社会科学文献出版社，2018，第303—336页。

后　记

　　这部作品是我过去几年所写的12篇学术论文、学术演讲稿与书评文字的合集。这些文字看似零散，其起因也各不相同，但它们有一个共同的主题，那就是从政治理论与比较政治学的视角来理解现代民主的运作及其面临的挑战。其中，西方国家21世纪10年代以来的政治新现象与新趋势，构成了这些文字的关注焦点。所以，这部作品被最终命名为《演变》，封面上的"西方政治的新现实"对上述关注焦点做了强调。

　　全书12篇文章的主题与来源，简要说明如下。全书上篇的主题是"全球化、移民政治与西方民主"，包括1篇传播甚广的学术演讲录和5篇相关主题的学术论文。其中：第一章的主题是"西方'硬政治'的回归与现实主义的复兴"，原稿刊发于"澎湃新闻"，是一篇同名的学术演讲录，增补了注释与文献；第二章的主题是"族群宗教多元主义与西方自由民主政体的挑战"，原稿刊发于《政治学研究》，标题略有改动；第三章的主题是"西方国家移民的政治效应"，原稿刊发于《探索与争鸣》，标题略有简化；第四章的主题是"政治危机何以形成？基于自由政体学说的理论"，原稿刊发于《学术月刊》，标题略有改动；第五章的主题是"社会冲击与欧美政党体制的分化"，原稿刊发于《比较政治学研究》，标题略有简化；第六章的主题是"三重政治经济失衡与全球化的挑战"，原稿刊发于《探索与争鸣》。

全书下篇的主题是"大转型、现代化与民主多样性"，包括6篇相关主题的学术书评。其中：第七章的主题是"反思卡尔·波兰尼的九个理论命题"，原稿刊发于《浙江社会科学》，标题略有改动；第八章的主题是"从保守主义民主理论到宪法工程学"，原稿刊发于《政治学研究》，标题略有改动；第九章的主题是"'福山的菜单'与政治现代化的逻辑"，原稿刊发于《开放时代》，标题略有改动；第十章的主题是"共识民主理论有'共识'吗？"，原稿刊发于《经济社会体制比较》，标题略有改动；第十一章的主题是"难道种族清洗是民主的阴暗面？"，原稿刊发于《读书》，标题略有改动；第十二章的主题是"从德谟咯葛看民主的危机"，原稿刊发于《读书》。

在将这些文字整理成书的过程中，笔者对所有文字做了统一的修订和技术处理。

作为一名学者，我在过去的学术生涯中得到过许许多多前辈、朋友与合作伙伴的帮助和支持，但碍于篇幅，我在这里谨向跟本书直接相关的人士致以诚挚的谢意。我首先要感谢使本书所刊文字成为可能的许多机构与人士，他们是《政治学研究》杂志及房宁、王炳权、林立公、刘杰四位老师，《学术月刊》杂志及金福林、王胜强两位老师，《探索与争鸣》杂志及叶祝第、杜运泉两位老师,《比较政治学研究》杂志及李路曲老师,《浙江社会科学》杂志及当时负责专题组稿的复旦大学陈明明老师,《开放时代》杂志及吴铭、周慧两位老师,《经济社会体制比较》杂志及丁开杰老师,《读书》杂志及饶淑荣老师,"澎湃新闻"与孙鉴、张云坡两位老师及当时邀请我演讲的华东政法大学任勇、张飞岸两位老师。在本书编辑与修订过程中,我指导的研究生马丝妮提供了许多文字上的协助,她还是本书第五章原稿文字的第二作者,在此一并致谢。

此外,我还要感谢中信出版社阅微工作室主编刘丹妮老师以及本书的编辑房博博、史亦两位老师。正是他们的专业精神使本书的高质量出版成为可能。

当然,最后需要说明的是,文责自负。这部作品涉及议题极广,许多问题又是新的政治现象,如果书中存在理论解释上的偏颇或事实描述上的疏漏,敬请同行与读者朋友们批评指正,欢迎同行与读者朋友们跟我联系,我的邮箱是 baogangsheng@hotmail.com。

包刚升

2023 年 12 月 31 日

复旦大学文科楼